Research on Innovation of Theory and Practice in Chinese-foreign Cooperative Education in Universities

高校中外合作办学理论与实践创新研究

徐永赞 李石君 著

中国社会科学出版社

图书在版编目（CIP）数据

高校中外合作办学理论与实践创新研究 / 徐永赞，李石君著. —北京：中国社会科学出版社，2024.5

ISBN 978-7-5227-3408-8

Ⅰ.①高… Ⅱ.①徐…②李… Ⅲ.①高等教育—国际合作—联合办学—研究—中国 Ⅳ.①G649.22

中国国家版本馆 CIP 数据核字（2024）第 073640 号

出 版 人	赵剑英
责任编辑	宋燕鹏
责任校对	李　硕
责任印制	李寡寡

出　　版	中国社会科学出版社
社　　址	北京鼓楼西大街甲 158 号
邮　　编	100720
网　　址	http://www.csspw.cn
发 行 部	010-84083685
门 市 部	010-84029450
经　　销	新华书店及其他书店

印　　刷	北京明恒达印务有限公司
装　　订	廊坊市广阳区广增装订厂
版　　次	2024 年 5 月第 1 版
印　　次	2024 年 5 月第 1 次印刷

开　　本	710×1000　1/16
印　　张	18
插　　页	2
字　　数	289 千字
定　　价	98.00 元

凡购买中国社会科学出版社图书，如有质量问题请与本社营销中心联系调换
电话：010-84083683
版权所有　侵权必究

前　　言

　　党的十八大以来，作为我国高等教育的重要组成部分，高校中外合作办学始终坚持以立德树人为根本任务，以实现高质量发展为主线，切实引进国外优质教育资源，在创新人才培养模式、促进高等教育改革、促进教育对外开放、推动教育人文交流、提升高等教育国际影响力等方面取得了显著成效。

　　2023年5月29日，习近平总书记在主持中共中央政治局就建设教育强国进行第五次集体学习指出，要完善教育对外开放战略策略，统筹做好"引进来"和"走出去"两篇大文章，有效利用世界一流教育资源和创新要素，使我国成为具有强大影响力的世界重要教育中心。要积极参与全球教育治理，大力推进"留学中国"品牌建设，讲好中国故事、传播中国经验、发出中国声音，增强我国教育的国际影响力和话语权。2024年全国教育工作会议明确提出，要坚定推进高水平教育对外开放。完善战略策略，统筹高水平"引进来"和"走出去"，找准参与全球教育治理的切入口，不断增强我国教育的国际影响力。高校中外合作办学作为高等教育对外开放"引进来""走出去"的重要形式，不仅要充分引进吸收融合国外优质教育资源，推动自身高质量发展，还要发挥其辐射赋能作用，推动高等教育对外开放"走出去"的步伐，不断扩大我国高等教育的国际影响力和国际竞争力，为实现教育强国建设增添动力。同时，当前依然复杂严峻的国际局势、疫情带来的深远影响等诸多外部环境的变化也深刻影响着全球教育开放的格局和进程，为中外合作办学的发展也带来了新的挑战和机遇。面临这些挑战和机遇，中外合作办学如何育新机、破新局，适应新形势，如何统筹推进高质量发展，成为目前需要迫切关注研究的重要问题。

本书在此背景下应运而生，书中内容力求比较系统地阐述高校中外合作办学有关理论，分享作者所在的河北科技大学中外合作办学运行中的实践案例，将理论运用到具体实践，实践也进一步完善理论，期待为新时代高校中外合作办学改革发展提供有益借鉴。本书内容涉及高校中外合作办学的发展历史进程、教学融合创新体系建设、国际化师资队伍建设、文化育人机制、加强党建引领、学生工作创新、运行管理体制机制等诸多方面，对高校中外合作办学的特点及规律等进行了探讨，并呈现以下特点。一是本书内容与时俱进，关注热点，紧密围绕高校中外合作办学如何真正实现引进国外优质教育资源加强融合创新、辐射赋能，如何在中外合作办学中加强党建、把握意识形态主导权，如何做好学生思想工作，加强文化育人机制建设，如何从宏观中观微观层面建立平稳有效的管理运行机制等新时期高校中外合作办学关注的领域进行阐述。二是本书坚持理论联系实际，作者不仅结合在河北科技大学多年从事中外合作办学实践经验进行总结，同时还引入了大量实证案例分析，为其他高校中外合作办学提供更具操作性、行之有效的参考。三是本书力求在以下方面有所创新，如本书认为高校中外合作办学要在引入国外优质教育资源基础上，逐步实现融合发展、融通发展、融创发展等三个阶段的跃升；再如从文化育人角度对中外合作办学文化育人机制创新进行了较为系统的研究，就中外合作办学加强文化育人的必要性、当下存在的问题及对策建议等方面进行了阐述。此外，本书还就如何加强高校中外合作办学的辐射赋能作用进行了思考，并针对存在的问题提出了对策建议，等等。

在各级领导的大力支持下，河北科技大学先后成功申报获批了1个中外合作办学二级机构和5个项目，涉及9个合作办学专业，办学规模和办学水平在河北省高校居于前列，得到了广大学生及家长的充分认可，也得到了业界同行的一致好评。作者在高校中外合作办学岗位工作多年，对学校中外合作办学事业发展充满热情，倾情付出，经历了诸多收获的欣喜，更有许多挫折的艰辛。在多年从事中外合作办学工作实践基础上，不断积累经验，注重总结分析，形成了一些思考并集结成本书。期待本书的出版能够引起高校中外合作办学领域同仁和朋友的共鸣，为中外合作办学实现高质量发展提供借鉴和参考，为实现教育强国目标贡献中外合作办学的力量！

本书作者
2024 年 2 月 18 日

目　　录

理 论 篇

第一章　高校中外合作办学的发展历程与现状分析 …………（3）
　　第一节　高校中外合作办学的发展历程……………………（3）
　　第二节　高校中外合作办学的现状分析 ……………………（15）

第二章　高校中外合作办学融合式教学创新研究 ……………（30）
　　第一节　高校中外融合式人才培养目标及课程体系研究……（30）
　　第二节　高校中外融合式教学理念的创新研究 ……………（40）
　　第三节　高校中外融合式国际化师资建设研究 ……………（45）

第三章　高校中外合作办学学生工作创新研究 ………………（57）
　　第一节　高校中外合作办学思想政治教育创新研究 ………（57）
　　第二节　高校中外合作办学职业规划与就业指导
　　　　　　创新研究 …………………………………………（68）

第四章　高校中外合作办学文化育人创新研究 ………………（75）
　　第一节　高校中外合作办学文化育人机制研究 ……………（75）
　　第二节　高校中外合作办学文化育人路径研究 ……………（85）

第五章　高校中外合作办学党建引领创新研究 …………… （97）
　　第一节　高校中外合作办学党的建设的目标任务 ………… （97）
　　第二节　高校中外合作办学加强党建的保障措施 ………… （105）

第六章　高校中外合作办学辐射赋能作用研究 …………… （117）
　　第一节　高校中外合作办学对科学研究的辐射赋能 ……… （117）
　　第二节　高校中外合作办学对师资建设的辐射赋能 ……… （122）
　　第三节　高校中外合作办学对学科建设的辐射赋能 ……… （129）

第七章　高校中外合作办学管理运行机制研究 …………… （138）
　　第一节　宏观层面管理运行机制研究 ……………………… （139）
　　第二节　中观层面管理运行机制研究 ……………………… （145）
　　第三节　微观层面管理运行机制研究 ……………………… （153）

实践篇

一　河北科技大学与澳大利亚联邦大学合作举办澳联大
　　信息工程学院分析报告 ……………………………………… （163）

二　河北科技大学与澳大利亚联邦大学合作举办环境
　　科学专业本科项目分析报告 ………………………………… （176）

三　河北科技大学与韩国诚信女子大学合作举办服装与
　　服饰设计专业本科项目分析报告 …………………………… （191）

四　河北科技大学与韩国祥明大学合作举办产品设计
　　专业本科项目、工业设计工程专业硕士研究生
　　项目分析报告 ………………………………………………… （207）

五　河北科技大学与新西兰怀卡托大学合作举办
　　金属材料工程专业本科项目分析报告 ……………（223）

六　河北科技大学中外合作办学党的建设分析报告 …………（238）

参考文献 ……………………………………………………（251）

后　记 ………………………………………………………（275）

理 论 篇

第 一 章

高校中外合作办学的发展历程与现状分析

第一节 高校中外合作办学的发展历程

高校中外合作办学是我国高等教育事业的重要组成部分，是教育对外开放的重要载体，是引进世界优质教育资源促进我国高等教育国际化发展的有效方式。中外合作办学是指"中国教育机构与外国教育机构依法在中国境内合作举办以中国公民为主要招生对象的教育教学活动"[①]。自2003年3月国务院颁布实施《中华人民共和国中外合作办学条例》和2004年6月教育部颁布实施《中华人民共和国中外合作办学条例实施办法》以来，高校中外合作办学实现了有法可依、规范发展的新阶段。伴随着中外合作办学的实践发展，有关中外合作办学的理论研究成果也越来越丰富，研究的领域涉及中外合作办学政策法规、办学成本成效、国际化师资队伍建设、国际化人才培养模式创新、发展现状及对策措施、中外合作办学党的建设，等等。其中有关中外合作办学的发展历程一直是学界研究和

---

① 《中华人民共和国中外合作办学条例》于2003年3月1日中华人民共和国国务院令第372号公布，根据2013年7月18日《国务院关于废止和修改部分行政法规的决定》第一次修订，根据2019年3月2日《国务院关于修改部分行政法规的决定》第二次修订。《中华人民共和国中外合作办学条例实施办法》于2004年6月2日教育部令第20号发布。

讨论的重要内容，梳理这一历史脉络，有助于正确理解和领会中外合作办学有关政策和法规，准确分析和把握中外合作办学的特点和规律，在中外合作办学具体实践中指导工作，促进中外合作办学健康持续发展。近年来，学界在这一研究领域成果颇丰。栗高燕在专著《中外合作办学的历史变迁》中认为，最早的中外合作办学始于1876年由中外人士共同捐资创建的上海格致书院，截至2016年，中外合作办学分为三个大的历史时期，即滥觞阶段（1876—1948）、缓慢发展时期（1949—1977）和规模化规范化阶段（1978—2016）;[①] 熊建辉、陈慧荣撰文《同世界一流资源开展高水平合作办学 改革开放40年中外合作办学之路》，将改革开放40年来的中外合作办学发展历程进行了梳理，将其分为四个发展阶段，即"起步探索阶段（1978—1994）、快速发展阶段（1995—2002）、调适发展阶段（2003—2009）和内涵发展阶段（2010年至今）"。[②] 谭贞就中外合作办学政策的演变历程撰文《中外合作办学政策的历史考察》，认为中外合作办学政策经历了萌芽、初步形成和调整充实三个阶段，并随着一系列政策的出台而逐步完善。[③] 由林金辉指导、厦门大学薛卫洋完成的博士学位论文《民办高校中外合作办学发展研究》，就民办高校中外合作办学的历史发展进行了研究，等等。[④] 上述这些成果对我国中外合作办学的历史发展进行了不同角度的研究，使我们对中外合作办学的历史发展脉络认识更加清晰。在前人研究的基础上，本书将中外合作办学的起点追溯到新中国刚刚成立，按照高校中外合作办学发展时间顺序，针对不同时期的发展特点，参照学界同仁已有的丰硕研究成果，将高校中外合作办学的发展历程分为发端探

[①] 栗高燕：《中外合作办学的历史变迁》，大象出版社2020年版，第5页。

[②] 熊建辉、陈慧荣：《同世界一流资源开展高水平合作办学 改革开放40年中外合作办学之路》，《神州学人》2018年增刊第2期，神州学人网，http://www.chisa.edu.cn/educoop/llqy/202210/t20221025_2110961782.html，访问时间：2024年1月28日。

[③] 谭贞：《中外合作办学政策的历史考察》，《郑州大学学报》（哲学社会科学版）2010年第4期，第167页。

[④] 薛卫洋：《民办高校中外合作办学发展研究》，博士学位论文，厦门大学，2018年。

索时期、缓慢发展时期、快速发展时期、规范发展时期和提质增效时期五个时期。

一 高校中外合作办学的发端探索时期（1949—1978）

新中国成立后，党和国家领导人就非常重视教育的国际交流，开始探索与其他国家开展教育合作，促进我国教育的发展。新中国的缔造者毛泽东主席在《论十大关系》中指出，"要向一切国家学习，不但现在要学，一万年后也要学"，"学习外国的长处时必须有分析有批判地学"①。毛泽东主席上述论述指明了新中国教育国际交流与合作的发展方向，以及应该采取的"有分析有批判"学习态度。尽管当时在受到西方国家联合抵制打压、敌对孤立的特殊背景下，新中国与罗马尼亚、捷克斯洛伐克、波兰等社会主义阵营国家以交流交换留学生等方式，开启了我国高等教育国际化的进程。自20世纪50年代开始，新中国与苏联的高等教育交流得到迅速发展，与苏联很多著名大学建立了友好合作关系，学习借鉴苏联高等教育的发展经验，包括聘请大量的苏联高校教授专家来华授课，大量引进苏联高校的原版教材教案，引入苏联高等教育的人才培养模式和学科专业设置等等，呈现出全面"以苏为师""以苏为鉴"的状态。有资料统计，"1949—1957年，我国高校共聘请了苏联专家754人，讲授1600多门课程"②。虽然在当时还没有中外合作办学概念，但从引进苏联高校的优质教育资源来弥补新中国高等教育资源不足的实际情况看，已经呈现出了我国高等教育中外合作办学的雏形，开始了中外合作办学的发端探索时期。1952年更是较大程度地学习借鉴苏联高校的院校设置，开始了全国范围的高校院系专业大调整，同时新中国也派遣大量学生赴苏联留学，兴起了留学苏联的热潮。有资料记载，"1949—1956年期间，我国共派出各类留学人员（含与

---

① 《毛泽东文集》第七卷，人民出版社1999年版，第44页。
② 于增富、江波、朱小玉：《教育国际交流合作史》，海南出版社2001年版，第40页。

苏联援建的工业项目相关而派出的实习人员）约1.6万人，其中约91%是派往苏联的，约8%是派往其他国家的"①。这些留苏学生学成回国后为新中国建设和高等教育的发展做出了重要贡献。但随着中苏关系自20世纪60年代开始出现恶化，这种短暂而密集的中苏高等教育国际交流合作高潮也戛然而止。在当时的特殊国际环境下，新中国只能与少数其他社会主义阵营国家保持着高等教育的交流与合作，如接收朝鲜、越南和老挝等少数几个社会主义国家的留学生。自"文化大革命"开始后直至改革开放前，在这一特殊的历史时期，我国高等教育国际化交流与合作受到很大影响。"'文革'前期6年，我国高等教育国际化处于长期停顿状态，后4年开始向美国、加拿大、英国、法国、德国、日本、澳大利亚等发达国家派遣教育代表团、留学生并接受了72个国家的来华学生，为进一步的改革开放奠定了基础。"②总的来看，从新中国成立之初到改革开放前，我国的中外合作办学总体上处于发端探索时期，特别是与苏联的合作经历了"蜜月期"到"冰冷期"的巨大转变，也使得我们对教育对外开放工作进行深入总结和反思，我国高等教育的发展必须要加强国际交流合作，借鉴发达国家先进的办学经验和办学理念，但也吸取了一定教训，即学习苏联模式取得我国高等教育发展成绩的同时，盲目照抄照搬苏联模式并不符合我国国情，导致我国高等教育发展步入了某种误区，等等。

二 高校中外合作办学的缓慢发展时期（1979—1994）

党的十一届三中全会开启了改革开放的伟大时代，我国高等教育也步入正轨，教育的对外交流也得到恢复和发展。作为我国改革开放的总设计师，邓小平同志更是把对外开放作为基本国策，对大

---

① 于增富、江波、朱小玉：《教育国际交流合作史》，海南出版社2001年版，第79页。
② 李盛兵：《新中国成立70年高等教育国际化特征与趋势》，《北京教育》（高教）2019年第10期，第70页。

力开展教育的国际交流合作营造了向世界开放学习的良好环境，对中外合作办学的发展起到了积极的推动作用。"1978 年，教育部、国家科委等颁布了《关于在科技领域加强对联合国教科文组织的利用问题的请示》。1979 年，教育部颁布了《关于开展校际交流的几点意见》，都提到关于对外教育交流的相关政策，为探索全新的办学形式奠定了基础。"① 同年，教育部、外交部、财政部联合颁布了《关于加强外国教材引进工作的规定和暂行办法》。1980 年，教育部颁布了《关于聘请外籍客座教授的意见》。以上文件的颁布为推动教育的国际交流合作发挥了重要指导作用。1983 年 10 月，邓小平为北京景山学校题词"教育要面向现代化、面向世界、面向未来"，②为教育的对外开放指明了方向，掀起了教育系统的国际交流合作热潮。在此背景下，我国第一所中外合作办学合作机构——南京建筑职业教育中心应运而生。1983 年 3 月，中国教育部副部长张文松与来访的联邦德国赛德尔基金会主席、巴伐利亚州国务部长佩尔克会谈并签署了《中华人民共和国教育部与德意志联邦共和国汉斯·赛德尔基金会合作协议》和《补充协议》，决定建立南京建筑职教中心。③ 自此，中德双方在南京联合开展"双元制"职教合作的实践由此展开，也开起了中外合作职教办学之先河。④ 1985 年，由著名美籍华人教育家程君复倡导，在众多海外华人的资助下，美籍华裔和河南省政府联合创办了中国第一所中外联合办学的高等学府——黄河大学。学校在办学体制上施行董事会领导下的校长负责制，教职员工全部施行聘任制，学生实行学分制。首任校长由两院院士秦

---

① 熊建辉、陈慧荣：《同世界一流资源开展高水平合作办学 改革开放 40 年中外合作办学之路》，《神州学人》2018 年增刊第 2 期，神州学人网，http：//www.chisa.edu.cn/educoop/llqy/202210/t20221025_2110961782.html，访问时间：2024 年 1 月 28 日。

② 邓小平：《邓小平文选》第三卷，人民出版社 1993 年，第 35 页。

③ 孟凡华、周晶、董衍美：《由热眼向洋到走向世界——改革开放 40 年来职业教育国际交流与合作的历程、特征及展望》，《职业技术教育》2018 年第 21 期，第 7 页。

④ 南京建筑职业教育中心 2002 年开办"电气工程"和"管道工程"两个实验班，首次将"双元制"教学与"行会技能证书"结合起来，用国际标准培养技术技能人才。

元勋担任。黄河大学实行全美式教育和全英文授课，最初开设专业全部为研究生专业：美国研究、英美语言文学、经济管理、计算机。后来逐步扩展招收本专科专业，主要有建筑工程、计算机技术、对外经济贸易、无机非金属材料。学校发展的愿景是成为以研究生教育为主和本科教育并重的综合性大学。由于新体制的学校在当时的环境下还受到很多限制，导致人才流失严重，办学困难重重，1991年黄河大学整体并入郑州大学，成为今天郑州大学的一部分。黄河大学的建立是第一次现有体制内由地方政府主导建立的与国际接轨大学的尝试，为以后的高校中外合作办学积累了经验。"1986年，国家教委发布《关于加强合作项目学校建设的意见》，提出要规范教育合作项目的管理工作。中国同世界上主要国家、地区和国际组织的教育交流与合作由此全方位展开，合作办学也开始在探索中正式起步。"[1] 1986年，经双方共同努力，南京大学和约翰斯·霍普金斯大学共同创办的"南京大学—霍普金斯大学中美文化交流中心（The Johns Hopkins University-Nanjing University Center For Chinese And American Studies）"开始招生。该中心坐落于南京大学，旨在培养从事中美双边事务和国际事务的专门人才。中心聘请来自中国和美国的教授为学生讲课，上课方式为：中国学生由美国教授授课，国际学生则由中国教授授课，中美教授各自用母语为学生讲课。学生结业时会得到由南京大学校长和约翰斯·霍普金斯大学校长共同签署的结业证书。如今，南京大学的中美中心已经成为世界知名的跨国教学与研究机构，被看作是高等教育国际交流合作的典范。[2] 1987

---

[1] 熊建辉、陈慧荣：《同世界一流资源开展高水平合作办学 改革开放40年中外合作办学之路》，《神州学人》2018年增刊第2期，神州学人网，http://www.chisa.edu.cn/educoop/llqy/202210/t20221025_2110961782.html，访问时间：2024年1月28日。

[2] 2006年，该中心又在证书项目的基础上增加了硕士学位项目。南京大学负责招收来自中国（包括香港、澳门与台湾地区）的学生，约翰斯·霍普金斯大学负责招收美国和世界其他国家的学生。硕士项目学生在完成所修课程和完成论文答辩后可以获得南京大学法学硕士学位证书和毕业证书，以及中美两校校长联合签发的联合硕士学位证书。参见栗高燕《中外合作办学的历史变迁》，大象出版社2020年版，第128页。

年，天津财经学院（现天津财经大学）与美国俄克拉何马城市大学合作举办工商管理硕士（MBA），成为我国第一个被批准授予国外学位的中外合作办学项目。① 其他如北京外国语学院与德国歌德学院合作的德国歌德学院北京分院，上海交通大学与新加坡华夏管理学院合作的上海交通大学新加坡研究生院等不同类型的中外合作办学机构和项目等也纷纷成立，掀起了高校中外合作办学的小高潮。

在此阶段，国家出台了推动中外合作办学的相关政策措施，发挥了积极的推动作用，但毕竟当时中国的改革开放处于起步发展阶段，教育的对外开放总体上还处于相对缓慢发展阶段，中外合作办学的数量还不多，影响力还较弱。20世纪80年代末90年代初，世界范围内的社会主义国家发展遇到诸多问题，普遍处于低潮时期，也影响了我国高等教育的国际交流合作，正如有的学者所述："1989年发生在我国的政治风波以及1991年苏联解体，西方国家对我国集中施压，企图'以压促变'。对于外国在意识形态方面的宣传，我国保持高度警惕。原国家教委于1992年发出通知，规定中外联合办学原则上不能接受，特殊情况应报国家教育委员会批准。"② 在这一历史时期，我国的中外合作办学曾一度停滞。"截至1994年年末，经批准设立的中外合作办学项目只有70多个，其中高等学历的教育项目只有20多个，高等非学历教育有20多个，中等专业技术学院和培训项目10多个。"③

三 高校中外合作办学的快速发展时期（1995—2002）

20世纪90年代，特别是1992年春天邓小平同志发表南方谈话

---

① 1987年，经国务院学位办批准，并经美国中北地区教育评估委员会实地考察评估后正式确认，天津财经学院（今为天津财经大学）成为我国最早拥有与国外合作举办学历教育并授予美国MBA学位资格的院校之一。

② 谭贞：《中外合作办学政策的历史考察》，《郑州大学学报》（哲学社会科学版）2010年第4期，第167页。

③ 栗高燕：《中外合作办学的历史变迁》，大象出版社2020年版，第128页。

之后，国家新一轮改革开放大潮再一次涌起，伴随着经济高速增长，国家对人才的需求越来越强烈，教育对外开放也加快了步伐，推动形成了新一轮大力发展高等教育、培养和吸收国际化人才、扩大教育对外开放的良好局面，高校中外合作办学也迎来了新的快速发展机遇期。1993年中共中央国务院颁布的《中国教育改革和发展纲要》强调，"要进一步扩大教育对外开放，加强国际教育交流与合作，大胆吸收世界各国发展和管理教育的成功经验"。同年，国家教委下发了《关于境外机构和个人来华合作办学问题的通知》，提出"多种形式的对外教育交流和国际合作是我国改革开放政策的重要组成部分，有条件、有选择地引进和利用境外于我有益的管理经验、教育内容和资金，有利于我国教育事业的发展"。该《通知》对中外合作办学一系列问题做出了原则规定，明确了中外合作办学发展的重要性和可行性，为中外合作办学从偶然、无序到系统化、正规化的发展奠定了基础。1995年，国家教委颁布了《中外合作办学暂行规定》。该暂行规定是我国第一个正式颁布的专门就"中外合作办学"的性质、原则、审批标准及程序、办学主体及领导体制、证书发放及文凭学位授予、监督体制等进行详细规定的法规，首次搭建起了中外合作办学政策的基本框架，为中外合作办学提供了比较具体明确的可遵循的政策依据。1996年国务院学位委员会办公室发布了《关于加强中外合作办学活动中学位授予管理的通知》，专门就中外合作办学中的学位授予工作做出了明确规定。此外，2001年国家外国专家局办公室发布了《社会力量办学和中外合作办学单位聘请外籍教师专业人员管理暂行办法》，对聘请外籍教师的程序及条件等做出了详细说明。这些国家机关陆续出台的有关制度文件，逐步构建了比较丰富的有关中外合作办学的政策体系，为中外合作办学的开展提供了比较明确的政策依据和制度遵循，发挥了很好的推动促进作用。

伴随着上述政策体系的逐步确立和完善，2001年12月11日，我国正式成为WTO成员，改革开放迈入了新阶段，我国与世界的经济贸易关系更加紧密，经济得到迅速发展，这为高等教育的快速发展打下了良好基础，特别是我国高等教育提出步入大众化教育阶段，国家和社会对教育国际化资源的需求更加迫切，高校中外合作办学也随着实现了快速发展，并逐步得到广大师生及家长的认可。"截至2002年底，在高等教育领域，全国共有中外合作办学机构和项目达到712个。与1995年相比，增加了近9倍，覆盖了除青海、宁夏、新疆、西藏等以外的28个省、自治区和直辖市。"① 随着中外合作办学的规模迅速扩大，中方高校在办学过程中注重吸引国外优质教育资源，引进高等教育发达国家的人才培养模式和教育教学理念及管理方式，对促进中国传统的教育教学和管理模式改革、培养具有国际视野和国际竞争力的国际化人才等，发挥了积极的促进和推动作用。

四 高校中外合作办学的规范发展时期（2003—2012）

20世纪90年代后期和21世纪初，高校中外合作办学实现了快速发展，在办学规模迅速扩大的同时，也不可避免地出现了只顾追求规模数量而忽视质量的问题，中外合作办学运行情况良莠不齐，造成有的中外合作办学项目办学方向不明、人才培养定位模糊、培养质量不高，学科专业过于集中商科、计算机学科，片面追求经济利益、忽视社会效益等情况。针对上述情况，为进一步规范中外合作办学申报审批程序，促进中外合作办学健康有序发展，国务院于2003年3月颁布了《中华人民共和国中外合作办学条例》。与此相配套，教育部又于2004年6月发布了《中华人民共和国中外合作办学条例实施办法》。《中华人民共和国中外合作办学条例》及其实施办法的出台，为中外合作办学的进一步发展提供了政策保障，解决了中外合作办学"有法可依"的问题，标志着中外合作办学政策法规得到进一步完善，中外合作办学从此进入规范发展新阶段。2004

---

① 栗高燕：《中外合作办学的历史变迁》，大象出版社2020年版，第143页。

年，国务院印发《2003—2007年教育振兴行动计划》，提出加强全方位、高层次教育国际合作与交流，"进一步推动与境外高水平大学强强合作、强项合作，尤其在科研和高层次人才培养方面的实质性合作，贯彻《中华人民共和国中外合作办学条例》，积极引进境外优质教育资源，促进高等教育和职业教育方面的合作办学"[1]。2010年，国务院审议通过的《国家中长期教育改革和发展规划纲要（2010—2020年）》提出："要加强国际交流与合作，坚持以开放促改革、促发展。开展多层次、宽领域的教育交流与合作，提高我国教育国际化水平。借鉴国际上先进的教育理念和教育经验，促进我国教育改革发展，提升我国教育的国际地位、影响力和竞争力。适应国家经济社会对外开放的要求，培养大批具有国际视野、通晓国际规则、能够参与国际事务和国际竞争的国际化人才。引进优质教育资源。吸引境外知名学校、教育和科研机构以及企业，合作设立教育教学、实训、研究机构或项目。鼓励各级各类学校开展多种形式的国际交流与合作，办好若干所示范性中外合作学校和一批中外合作办学项目。探索多种方式利用国外优质教育资源。"[2]

在《中华人民共和国中外合作办学条例》和《中华人民共和国中外合作办学条例实施办法》的规范作用下，中外合作办学规模增长相对放缓，数量趋于平稳，办学规范化日益明显。截至2009年，全国经依法批准的中外合作办学机构和项目总数达1100多个。其中，《中华人民共和国中外合作办学条例》颁布后至2009年，高等教育阶段中外合作办学机构增加19个，达到52个；中外合作办学项目增加439个，达到800个。[3] 此外，教育部有关部门及时启动了

---

[1] 国务院：《2003—2007年教育振兴行动计划》2006年版，第176页。
[2] 教育部：《国家中长期教育改革和发展规划纲要（2010—2020年）》，《人民教育》2010年第17期，第10页。
[3] 熊建辉、陈慧荣：《同世界一流资源开展高水平合作办学 改革开放40年中外合作办学之路》，《神州学人》2018年增刊第2期，神州学人网，http://www.chisa.edu.cn/educoop/llqy/202210/t20221025_2110961782.html，访问时间：2024年1月28日。

中外合作办学质量评估，建立健全了中外合作办学质量评估体制机制，以提高中外合作办学质量，规范中外合作办学秩序。2009年，教育部办公厅发布《关于开展中外合作办学评估工作的通知》，颁布施行《中外合作办学评估方案（试行）》，对依法批准设立和举办的实施本科及以上高等学历教育的中外合作办学机构和项目开展合格性评估。评估指标体系涵盖了中外合作办学办学方向、教学质量、师资队伍建设、资产管理、学生及家长评价、用人单位评价评估，等等，加强对中外合作办学的质量监管。实践证明，这一工作有力加强了国家对中外合作办学的规范管理，收到了较好的效果。评估工作也得到了各中外合作办学高校的高度重视，严格按照《中外合作办学评估方案（试行）》评估指标体系，遵循《中华人民共和国中外合作办学条例实施办法》等有关要求，以评促建，以评促改，积极改善办学条件，确保引入外方教师、外方课程等达到"四个三分之一"，注重人才培养质量保障体系的建立，严格招生计划，规范招生宣传，等等。评估工作不仅促进了依法管理和依法办学，还提高了中外合作办学水平和可持续发展能力，为中外合作办学的有序稳步发展和提高办学质量提供了有力保障。

五　高校中外合作办学的提质增效时期（2012年至今）

党的十八大以来，党中央高度重视教育对外开放。习近平总书记作出一系列重要指示批示，在"一带一路"国际合作高峰论坛、博鳌亚洲论坛等重大场合，多次向世界宣示中国将扩大教育开放。高校中外合作办学通过积极引进境外优质教育资源，形成了国际化办学特色和国际化教育比较优势，实现了教育资源供给多样化，满足了学生不出国门享受高质量国际化教育的需求，得到了越来越好的社会认可。高校中外合作办学逐渐从规模扩大、外延发展转向内涵建设、质量提升，进入提质增效阶段。为实现中外合作办学高质量发展，教育部有关部门出台了一系列文件措施，加强中外合作办学的质量评估，保证中外合作办学的质量。在征求各方面意见修订原《中外合作办学评估方案（试行）》基础上，教育部国际司于2013年1月公布了《中外合作办学评估方案》（教外司监〔2013〕124号）。为使广大学生、家长及社会各界及时了解有关情况，增加信息公开度，教育部国际司于2013年7月3日公布了《关于近期高等学校中外合作办学有关情况的通报》（教外司办学〔2013〕1210号）；随后，又于2013年9月5日发布了《教育规划纲要实施三年来中外合作办学发展情况》。为进一步加强质量保障，教育部于2013年12月18日出台了《教育部关于进一步加强高等学校中外合作办学质量保障工作的意见》（教外办学〔2013〕91号）；2014年3月21日公布了《关于部分中外合作办学项目违规超规模招生处理办法的函》（教外司办学〔2014〕424号）；2014年5月，制定了《中外合作办学发展规划（2014—2017年）》；2014年9月11日发布了《关于进一步做好2014年下半年本科以上层次中外合作办学项目申报工作的通知》（试行网上申报）（教外办学〔2014〕654号）；2014年10月30日公布中外合作办学督查热线，启动教育部中外合作办学监管工作信息平台；2014年12月23日发布了《关于通报2014年中外合作办学评估结果的通知》（教外司办学〔2014〕2019号）；2015年8月27日发布了《关于进一步加强中外合作办学监管工作的通知》（教外司办学〔2015〕1588号）。可见，在2013—2015年三年内，教育部有关部门密集出台诸多文件或通知公告，其目的都集中于保证中外合作办学质量，提升中外合作办学的内涵建设。

2016年4月，中共中央办公厅、国务院办公厅印发了《关于做好新时期教育对外开放工作的若干意见》（以下简称《意见》），对中外合作办学提出了新的更高的要求。《意见》明确提出，要"完善体制机制，提升涉外办学水平。通过完善准入制度，改革审批制度，开展评估认证，强化退出机制，加强信息公开，建立成功经验共享机制，重点围绕国家急需的自然科学和工程科学类专业建设，引进国外优质资源，全面提升合作办学质量。通过鼓励高等学校和职业院校配合企业走出去，鼓励社会力量参与境外办学，稳妥推进境外办学"。《意见》还提出要大力提升教育对外开放治理水平，加强对教育对外开放的组织领导；强调要"创新工作方式，加强和改进中外合作办学机构党建工作""要完善中外合作办学等政策制度"，等等。上述规定为实现中外合作办学实现高质量发展进一步明确了发展方向，提出了指导性意见。

这一时期，高校中外合作办学紧扣提质增效这一主题，切实发挥"引进国外优质教育资源"这一办学特色和优势，强化国际化师资队伍建设，保障了人才培养质量稳步提升，社会认可度和国际影响力不断提升，特别是得到了广大考生及家长的高度认可和信赖，高校中外合作办学机构或项目高考录取成绩也呈现快速上升趋势。一批高水平示范性中外合作机构和项目引进了一大批优秀国外合作院校的学科专业，在人才培养、科学研究、社会服务等方面取得了显著成效，为全面深化教育领域综合改革作出了有益探索，提供了宝贵经验，在发挥高等教育改革"探路者"、中外合作办学"领头羊"作用方面，也体现了独特优势。[①]

第二节　高校中外合作办学的现状分析

当前，中外合作办学机构和项目的数量及在校生规模等都有了显著发展，规模整体趋于平稳，内涵建设、质量提升已成为主要特征。据笔者从教育部涉外监管信息网公布的全国中外合作办学机构和项目情况统计，截至2023年年底，全国高校共有本科以上中外合作办学机构204个，项目1296个。专科层次中外使用办学机构55个，项目1149个。

[①] 熊建辉、陈慧荣：《同世界一流资源开展高水平合作办学　改革开放40年中外合作办学之路》，《神州学人》2018年增刊第2期，神州学人网，http://www.chisa.edu.cn/educoop/llqy/202210/t20221025_2110961782.html，访问时间：2024年1月28日。

一 高校中外合作办学取得了显著成效

（一）高校中外合作办学对培养国际化人才发挥着重要作用

高校中外合作办学作为我国高等教育的一种创新模式，引进国外优质教育资源，丰富我国教育供给，创新人才培养模式，推动国际化人才培养，作为一种"不出国的留学"方式，越来越受到众多学生及家长的好评，受到社会的广泛认可，社会美誉度逐年提高，并日益成为我国教育对外开放的重要组成部分。党的十八大以来，高校中外合作办学坚持提质增效，高质量发展，在拓展规模、提高质量和规范管理等方面取得了一系列重要成就。高校中外合作办学地位更加显著，政策体系日臻完善；引进教育资源整体水平持续提高；规范管理和质量保障机制更加完善；人才培养质量和服务能力实现历史性跃升。高校中外合作办学已经成为我国高等教育的重要组成，也是新时代我国教育对外开放的重要着力点和突破口，在推动高校体制机制改革，拓宽人才培养途径，满足人民群众多元化需求，服务地方经济发展等方面发挥了积极的作用。[1] 在我国由高等教育大国向高等教育强国跨越的过程中，高校中外合作办学正以其独特的办学特色和优势，在培养具有国际视野、家国情怀，具有国际竞争力和跨文化沟通能力、胜任国际化工作的人才方面，发挥着越来越重要的作用。

（二）高校中外合作办学对促进对外开放和中外人文交流发挥着重要作用

党的二十大报告指出，我们全面推进中国特色大国外交，推动构建人类命运共同体。高等教育蕴藏着非常丰富的"外交资源"，有效动员和利用这一资源，发掘高等教育对外开放的巨大潜力，为构

---

[1] 教育部国际司办学处处长毛冬敏在第十二届全国中外合作办学年会开幕式上的致辞，2021年12月3日，https://cfcrsorg.xmu.edu.cn/info/1052/2561.htm，中国高教学会中外合作办学研究会官网，访问时间：2024年1月20日。

建人类命运共同体作出更大贡献。中外合作办学是教育对外开放的重要载体，其快速发展有助于加快培养具有全球竞争力的高层次国际化人才，服务新时代国家发展的目标。中外合作办学作为中外教育领域专业人士和教师学生友好往来的平台，实现的不仅仅是办学理念、专业与课程、教学技术和手段等方面的合作，也是在推动文明互鉴，促进中外民心相通，是中外人文交流的重要手段和渠道，肩负着培养中外人文交流使者的重要使命。2016年7月，教育部在《推进共建"一带一路"教育行动》中明确表明，"中国将一以贯之地坚持教育对外开放，深度融入世界改革开放发展潮流"，提出实施"丝绸之路"合作办学推进计划，将其作为"开展人才培养培训"的支撑性框架的重要内容。中外合作办学本身就是中国教育对外开放和推进共建"一带一路"教育行动的重要内容，同时在引领合作方向与领域方面，以及为其他领域的合作储备必要的人才资源，构筑人文交流、民心相通等方面，都发挥了重要作用。

（三）高校中外合作办学提高了我国高等教育的国际竞争力

随着我国经济实力的快速增长，我国的高等教育也实现了快速发展。2023年5月29日，习近平总书记在主持中央政治局第五次集体学习时强调，建设教育强国，龙头是高等教育。新时代，我国正从"高等教育大国"向"高等教育强国"跨越，这一关键时期的跨越是一个系统性跃升和质变的过程。其中，如何提高我国高等教育的国际竞争力，是我们必须面对和解决的重大课题。党的二十大报告指出，我们要坚持教育优先发展、科技自立自强、人才引领驱动，全面提高人才自主培养质量，着力造就拔尖创新人才，聚天下英才而用之。报告中"加强基础学科、新兴学科、交叉学科建设，加快建设中国特色、世界一流的大学和优势学科"等内容，对中国高等教育发展提出了新的更高要求。目前，我国已有一批大学和一大批学科跻身世界先进水平行列，高等教育整体水平进入世界第一方阵，国际竞争力持续增强。中国高校在国际排名中进步明显，泰晤士高等教育2023年世界大学排名发布，中国大陆高校在世界大学排名中共有95所上榜，上榜数量位列世界第四，仅次于美国（177所）、日本（117所）与英国（103所）。我国共有7所高校进入世界大学排名前100名，有11所高校跻身世界排名前200名。① 但不可否认，当今世界西方等少数发达国家仍然占据高等教育领先地位，中国大学在世界大学排行上还没有跻身到第一方阵的最前列，我们仍需要在很多方面继续努力。随着我国高校中外合作办学的快速发展和提质增效，通过引进发达国家的优质教育资源，加强与世界一流大学之间的国际交流合作，促进我国高校积极开拓国际视野，培养具有国际竞争力的国际化人才，从而加快建设教育强国、科技强国和人才强国，为党育人、为国育才，提高我国高等教育的国际竞争力。

（四）高校中外合作办学实现了多方面的辐射赋能功能

高校中外合作办学就某一专业或某一学科群与国外高校开展合作办学，吸收国际上先进的教育理念，借鉴国际上成熟的教育经验，在实现引进国外优质教育资源为我所用，培养"懂专业、外语强"国际化特色人才的同时，还可以辐射和带动其他专业国际化发展，影响辐射更多教师和学生开拓国际视野、提升能力，提高学校整体本土教学国际化水平、学科建设水平和国际化科研水平等等，起到"不出国的留学"事半功倍的作用。近年来，随着高校中外合作办学规模日益扩大和质量逐步提高，很多高校在开展教学交流合作的同时，还与国外合作院校开展了科研交流合作，共同搭建了国际科研合作平台和基地，开辟了许多国际前沿的新兴交叉学科，引进了经济和社会发展急需专业。在引进国外先进的教育理念的同时，还引进了其先进的管理理念、服务理念、发展理念，促进了我国高校人才培养模式改革、管理体制机制改革，等等。通过调研发现，高校中外合作办学受到了社会各界的好评。截至2022年7月，教育部共开展了11轮本科以上中外合作办学评估，基本实现了本科以上合作

---

① 洪成文：《将建设高等教育强国落实落细》，《神州学人》2022年第11期，第11、12页。

办学机构和项目定期评估全覆盖。2021年，中外合作办学评估的67个机构和项目的6800多份学生问卷中，学生对中外合作办学总体满意度达98%。由于中外合作办学机构和项目人才培养质量高，办学有特色，不仅高考录取分数线逐年提高，其科研实力、国际影响力等都得到了大幅提升。

二　高校中外合作办学面临的问题分析

我国中外合作办学取得显著成就的同时，由于受各种因素的影响，也还存在着一些发展中的问题，我们还须总结和反思，积累更多经验，积极促进高校中外合作办学提质增效，实现高质量发展，为促进教育对外开放、实现教育强国跨越做出更大贡献。

（一）高校中外合作办学存在发展不平衡的矛盾

首先，我国高校中外合作办学仍然存在地域分布不均衡的矛盾。我国本科及以上中外合作项目区域分布不均衡，多数集中在东部沿海省份及北京、上海、江苏等省市，而西部省份如甘肃、宁夏、西藏、新疆等则偏少，且设置趋同、缺乏特色，难以满足西部地区经济社会发展的需要，难以实现可持续发展。[1]"截至2023年1月，据教育部涉外监管信息网公布名单统计显示，我国现有本科层次中外合作办学机构89个，本科层次中外合作办学项目884项；硕士及以上教育中外合作办学机构87个，硕士及以上教育中外合作办学项目171项。在本科层次中外合作办学项目中，东部地区为513项，占58%；西部地区为89项，占10%。可知，我国中外合作办学的机构和项目主要集中于东部地区，西部地区的增长动力严重不足，存在地域分布不均的现象。"[2] 为此，教育部早在2006年就关注到这一

---

[1]　熊建辉、陈慧荣：《同世界一流资源开展高水平合作办学　改革开放40年中外合作办学之路》，《神州学人》2018年增刊第2期，神州学人网，http://www.chisa.edu.cn/educoop/llqy/202210/t20221025_2110961782.html，访问时间：2024年1月28日。

[2]　李顺才、杨增辉：《中外合作办学优质教育资源建设的探索与实践》，中国教育国际交流协会《中外合作办学通讯》2023年第5期，第18页。

现象，曾经下发了《关于当前中外合作办学若干问题的意见》（教外综［2006］5号），明确指出："开展中外合作办学，要密切结合国家、地方和区域经济发展对各类人才的需求以及学校学科建设的需要，鼓励在国内急需、薄弱和空白的学科领域与外国高水平大学以及具有优势学科的大学开展合作办学，引导中外合作办学逐步向中西部地区发展。"[①] 在未来高校中外合作办学区域发展布局上，还需要制定更加明确细化的鼓励政策，重点支持中西部高校开展中外合作办学，形成更加合理的区域发展空间布局。

其次，高校中外合作办学存在学科专业发展不平衡的矛盾。受外方合作院校合作意愿、办学成本等多种因素的影响，目前高校中外合作办学商科、计算机等学科专业偏多，理工农医类专业偏少，新兴、急需、紧缺、薄弱等学科专业则更少。为此，教育部有关部门曾发布指导意见，限制商科等学科开展中外合作办学，重点支持当前世界科技前沿、基础学科、新兴交叉学科和相对空白、紧缺、薄弱以及"卡脖子"的学科专业开展合作办学，要重点围绕社会民生急需和产业发展需要的支柱产业、新兴产业、未来产业等领域开展合作办学。要优化中外合作办学学科专业和层次的整体布局，避免重复建设和建设失衡。但有的学校为了急于求成，急功近利，并没有结合学校自身学科专业发展方向，存在乱找国外大学盲目申报专业的现象，引进的外国教育资源优质性不够；有的学校引进的国外优质教学资源，并没有根据我国国情以及自身的实际情况进行融合优化，而是满足于直接从国外高校照抄照搬，生搬硬套，简单叠加，专业培养目标的设定也脱离了我国社会需求，造成极大的教育资源浪费，等等。

最后，高校中外合作办学存在着学历层次不平衡的矛盾。从教育部涉外办学监管网和各省、自治区、直辖市公布的数据看，本科

[①] 教育部：《关于当前中外合作办学若干问题的意见》（教外综［2006］5号），2006年，第32页。

层次和专科层次的中外合作办学多，硕士博士层次少。由各省、自治区和直辖市等教育行政部门审批的专科及以下的更多。以河北省为例，据教育部涉外监管信息网公布的数据显示，截至 2023 年年底，专科层次中外合作办学项目有 83 个，本科层次的中外合作办学项目有 46 个，硕士研究生项目仅有 4 个。从全国范围看，目前多数中外合作办学机构或项目还只能依托外方母体院校招收研究生，研究生数量和规模相对还较小，对于国家经济社会发展需要的高层次国际化人才的培养数量还不足，还没有发挥中外合作办学促进建设世界一流大学一流学科的积极作用。因此，在未来高校中外合作办学发展规划中，还要加强国家层面的顶层设计，主动谋划与世界一流大学联合开展高层次人才培养模式，通过开展高水平科研合作或项目合作等，从而推动博士硕士研究生层次的中外合作人才培养。

（二）高校中外合作办学师资队伍需要进一步优化和提升

高校中外合作办学实现高质量发展，是否具有一定规模的高水平国际化师资队伍是核心要素和关键指标，国际化的师资团队是中外合作办学的主要支撑。但就目前情况看，中外合作办学中方学校国际化师资队伍整体规模还较小，具有国际视野的优秀青年师资储备还相对不足。对外方院校而言，按照中外合作办学评估体系内容中的相关要求和标准，引进的外方课程和专业核心课程应达到中外合作办学全部课程和核心课程的三分之一以上，外方派遣的教师担负的专业核心课程的门数和时数要不低于整个中外合作办学项目课程的三分之一。一些院校并没有满足此项要求和标准，特别是外方派遣的师资还存在"人员不稳，标准不高，授课较少"的现象，有些外方院校往往应急招聘，临时派人来华授课，这些问题如果不认真解决，将会制约中外合作办学课程教学质量提升，影响高校中外合作办学的声誉。国家有关部门对中外合作办学有上述"四个三分之一"的具体规定，但有的外方院校采用"飞行教授""短期教授""临时教授"来敷衍应付，授课时间过于集中，造成短期内无法实现与学生形成跨文化情景交融，导致教学效果大打折扣，受到较大影响。有的外方教师缺乏相应的资质认证和授课经验，存在不能达到外方学校本部"同质等效"教学质量的现象。此外，中方教师也存在着国际化教育教学理念还有待转变、国际视野和跨文化沟通交流能力欠缺、与外方教师沟通不畅等实际问题，造成中方教师还没有与外方教师实现融合发展，还没有从整体上形成一支结构合理、整体素质优良、发展趋势良好，兼备国际化背景、前沿学科科研能力与丰富实际教学经验，与专业发展相吻合的中外融合的高水平师资队伍。

（三）高校中外合作办学联合科研体制机制尚不健全

如前所述，高校中外合作办学实现高质量发展，必然要实现中外合作院校的全方位合作，其中科研合作是中外合作办学在新发展阶段的重要命题，只有实现高水平的科研合作，才能实现科教融合、产教融合、科创融合，实现培养高水平国际化人才的最终目标。高校中外合作办学发展几十年，在引进国际优质教育资源的基础上，应实现与外方优质科研资源的合作。但就目前现实情况看，符合高校中外合作办学自身特点的国际科研体制机制还未完善，中外双方科研互补的优势还没有有效发挥。在中外合作办学发展过程中，高水平国际科研团队和成果还不多见，外籍教师由于身份认同或体制机制等原因，参与科研工作的积极性不高，成效不明显，特别是在平台搭建、经费支持、合作方式、知识产权、成果转化等方面还需要在体制机制继续探索和创新。

三 高校中外合作办学的发展趋势分析

新时代新征程对中外合作办学提出了新的更高要求。站在历史新起点，特别是从教育大国到教育强国系统性跃升和质变过程中，高校中外合作办学已上升为实现教育强国，为中国式现代化提供教育支撑的重要战略举措。为此，高校中外合作办学应坚持以习近平新时代中国特色社会主义思想为指导，以加强党的建设为统领，加强内涵建设，实现高质量发展，为实现教育强国做出重要贡献。

（一）高质量发展是中外合作办学持续发展的永恒主题

党的二十大报告对加快构建新发展格局、着力推动高质量发展作出了一系列战略部署，为构建高水平中外合作办学新格局提供了指导思想与行动指南。这些理念、政策与意见都为中外合作办学进入新发展阶段提供了政策保障、行动指南和根本遵循。

首先，新时代高校中外合作办学要始终坚持引进世界一流优质教育资源。2016年4月中共中央办公厅、国务院办公厅《关于做好新时期教育对外开放工作的若干意见》明确提出，"引进国外优质资源，全面提升合作办学质量"，这给新时期开展中外合作办学指明了发展方向。在总结中外合作办学发展历史经验基础上，推动中外合作办学从规模速度型向质量效率型转变。当前，我国高校的双一流建设取得了显著成绩，若干所高校逐步跻身世界一流大学行列，一批学科逐步进入世界一流行列，一些关键领域取得重要进展，高质量的一流大学和一流学科建设体系正在形成，为建设高等教育强国奠定了坚实基础。但"双一流"建设进展成效同我国综合国力和国际地位还不相匹配，同经济社会发展对人才的多样化需求相比还有不小差距，我国高等教育的总体发展水平同世界发达国家还有一定差距。高校中外合作办学作为我国高等教育事业的重要组成，应进一步引进世界一流大学的优质教育资源，构建人民满意、社会期盼、发展急需的高水平、内涵式、可持续的现代中外合作办学新格局。

其次，高校中外合作办学在布局上要突出优先领域。高校中外合作办学必须进一步提高站位，瞄准世界学科专业前沿，以引进世界领先的一流理念、一流资源、一流质量、一流管理等为导向，积极拓展不同层次、不同区域、不同类型的对外开放新渠道。在世界重要人才中心靶向发力，在引进紧缺专业和空白学科，培养"高精尖"急缺人才上下功夫，在更好服务国家战略上下功夫，通过特殊项目、特殊政策、特殊平台，力争在重要合作办学领域汇聚与培养世界一流人才。在世界创新高地发力，力争在事关经济社会发展的重要科技前沿汇聚资源、实现集成创新，打造创新高地，推动创新发展。充分利用互联网、数字、智能技术等现代科技，通过元宇宙、虚拟技术、在线学习等平台，开辟数智化学习新空间。

最后，高校中外合作办学高质量发展是应对国际社会与教育环境不稳定、不确定性因素的重要路径。党的二十大明确提出，不管世界风云如何变化，对外开放的基本国策不会变。2016 年，中共中央办公厅国务院办公厅印发《关于做好新时期教育对外开放工作的若干意见》，要求坚持扩大开放，做强中国教育。教育对外开放不会动摇，中国开放的大门只会越开越大。作为加快和扩大教育对外开放的重要载体，中外合作办学坚持对外开放的基本政策和方向十分明确，我们更要增强战略定力，保持对外开放不动摇的坚定决心和坚强信心。新时代以来，我国高等教育中外合作办学始终在服务教育对外开放中不断提质增效。同时，我们也应该清醒地看到国际形势的复杂多变，面对世界百年未有之大变局，只有加强自身建设，依靠自身的发展壮大，不断增强国际竞争力，才能应对复杂多变的国际形势。与此同时，加强引进国际优质教育资源，进一步拓展合作办学国际布局，丰富我国教育供给，为办好人民满意的大学贡献力量。

（二）融合创新是高校中外合作办学持续发展的内在动力

中外合作办学，顾名思义，融合是其固有之涵义，能否融合是中外合作办学能否成功的前提和基础。融合是交融汇合之意，中外合作办学把国际教育的先进经验和中国优秀的教育基础结合起来，做到交融汇合，既不能直接移植外方大学的管理、教学等模式，导致食洋不化，僵化教条，水土不服；也不能全盘改造，失去外方的特色优势，需要合作双方不断磨合、理解、适应。中外双方都要有开放包容的姿态，尊重各自的理念，按照教育规律办学，这样才能实现办学模式的真正融合。融合创新是指在融合的基础上，吸收合作双方的优势特色，结合实际，合二为一，融为一体，超越各自原来的形态，实现创新，变成一个新事物，由量变到质变。能否融合创新决定着合作的是否长远和高质量发展，否则中外合作办学就会成为国外大学在中国办的分校，违背了以我为主的发展宗旨。融合创新合包含着多方面和多领域，如教学内容的融合创新、师资队伍融合创新、教学管理的融合创新，等等。

首先是教学内容的融合创新。教学内容的融合是中外合作办学要解决的首要问题，也是关系到中外合作办学能否顺利实施的关键。由于中外双方的历史文化和教学观念不同，在人才培养目标的设定、教学大纲的制定、教学模式的采用等方面一般都会存在或大或小的差异，中外双方必须做到相互融合，针对我国国家社会需求、家长与学生的实际接受情况及接受特点，共同商定适合我国国情和学生实际的专业培养目标、课程内容、方式方法、考核形式等，注重中外双方课程前后左右的衔接关系，形成有效的"课程群"。如果只是简单机械的满足教育部规定的引进不少于四个三分之一课程要求，你上你的课、我上我的课，那样只能造成中外双方课程的"两张皮"现象，外方课程不能被学生吸收掌握，只能囫囵吞枣，引进的外方优质教育资源不能发挥其应有的作用，培养的毕业生失去中外合作办学的既定目标优势，势必造成中外合作办学的发展不能可持续，更谈不上高质量发展。

其次是师资队伍的融合创新。中外合作办学的培养目标确定后，融通中外的师资队伍就成为中外合作办学持久发展最为关键的因素。没有优秀的国际化师资作为保障，再好的教材教案、环境设施，再先进的教学理念、方式方法，都难以发挥预期的功能和作用，通过中外合作办学提高人才培养质量的初衷也会成为空中楼阁，化为泡影。作为引进国外优质教育资源为目的的中外合作办学，其优势体现之一就是外方优秀师资的引进，包括其先进的教学理念、教学内容和教学手段等。中方学校必须充分利用和发挥这一优势，实现深度融入。其一，对外方师资一定要进行严格把关，选择外方优秀的师资来完成教学任务。其二，通过中方教师的协同讲授、助课听课、开展共同的教研活动等方式，将外方教师先进的教学理念、方式方法和教学内容等充分吸收借鉴，并帮助学生不断适应，真正做到外方课程的"落地开花",洋为中用,取长补短,优势互补。其三,共同举办学术沙龙、学术会议,共同申请国际引智、国际合作科研基地、协同创新中心等项目,在学科建设、科学研究和社会服务等多方面多领域开展合作,实现合作共赢,促进中外合作办学的可持续发展和高质量发展。

最后是教育管理的融合创新。中外合作办学对外方优质教育资源的引进,不仅是教师、教材、教学内容和教学方法的引进,也包括其先进的教育管理理念制度等的引进。以教学评价机制的构建为例,很多发达国家的高校采用更为开放的评价方式,包括论文、考试、作业、小组讨论、实习、学术项目、出版物等多种形式。这种方式的好处在于,学生可以通过选择最擅长的评估方式来展示自己所掌握的知识和技能,学生成绩的评价更为全面、公平和客观。在办学实践中,如何设计教学考核项目、如何考核任课教师是否进行了"以学生为中心"的教学设计、如何评价学生的学习成果,应重视评价的动态化,注重教学的发展性,避免思维固化,强化过程评价,并在此过程中不断完善评价体系等,这些理念都值得我们借鉴。

(三) 国际特色是高校中外合作办学持续发展的核心亮点

中外合作办学是一种特殊的"扎根中国大地办国际化教育"国际化办学形态。《中外合作办学条例》规定,国家对中外合作办学实行扩大开放、规范办学、依法管理、促进发展的方针,国家鼓励引进外国优质教育资源的中外合作办学。[1] 显然,国际化是中外合作办学最重要最核心的特征。近年来,很多高校在开展中外合作办学的基础上,确立了非常明晰的国际化发展理念,在人才培养、科学研究、学科建设等多方面都体现出其鲜明的国际化特色,取得了长足的进步,国际化已经成为高校中外合作办学持续发展的趋势与亮点。

---

[1] 《中华人民共和国中外合作办学条例》,2003 年 3 月 1 日中华人民共和国国务院令第 372 号公布,根据 2013 年 7 月 18 日《国务院关于废止和修改部分行政法规的决定》第一次修订,根据 2019 年 3 月 2 日《国务院关于修改部分行政法规的决定》第二次修订。

首先是高校中外合作办学理念的国际化。理念是行动的先导，是推动发展的动力。办学理念的国际化既包涵宏观层面的理念国际化，也包含具体层面的理念国际化，宏观层面的如制度的国际化、管理的国际化等；微观层面的如课程目标、课程内容、课程实施在内的课程体系的国际化，师资队伍建设的国际化，质量保障体系的国际化等。当前，更全方位、更多层次、更宽领域、更加主动的教育国际交流与合作新格局正加快形成。国际化的办学习惯，就是要摒弃自我封闭式的办学理念，将我国高等教育置身于全球高等教育之中，广采众长、融会贯通，与时俱进、开拓创新，促进我国高等教育处于世界一流行列，实现教育强国的奋斗目标。

其次高校中外合作办学人才培养的国际化。通过引进国外优质教育资源，实时了解世界的先进教育和科技前沿，可以极大拓宽学生的视野，既包括专业的学术的领域，也包括语言、认知、文化等方面，使学生能够从更广阔的视角和更多维的思路去观察、分析、辨识、理解事物。同时在学习过程中，可以结识来自不同国家和文化背景的新朋友，这对个人成长也是非常有益。良好的国际化教学科研环境，增强对外籍优秀教师、科研人员和高水平留学生的吸引力，也是人才培养国际化的有力保障。

再次是高校中外合作办学辐射赋能的国际化。"中外合作办学的初心是引进国外优质教育资源，通过'鲶鱼'效用发挥辐射作用，真正促进中国教育改革和发展。"[1] 随着高校中外合作办学发展，加大与外方院校合作的广度和深度，进一步引进世界一流大学和一流学科建设的先进经验，加强学科专业建设，注重内涵发展，提质增效，实现高质量发展，其固有的国际化特色和优势将进一步发挥积极作用，国际化师资队伍建设得到加强，强化国际协同创新，搭建

---

[1] 熊建辉、陈慧荣：《同世界一流资源开展高水平合作办学 改革开放40年中外合作办学之路》，《神州学人》2018年增刊第2期，神州学人网，http://www.chisa.edu.cn/educoop/llqy/202210/t20221025_2110961782.html，访问时间：2024年1月28日。

国际化科研平台，开展国际化科研合作，加强国际产学研合作，实现中外双方的融合、融通、融创，发挥其辐射赋能功能。

最后是中外合作办学教育供给的国际化。强化国际教育供给能力是中外合作办学发展到一定阶段后的必然结果。高校中外合作办学在积极做好将国外优质教育资源"引进来"的同时，要积极拓展海外教育市场，大胆做好中国教育"走出去"后半篇文章，打造国内国际中外合作办学双循环的新发展格局。随着我国不断融入世界教育改革发展潮流，与"一带一路"沿线国家国际合作的不断加强，我国实现由教育大国向教育强国的历史性跨越，必然要求中国高等教育走出去，共同构建多元化教育合作机制，打造示范性合作项目，为助力人类命运共同体做出贡献，共创世界人类美好生活新篇章。

（四）党建引领是高校中外合作办学持续发展的基本原则

首先，坚持党建引领是中外合作办学社会主义性质的本质要求。高校中外合作办学作为我国高等教育的重要组成部分，无论是独立法人的中外合作大学，不具备独立法人资格的二级学院，还是中外合作办学项目等，其性质必然是中国特色社会主义大学，是扎根中国大地的高等教育形态，坚持党的全面领导是高校中外合作办学应有之义，绝不能因"取经"而"忘本"。2017年，中组部、教育部党组印发了《关于加强高校中外合作办学党的建设工作的通知》，明确提出设立中外合作办学机构和项目，应坚持党的建设同步谋划、党的组织同步设置、党的工作同步开展，为中外合作办学在党的领导下健康发展提供了基本指导。

其次，坚持党建引领是高校中外合作办学把握正确方向的根本遵循。高校中外合作办学的初心使命是为党育人、为国育才。要完成好办学治校立德树人的根本任务，就必须做到牢牢坚持和把握社会主义办学方向，旗帜鲜明坚持和加强党的全面领导，全面贯彻党的教育方针，加强意识形态建设。中外合作办学有其国际合作与交流的特殊性，与不同的历史文化、政治体制、价值观念相交汇，也存在受国际上敌对势力冲击和文化渗透的可能性，越是在这种环境之下，就越需要时刻保持清醒的政治头脑，牢牢掌握意识形态工作领导权，确保社会主义办学方向。

最后，坚持党建引领是中外合作办学高质量发展的根本保障。坚持中国共产党领导是中国特色社会主义最本质的特征，也是中国特色社会主义制度的最大优势。作为我国高等教育事业重要组成部分的中外合作办学，坚持党建引领也是体现中国特色社会主义大学制度优势的根本保障，中外合作办学取得的历史性成就，彰显了党领导中外合作办学工作的制度优势。随着高校中外合作办学进入提质增效高质量发展新阶段，高校中外合作办学更需要加强党的全面领导，坚持顶层设计，主动作为，处理好与外方合作院校的关系，与联合管理委员会等的关系，始终掌握办学领导权、话语权，在思想政治教育、教育教学改革、师资队伍建设、教材建设等重要环节严格把关，防止西方价值观与意识形态渗透进大学教师、教材、学科、文化体系，始终保障办学方向与主流意识形态和价值观同向同行，保障中外合作办学持续健康发展，为我国高等教育的高质量发展做出新的贡献。

第二章

高校中外合作办学融合式教学创新研究

第一节 高校中外融合式人才培养目标及课程体系研究

一 中外融合式人才培养目标的确立

高校中外合作办学人才培养目标的确立，是关系到高校"培养什么人，为谁培养人，怎么培养人"的首要问题。只有在人才培养过程中牢牢把握社会主义办学方向，始终围绕设定的人才培养目标开展各项教育教学活动，才能不忘高校中外合作办学的初心和宗旨，牢记"国之大者"的光荣使命，保证中外合作办学事业的健康发展。

（一）高校中外合作办学人才培养目标要紧紧围绕培养社会主义建设者和接班人，将立德树人的根本任务融入人才培养体系

首先，高校中外合作办学作为我国高等教育事业的重要组成部分，必须牢牢把握社会主义办学方向，始终不忘为党育人、为国育才的初心使命和办学宗旨。习近平总书记在党的二十大报告中强调，"全面提高人才自主培养质量，着力造就拔尖创新人才，聚天下英才而用之"。这既为高校中外合作办学指明了前进方向，也提出了更加明确的目标要求。高校中外合作办学必须坚持"以我为主"的原则，在人才培养过程中，牢记"国之大者"，胸怀"两个大局"，坚持用党的创新理论和最新成果铸魂育人。在教育教学的各个环节中，坚

持立德树人，德育为先，不断完善思想政治工作体系，着力构建"大思政"新格局，教育和引导广大学生坚定立志报国的理想信念，锤炼善于斗争的过硬本领，争当新时代的奋斗者和担当者，努力为中国式现代化和中华民族伟大复兴源源不断提供高素质人才。

其次，高校中外合作办学要更加注重培育社会主义核心价值观，做到三全育人，五育并举。伴随着世界范围内跨境教育和国际交流快速发展的大趋势，在高校中外合作办学开展过程中，不可避免的存在着多元文化、不同意识形态和价值观的交叉碰撞和冲击影响，因此，在人才培养过程中更要注重将思想价值引领贯穿育人的全过程，在专业课堂、实习实践、创新创业、校园文化和跨境学习等各个环节，全方位融入政治认同、家国情怀、理想信念等价值导向，为培育大学生的社会主义核心价值观提供坚强有力支撑，时刻防止资本主义国家宣扬的所谓"宪政民主""普世价值""公民社会"、新自由主义、历史虚无主义等政治思潮及其宣扬的拜金主义、享乐主义和极端个人主义等西方价值观侵蚀青年大学生的头脑，确保我们社会主义建设者和接班人的培养目标不受影响。

最后，高校中外合作办学要更加注重发挥思政课程和课程思政的协同作用。高校思想政治理论课承担着对大学生进行系统的马克思主义理论教育的任务，是巩固马克思主义在高校意识形态领域指导地位、坚持社会主义办学方向的重要阵地，是全面贯彻党的教育方针、落实立德树人根本任务的主干渠道和核心课程，是加强和改进高校思想政治工作、实现高等教育内涵式发展的灵魂课程。[①] 高校中外合作办学有其特殊性，外方合作高校的人才培养计划一般没有专门思政课的学分要求，学生在与国外合作方互认学分时也不需要思政课学分，等等。但不能因为高校中外合作办学存在跨境教育和

[①] 教育部关于印发《〈新时代高校思想政治理论课教学工作基本要求〉的通知》（教社科〔2018〕2号），中华人民共和国教育部政府门户网站（MOE.GOV.CN），访问时间：2024年1月17日。

跨文化教育的特殊性，就不设或变相少设思想政治理论课，弱化思想政治理论课主渠道主阵地的作用和地位，甚至用别的文化选修课程、报告讲座等替代思政课，而应坚持不懈地传播马克思主义科学理论，引导大学生树立正确的世界观、人生观和价值观，不断提高大学生对思想政治理论课的获得感。此外，高校中外合作办学更要加强优化人才培养计划专业课程体系设置，注重在专业课程中融入思政元素，发挥好润物无声潜移默化的育人作用，切实做到各类专业课程与思想政治理论课同向同行，发挥思政课程和课程思政的协同育人作用。此外，对引进外方的原版教材和课程内容等一定要做到严格把关审查，防止西方敌对势力利用教材教案等进行不良渗透。学校领导、有关教学督导老师等也要经常深入中外合作办学课堂听课查课，注重听取老师学生意见建议，避免课堂中出现有违我国原则立场的意识倾向。

（二）高校中外合作办学人才培养要体现国际化和国际竞争力的特色与优势

高校中外合作办学人才培养目标的设定要体现国际化特色，离开了国际化特色，也就自然谈不上中外合作办学。中外合作办学的优势在于能够整合中外两所高校甚至多所高校的优质教育资源，吸收国外高校的学科专业课程、先进教育理念及管理制度，实现教学内容的借鉴、教学方式的革新、教学标准的突破，为学生提供更加广阔的国际化学习平台。通过这一广阔的平台，特别是围绕以"学生为中心"的育人理念，培养学生深耕专业领域和跨学科发展的能力，以立德树人为根本，引导学生逐步形成开阔的全球视野、扎实的专业能力和卓越的跨文化交流能力，提高学生的国际竞争力。此外，中外合作办学非常注重学生外语能力的培养，培养目标的设定都是"外语好、专业强"的复合型国际化人才，这些都对提升学生就业竞争力、实现人生理想大有裨益。

高校中外合作办学人才培养理念要取长补短、兼收并蓄。由于各国发展环境和发展阶段不同，人才培养理念也有较大不同。如昆山杜克大学由美国杜克大学和中国武汉大学合作成立，在办学理念上将杜克大学"知识与信仰"的校训精神与武汉大学的"自强、弘毅、求是、拓新"教育理念结合起来，融合为现有的办学宗旨："服务真理和正义，服务社会与国家。"这一人才培养目标继承了中国儒家"修身、齐家、治国、平天下"的文化基因，体现了社会主义核心价值观的要求，同时融合了西方自由教育中对知识本身的重视，取义为知识本身给予人以自由，其价值足以补偿在求知过程中艰苦的思考和遭遇的困难；由英国利物浦大学和西安交通大学合作举办的西交利物浦大学，在教育理念上结合了两校各自办学特点和优势，内涵上融合了东西方的文化智慧和教育精髓，探索出"五星"育人模式——以"生活快乐、事业成功"为核心思想，以"创新"和"贡献"为核心价值观，体现了西方培养"全人"的自由教育理念与我国人与社会和谐共处的"天人合一"理念的相融相合；由纽约大学和华东师范大学共同成立的上海纽约大学的校训为"坚持并超越，让世界成为你的课堂"，鼓励学生以世界为课堂，以天下为己任，好奇严谨，厚德敬业，不仅继承了西方大学对真理的无限崇尚和追求，也融合了我国文化中求实创新的人生追求。[①]

二　中外融合式人才培养课程体系的确定

一般来说，高校中外合作办学引进的国外优质教育资源包括课程体系、教材体系和师资团队三个方面，而引进的课程体系作为传授知识的主要载体与教学的核心内容，在人才培养中发挥着至关重要的作用，开展教学的方式方法、教材教案的选用、教师的选拔聘用都是围绕着课程体系来进行的。中外融合式人才培养课程体系的确定是实现人才培养目标的基础和关键，因此，在制定这一课程体系过程中一定要坚持吸收借鉴、洋为中用、融合创新。

[①] 唐桥：《走向融合：大学中外合办中的理念追求》，《大视野》2020年第6期，第12页。

（一）要注重引进外方优质课程体系，突显中外双方的核心特色和优势

引进外方优质课程体系是引进外方优质教育资源的重要体现和有效载体。在中外双方洽谈合作之初，中方一定要对外方课程体系进行认真考察梳理和科学评鉴，切实引进外方先进的专业核心课、优势课、特色课，不能不加鉴别地对其所有课程全盘接收。同时还要充分考虑到引进外方课程后的实际可行性、适用性、有效性，确保优质课程能够落地落实，发挥实际作用。此外，在引进外方优质课程过程中，也要注重结合学生实际，坚持以学生为中心，将外方教材优势及教师优势转化为教育教学优势，最终转化为助力学生成长成才优势和学校的办学优势。以笔者所在的河北科技大学与澳大利亚联邦大学合作举办的环境科学本科项目为例，河北科技大学环境科学专业既有的人才培养目标侧重"小生态"环境污染防治的应用技术，而引入的外方课程则侧重"大生态"质量管理和生态修复。由中澳双方联合制定的人才培养计划吸收了双方优势课程，制定了河北科技大学中外合作办学环境科学专业培养目标，使学生兼具两者的优势。经过对此项目毕业生用人单位的跟踪调查分析，环境生态行业用人单位评价学校学生具有明显的优势，认为本项目学生"在掌握国际环境科学发展趋势、了解中澳两国环保产业及文化和创新思维能力等方面，明显优于同专业国内普通学生"。

（二）要注重引进外方课程紧跟时代发展前沿，代表最先进的发展水平

当今世界，科学技术日新月异，知识迭代更新非常迅速，因此在引进外方课程时，要注重深入考察外方课程是否为优质教育资源，是否具有一定的比较优势，是否具有"时新性"，能够代表本学科领域发展的世界前沿水平。曾经发生过一些案例，有的项目在申报时使用的外方课程教材还是 20 世纪的，年代非常久远，很明显已经是相对落后的课程教材，甚至还不如中方课程教材的时新性，引起了评审专家的质疑。此外，通常情况下中外双方的合作协议签署时限为十年以上，十年间学科专业的快速发展较之协议签订时已经发生较大改变，因此，中外双方要随时跟踪当今世界学科专业发展最前沿信息，根据实际变化情况及时补充有关协议，及时调整更新引进的教育资源，确保引进外方课程的时新性，才能真正做到引进外方教育资源的优质性。

（三）要注重引进外方课程与中方课程有机衔接和融会贯通，切实发挥"1+1>2"的作用

中外合作办学人才培养方案是由多个课程群组合而成，涵盖公共基础课、专业基础课和专业课、核心专业课、课程设计、毕业设计等内容，其间还涉及课程实验、实习、实训等实践环节。多种课程之间往往是密切联系的，是一个纵向衔接、横向贯通的课程体系。这一课程体系是实现人才培养目标的核心媒介，是保障和提高教育教学质量的关键所在。开始合作办学之前，中外双方各自都有自成系统的课程体系要求，而且通常存在着较大的差别。这就要求在引进外方课程时，要注重其与中方课程的平顺衔接与有效融通，注重从学生"接受"的角度逐步递进，顶层设计，通盘考虑，由易到难，由浅到深，切忌造成中外课程的简单"叠加"或"拼盘"，生搬硬套，使外方课程成为"外加中""夹生饭"，导致学生在实际学习过程中难以下咽，食洋不化，无所适从。同时，对中方所固有的本土课程，也不能简单的直接保留，而要考虑是否存在和外方课程交叉或碰撞，避免教学内容的缺失或者重复，做到有效衔接和有机融合，实现中外合作办学的最终目标，优势互补，起到"1+1>2"的作用。要达到这个目标，需要双方建立专门的专业建设研讨小组和长效的研讨机制，中外双方课程负责人经常讨论和磨合，坚持OBE"产出导向"，不断地进行优化和持续改进。笔者所在河北科技大学与澳大利亚联邦大学合作举办的非独立法人中外合作办学机构——澳联大信息工程学院，由中方教学副院长及专业负责人与外方教学副院长及专业负责人等组成的专业课程建设研讨小组，每2—3周定期进行专业建设、课程体系、课程运行与考核等方面的研讨，及时

总结课程衔接和课程融合方面的经验和问题，并在新的培养方案中不断进行优化调整，实践证明，这种方式在有机融合双方课程、形成独具特色的有效课程体系中起到了关键性作用。

（四）要注重引进外方课程与我国学生的"期待视野"相融合

"期待视野"是指接受者作为接受主体，在所具有的知识结构和语言文化习惯等前期基础之上而形成的对接受客体的期待。引进课程通常是外籍教师讲授的课程，与中方学生的前期学习基础和接受习惯不尽相同。正如有的学者所指出，"完全照搬国外现成的专业课程不符合我国现阶段高等教育的实情，我国实行中外合作办学是为了培养能适应当前世界迅速变化的国际复合型高素质人才，引进外国先进的优质课程也是为了开阔学生的国际视野，使学生充分认识到不同国家的教育理念与文化的差异，弥补自身在某些方面的不足，以达到取长补短的效果"[1]。为了用好外方优质课程资源，就需要坚持以学生为中心，将外方授课的特点与中方学生的"期待视野"相融合，在学习、借鉴和吸收的过程中，和外方教师不断沟通，不断熟悉、调整、完善教学计划、课程设计、教学大纲、教学内容，最终使之在中方学校生根发芽，开花结果。笔者所在的河北科技大学与新西兰怀卡托大学合作举办的金属材料专业，针对中国与新西兰课程存在的不同特点，多次线上线下开展中外教师间的互访交流探讨、共同备课说课等专题教研活动，在双方教师的共同努力下，合作开发出了兼具中新特色的《材料学概论》这一门新课，制定了课程管理与授课系统、课业考核与师生评价系统，收到了良好的授课效果。

三 中外融合式人才培养质量提升面临的问题及对策

（一）学生外语应用能力较弱影响学习效果

中外合作办学引进的外方课程一般由外方选派师资上课，这就

---

[1] 孟庆雷：《中外合作办学课程建设探索》，《营销与人才培养》2020年第10期，第172页。

对学生的外语能力提出了很高要求，需要学生具有很强的听说读写能力和跨文化国际理解能力。如何在提高学生外语水平的同时又保证专业课程的教学质量，同步提升学生的外语及专业能力，成为一个中外合作办学普遍基础性而又亟待解决的难题。据笔者走访调查发现，双一流大学中外合作办学的学生由于生源素质相对较好，具有较好的外语基础，新生入学后进行高强度的外语加强训练，一般情况下能够满足外籍教师授课的语言要求，能够与外籍教师形成较好的课堂互动，用外语完成作业、小组讨论，各项考试也都能较为顺利完成。但也有一些普通高校中外合作办学的学生由于不具备过硬的外语能力，往往跟不上外教上课节奏，课堂听课效果较差，没有达到预期的学习效果。为此，各高校纷纷采取多种措施，如在高考招生时设置较高的外语入学成绩标准；在大一学习期间，大幅加大外语课时，课下强化外语听说读写训练；设置雅思、托福、EAP或其他类型的外语水平考试，通过后才能参加到后续的学习环节中；成立语言学习及辅导中心，为学生学习语言提供坚实的师资保障；有针对性的外语教学改革，不能再按部就班使用传统的大学英语"重讲授轻练习"的教学模式，而改革为应用性较强的测试性英语学习模式；有的学校由外方派驻学术语言教师进一步增强学生的学术英语的听说能力；有的学校增设了听说选修课，单独聘请语言外教进行授课；有的学校在外籍教师授课的最初阶段，配置中方助理教师，课下对学生学习外语授课内容进行重点辅导，帮助学生尽快适应外籍教师教学特点；有的学校中方课程也尽量采用外语授课或双语授课，提高学生的听说读写能力。此外，还需要下大力气建立中外合作办学专业与外语深度融合的课程体系和教材体系。这就要求改革现有中外方原有的语言课程，建立专业与外语分层融合、专业与语言同步提升的课程体系和教材体系，注重"学术外语"能力的提升，夯实提升学生外语能力、专业能力两大维度相适应的课程体系和教材体系，切忌语言学习和专业学习"两张皮"，真正实现培养具有扎实的专业知识和高水平外语能力的复合型国际化人才。

（二）外方教师短期集中授课或线上授课影响教学效果

外方教师来中方授课是国家规定的中外合作办学必要条件，也是体现引进外方优质教育资源的重要举措。教育部对中外合作办学外方担任一定比例的课程有非常明确的要求，并将此项内容纳入重要的评估指标。通过调研发现，运行良好的中外合作办学项目，外方学校都会积极选派优秀师资承担一定比例的线下课程，有的外方合作学校还派驻教学负责人、质量监督员来中方学校长期工作，保障教学的顺利实施。但是也有一些院校并没有满足此项要求，有的是由于外方选派师资来中方授课的确存在本校师资紧张、不适应中国环境等困难，有的则是为了降低项目运行成本，采取线上授课形式或短期集中授课方式，外方学校派遣的教师成了"飞行教授"，在1—2个月甚至更短的时间内快速完成授课任务。这种短期教学模式或线上授课模式使学生对授课内容来不及消化吸收，接受难度较大，甚至根本无法消化吸收，课堂授课效果、与外教之间交流互动、中外合作办学的优势课程特色更是无从谈起。此外，有的外方学校派遣师资不稳定，频繁更换教师，没有相对固定的师资来承担某一课程，流动性较大，上课差异较大，这些都会对外方课程教学效果造成负面影响。为此，应强化中外双方签署协议对教师来华授课的人员条件标准、驻校时间、学时分配、上课形式等要求，并严守契约精神。此外还应严格明确教师专业标准体系、外籍教师资格认证体系建设，有关权威部门也应尽快制定外籍教师聘任和管理办法并发布实施，加强中外合作办学外籍教师的聘任和管理制度建设。

（三）国际化和本土化相融通的教材建设亟待加强

教材建设对于课程教学的重要性不言而喻。对学生而言，教材是他们获取专业知识的第一手资料，对老师而言，教材是其上课最重要的依据。我们这里所说的教材除了上课用的教科书之外，还包括教案讲义、参考书目、配合上课使用的课程资料等，教材不仅包括了具体的教学内容，更体现了先进的教学理念。① 在中外合作办学课程教学中，按照规定的满足"四个三分之一"要求，外方教师承担的课程不应少于三分之一，使用的教材都是从国外引进而来，由于语言习惯、教育理念、文化传统等差异的存在，会导致教材不能完全被中方师生所适应。此外，绝大部分国外教材还存在版权限制、价格太高等问题，全部引进原版教材还有一定的实际困难，真正适合中外合作办学师生的教材还不多，可见，针对中外合作办学的教材建设任务显得更为紧迫。笔者调研发现，有的学校非常重视中外合作办学教材建设，结合国外优质教材，针对我国人才培养目标，在保持原有知识概念和知识点的基础上，删除那些与本国教学内容不相称的章节，寻找创新点与融合点，重新编写教材，使教材更加适应中国学生的实际。同时，通过编写教材，教师能够更加熟悉国内外的教学内容，有助于提高教学质量和教学水平。但是，我们也注意到，有不少学校还没有足够重视教材建设，致使学生对外方课程的接受程度还不太理想，对引进的外方优质教育资源照抄照搬，食洋不化，使用效果不佳。

（四）实践实验类课程引进和开设普遍不足

从目前教育部涉外监管网公布的中外合作办学（本科）机构和项目看，绝大多数中外合作办学培养的人才还是偏重应用型的人才，这也是近年来教育部鼓励理工农医、新工科新医科新农科等领域开展中外合作办学的结果。沈阳大学校长、中外合作办学机构联席会主席赵彦志在总结2012—2022年十年间中外合作办学专业结构情况时认为，"过去十年，新增本科以上中外合作办学机构和项目中，理工农医类占比达65%。开设频数较高的前五种专业均为工科类，分别为机械设计制造及其自动化、电气工程及其自动化、土木工程、

---

① 朱晨慧、万金芳：《中外合作办学模式下国外优质教育资源的引进与本土化研究》，《现代商贸工业》2021年第11期，第141页。

计算机科学与技术、电子信息工程"①。在应用型人才培养过程中，实践实验类课程在人才培养中发挥着重要作用。但就目前调研情况来看，中方引入外方实践实验类课程普遍很少，引入理论教学课程偏多，在实际教学运行中实践实验类课程普遍开设不足，重理论轻实践的问题还比较突出，较大程度地影响了中外合作办学的人才培养质量，也影响到学生的就业质量。因此，中外合作办学要积极拓展实践、实验类课程渠道，创新实践形式，发挥实践教学的重要作用。一方面，中外合作办学不仅要注重引进国外理论课程，还要注重引进其实践课程。很多国外大学非常注重学生应用能力的培养和综合运用知识的能力，在实践教学方面也积累了丰富的教育教学经验，值得我们学习借鉴和引进吸收，因此应鼓励有条件的学生赴海外开展实习实践，真实感受国际化的工作场景，适应国外的工作环境，增长国际化专业应用能力和跨文化沟通协调能力。另一方面，加强实践实习也是产政学研结合的重要形式，对于中外合作办学学生发展而言，带着国际化的视野和思维方式，将所学理论与国内本专业具体实践相结合，从而更好地促进中外合作办学更加符合中国国情，获取的国际前沿知识和发展经验才能更好地中国化、本土化，实现在地国际化，为中国式现代化贡献人才和智慧力量。

第二节　高校中外融合式教学理念的创新研究

中外合作办学的核心要义是引进外方优质教育资源。外方优质教育资源除拥有国内值得借鉴的课程、教材、师资外，还包括其先进的教学理念、教学方式方法等。理念是行动的先导，某种意义上而言，引进先进的教学理念比引入具体的专业、课程、教材等更为重要。高校中外合作办学通常拥有兼具中外特点的教学理念，如采

---

① 曹喆：《后疫情时代合作办学新发展探究——访沈阳大学校长、中外合作办学机构联席会主席赵彦志》，《神州学人》2022年第11期，第19、20页。

用多元化的教学模式、注重学生的创新能力培养等。这种教学理念比传统教学理念在培养学生的个性化发展和人才素质的全面提升方面具有较大优势，更加适合新时代培养创新性、复合型人才的需要。

一 中外合作办学教学方式方法的融合创新

教学理念的差异首先体现在教学方式方法的不同。受各自历史文化传统的影响，中外双方往往各自在教学理念和教学方式方法上存在着较大不同，双方各有侧重。以西方发达国家合作高校为例，他们在组织教学活动中往往注重学生的主动性、参与性和个体性，理论课时数量较少，课堂上以讲授知识点为主，更多的是通过课后辅导、课下大作业等，让学生通过自学完成相关知识点的掌握，从而培养学生的自我学习能力。中方高校传统的课堂教学多是注重大而全的知识体系和知识结构，课堂课时数量较多，内容面面俱到，偏重理论知识的传授，相对缺乏对学生创新能力和实践能力的培养。虽然近年来很多高校在课堂形式上采用了翻转课堂，运用启发式、探究式教学，但总体上还停留在传统的"我说你听""教师主导""灌输式"层面，学生对教师的依附性还较强，"学生主体性"还没有得到有效发挥，课下仅仅满足于完成作业和通过考试，对相关其他课程知识点的自主学习涉猎较少，独立思考问题、解决新问题的能力还偏弱。针对以上双方教学上存在的实际差异，如何使外方教师更好了解中国学生的接受习惯，如何使中方学校更好吸收借鉴外方高校的有益经验，就需要加强中外双方教学方式方法的融合创新。

首先是对教学主体认识的融合创新。中国传统的教育理念是以教师为主，强调教师在教育教学中的主体作用，形成了"以教师为中心"的教育理念。这种理念有其特定的优势，就是充分发挥了教师的主体作用，强化教育者"传道、授业、解惑"的责任意识，保证教育教学目标的实现。相对而言，西方"以学生为中心"的教学理念更加重视学生的主动性和创造性，往往不给学生提前设定教学目标，尊重学生的选择权利，由学生在发展过程中找到自己的兴趣和特长。教学活动更加重视学生思考能力和动手能力的培养，学生的自主性得到发扬，学生的批判精神和创新意识得到启发。随着AI、人工智能、现代信息技术的飞速发展，人们的学习方式发生了很大改变，知识获取渠道不仅仅是面对面的传道授业解惑，还有MOOCs、云课堂、学习通等现代技术的支持，随时随地学习成为现实。教育任务也不单单是传授知识，还有培养如何从海量知识中筛选有用知识点的能力，培养如何利用所筛选出的知识解决问题的能力和创造力。因此，应该充分利用中外合作办学这个平台，融合中西方育人理念之所长，发挥教育者和受教者两者的主观能动性，激发教学活力和学习动力，实现教育教学目标。

其次是培养方案和培养目标的融合创新。培养方案是培养目标的具体体现，一般由理论课与实践课构成。理论课包括公共基础课、专业基础课、专业课以及综合素质课；实践课一般包括课程实践、课程设计、专业实习、毕业实习、社会实践等。一般情况下，中方的课程设置较多，高校本科课程（含实习实践等）需要修满160—180学分才满足毕业和学位要求，而外方普遍课程设置较少，每门课的学时数量也相对较少。我国教育重视素质教育和理论基础，课程设置范围小但难度大，而西方重视实践及实践过程中的创造性思维培养，课程设置范围广但难度小；我国课堂教学节奏紧凑、管理严格，强调规范性，西方课堂教学相对灵活，强调学生的自主性等。[①] 如笔者所在河北科技大学与澳大利亚联邦大学合作举办的电子信息工程专业，外方的课程为24门，而中方课程则达到了50余门。中方课程优点是学生学科基础理论扎实，对课程知识点理解透彻，但也会造成学生很少有时间去完成课程以外的广泛涉猎，对交叉学科出现的新问题不够敏感，应对新鲜事物和复杂事物的能力不足。针对这种情况，经过中澳双方反复研判协商，合作举办的专业培养

---

① 高兰兰、吴春婷、金光勇、于淼：《中外合作办学创新人才培养课程体系研究与实践》，《高教学刊》2022年第26期，第14页。

方案兼取了二者的优势,压缩了整体课程门数,合并了相关联的课程。该专业运行已经经过一个本科培养周期,从培养效果看达到了预期效果。实践证明,实施中外双方课程设置的融合创新是行之有效的举措。

二 中外合作办学教学考核机制的融合创新

教学考核机制关系到教学质量的把关,是非常重要的教学制度安排。建立什么样的教学考核机制,对调动学生的积极性、衡量教师教学效果和学生学习效果非常重要。而中外双方在这方面差异较大,中方一般采用闭卷考试成绩作为重要的考核方式,包括期末考试和期中考试,有的学校加上了平时成绩等形式,但考核的重点一般是老师讲授过的知识点和命题点。这种考核方式的特点是系统性理论性较强,但也存在明显的不足。正如有的学者指出,我国高校考试形式单一,不利于培养学生的综合能力,考试一般也容易导致学生作弊、考前集中复习等问题。总的来说,我国高校目前的考试制度还是高中考试制度的延续,仍倾向于传统的应试教育。这种制度下单凭一次期末考试成绩,作为评定学生掌握知识多少、实践技能强弱、创造力有无的依据,把一次考试成绩当作结论性评价,显然不适应当前高质量人才培养需求,不利于学生的个性化发展和创新能力的体现。考试结束后,任课教师的职责主要包括阅卷及考试成绩分析,但由于条件限制,成绩分析多数是基于总成绩分布对比,缺乏对各题目的详细分析,尤其是对学生学习过程的反思。而基于课程衔接问题,学生也不会得到关于考试的反馈,导致最终的成绩分析流于形式,毫无意义。[1]

相对而言,国外高校考试内容通常包括案例分析、实验报告、项目设计和口述论文等,能够更好地评估学生的实际能力和专业素养。考试形式一般采用小组讨论、共同完成大作业和期末考试等多

---

[1] 关庆:《中美高校考试制度比较研究》,《科技风》2020年第18期,第261页。

种组合，形式比较多样，注重考核学生实际解决问题的能力，考试范围较广，甚至往往会超出讲授的内容。以美国为例，在美国课程考核中注重培养学生分析问题、解决问题的能力，而不是单纯记忆力的考查。在考核目标设计中要能培养学生的独立学习能力和创新意识，强化学习动机和学习欲望，引导学生发挥其优势和潜能。2019年12月教育部印发的《关于深化本科教育教学改革全面提高人才培养质量的意见》中提出，要完善过程性考核与结果性考核有机结合的学业考评制度，综合应用多种形式，科学确定过程考核比重。因此，教师应创新教育理念，根据不同课程的性质及对学生能力培养的实际要求来进行各专业考试形式及内容的改革。中外合作办学课程考试的改革要借鉴发达国家的做法，减少记忆性知识点等考试内容比重，将考核的重点放在学生应用所学知识解决问题的能力上，尤其是应用性专业，要注重考核学生的实践能力、创新能力和团队协作能力。

  达到以上目的，需要建立中外合作办学"融和式"形成性评价机制，激发学生学习能力，改变我们传统的平时满堂灌、期末考试一考定成绩等传统评价模式，加大平时成绩比例，重视课程大作业、小组讨论、学生实践实训等考核环节，特别要加强学术诚信教育，提升学生诚信素养。关于如何做好课程考评，有不少学者提出了非常好的建议。如上海纽约大学荣誉校长俞立中提出："课程考评方式也是多样化的，目的是检验教和学的效果，促进学生的学习。每门课的教师可以确定自己的评价方式，但是必须在第一次上课的时候，就向学生讲清楚这门课的评价方法和评价依据。特点之一是重视过程评价，关注动态考核。相当多的教授愿意一门课安排多次考试或测验，评价过程是在学期中展开的。特点之二是强调实践与规范的评价，特别重视培养学生用多学科的技术方法来解决现实问题的能力，特别强调学术规范。即使在细节方面不符合学术规范，教师也不会通过，必须一次次反复修正。特点之三是强调动手制作，'互动媒体技术'是一门把技术和艺术结合的课程，期末作业就是要学生自己制造一个作品，通过作品展示来表现学习成果。"[1]

以河北科技大学中澳环境科学专业混合教学模式的开展为例，利用丰富的网上教学资源，引入环境领域最新的知识，真正实现课上大课讲授、小课交流、专题讨论、课上小作业、课下大作业、学习组、课程资料组织等。再比如，河北科技大学与新西兰怀卡托大学合作举办的金属材料专业的课程讨论实施过程考核办法，课堂教学考核内容非常细化，学生对课堂学习过程更加重视。课程考核形式重视过程化和多样化，包括日常出勤（10%）、课堂讨论（25%）、野外实践（35%）及期末考试（30%）。

第三节　高校中外融合式国际化师资建设研究

一　高校中外合作办学国际化师资构成

（一）中方教师是中外合作办学的主体力量

首先，坚持"以我为主"的中外合作办学原则。习近平总书记在全国教育大会上强调，"坚持扎根中国大地办教育"，"要扎根中国、融通中外、立足时代、面向未来，坚定不移走自己的路"。扎根中国办教育是我们必须长期坚持的原则，也是中外合作办学必须长期坚持的原则，中方教师是中外合作办学的主体。这里所说的中方教师不单指具有中国国籍的教师，而是包括了那些为中方所聘为我所用的所有优秀教师。中外合作办学机构或项目积极面向全球招聘优秀教师，其中有不少是外籍教师，他们为中外合作办学国际化师资队伍建设做出了重要贡献。

其次，中外合作办学对中方教师提出了更高要求。对于学生而言，中方教师与学生交流起来没有语言障碍，他们清楚地了解学生的需求，有着丰富的教学经验，能够因地制宜备课、讲授、调整课

---

[1] 俞立中：《中外合作办学的模式探索与制度创新——上海纽约大学十年办学历程》，《世界教育信息》2022年第10期，第15页。

程进度，确保学生既能听得懂又能跟得上。在中外合作办学课程教学中，大多数学生直接进入外教课堂时会存在诸多困难，单单依靠助教老师不能够完全解决这些困难，因此，这对执教的中方教师提出了更高的要求。一方面，熟练的外语水平与丰富的专业知识不可或缺，能够在外语课堂的讲授上没有困难，为学生最大限度地还原国际化课堂。另一方面，要具有国际视野与跨文化素养，能够通过课堂将学生的视野带向国际，实现文化的碰撞，让学生尽快适应国外的教育理念，为后面的国外求学做好铺垫。[①] 此外，中方教师在课程思政建设方面也需要做出更大的努力，针对中外合作办学学生跨文化学习的特点，采取更加针对性的课程思政方式方法，充分发挥价值引领作用，落实好立德树人的根本任务。

第三，加强国内师资队伍的国际化建设。国际化是中外合作办学的显著特色，同时也对教师的国际化提出了更高要求。中外合作办学高校普遍都非常重视国内教师的国际化建设，采用多种形式加强师资国际化水平提升。正如卿志军在总结海南师范大学中外合作办学师资队伍国际化建设所指出："为了借助中外合作办学的便利条件，保证师资队伍建设能够'在引进中发展''在发展中引进'，加强国内师资队伍的国际化建设是一个重要的路径。师资队伍国际化建设，不仅仅是引进有海外学历或学习背景的教师，还要培养现有教师的跨文化沟通能力，拓展其国际视野，让他们熟悉多元文化，具有国际化的观念，掌握本专业学科研究的国际前沿动态及发展趋势，成为在教学和科研方面有很强创新能力的人才。"[②]

（二）外方教师对国际化师资培养发挥着重要作用

首先，外方院校选派教师来中方授课是中外合作办学的基本要求。按照教育部有关"四个三分之一"的规定，在中外合作办学开

---

① 孟庆雷：《中外合作办学课程建设探索》，《营销与人才培养》2021年第10期，第172页。

② 卿志军：《中外合作办学中师资队伍国际化建设的思考——以海南师范大学为例》，《西部学刊》2020年第7期，第99页。

展过程中，外国教师须担负一定数量的课程门数和教学时数，这是基本要求和必要条件，也是引进国外优质资源的重要体现和抓手。但在实际执行过程中，外方选派的教师数量往往达不到标准，或者是选派教师的质量达不到合作办学要求。据笔者调研，这也正是当前中外合作办学实际运行中遇到的较大问题。随着疫情防控的全面放开，会有越来越多的外方教师来中方授课，中方学校要对选派的教师如职称、学历、授课资格、专业背景等方面提出明确标准，严格执行教育部有关"四个三分之一"的规定。"在办学过程中，要大力鼓励外方教师与中方教师共同参与国际化人才培养方案的制定与实施，共同营造国际化学习氛围，加强国际化学术研究的交流合作，提升国际化师资队伍建设。"[①] 笔者所在的河北科技大学与澳大利亚联邦大学合作举办的中外合作办学二级机构澳联大信息工程学院，外方派来的专业老师在上课之余，还定期参与学院师生的英语角和汉语角活动，增加了师生之间的互动，很好地浓厚了学院的语言环境和国际化氛围；外方教师与中方助教老师能够比较深入地探讨教学内容和方法，这不仅有效提升了中方教师的语言能力和国际化水平，也使中方教师逐渐熟悉了外方的教学理念，中方师资国际化水平的提升也会进一步辐射到非中外合作办学专业、来华留学生的教学中；通过学校举办中外合作办学教学研讨沙龙，外方老师与全校从事中外合作办学相关工作的教师进行主题讨论，中外双方教师分享了教学经验和解决问题的办法，为中方师资的国际化提供了很好的平台。此外，外方教师也需要充分了解中国学生接受的特点，不能完全用其在外方院校授课习惯来对待中方学生，由于学习习惯的不同和教学场景的不同，外方教师还要针对中方学生的语言实际水平和前期课程的基础等，因材施教，提高学生的适应性，才能实现较好的教学效果。

---

① 蔡雨珂：《新时代中外合作办学引进课程教学质量提升初探》，《湖北开放职业学院学报》2022年第20期，第149页。

其次,发挥好外方选派教师的示范辐射作用。中外合作办学合作方是优质的教育资源,外方院校选派的教师所具有的先进的教育教学理念、教学内容、教学方式方法、学术观点等都值得我们学习借鉴。中方要重视发挥好外方教师的示范作用,学习借鉴其先进的经验做法,切不可满足于简单的引进和授课任务的完成,而要充分利用好中外合作办学拥有外方教师这一优势,支持鼓励中外方教师的交流互动,在互学互鉴中提高自己现有的师资队伍国际化水平。开门引进外方的优质教育资源,带来前沿的学术观点、先进的教学理念和方法,这将更加有利于培养有国际视野、国际思维和跨文化教学能力的本土教师队伍。[①] 据笔者调研,大部分中外合作办学机构或项目,外方教师教学态度比较严谨认真,教学理念先进,授课方式方法多样,非常注重调动学生的学习主动性,课堂气氛活跃,深受学生欢迎。除教学活动外,还可以邀请外方教师参与科学研究、专业建设、发展规划等等,发挥其多方面的辐射作用。笔者所在的河北科技大学与韩国诚信女子大学于2013年开始招生服装与服饰设计本科专业,韩方选派的几位教师长驻河北科技大学校园,有的专业教师已经连续十年来华任教,和中方教师一起讨论授课内容,共同组织教研活动,共同探讨跨文化背景下的教学理念、教学方法、教学评价,在教学理念和教学方式等多方面深度融合,融为一体,在教学科研上互促共赢,取得了显著成绩。

最后,对待外方教师要本着求同存异兼容并包的原则加强管理。2021年9月,习近平总书记在人才工作会议上指出,"要聚天下英才而用之","要加强人才国际交流"[②]。引进外方教师是中外合作办学的常态工作,也是重要工作。正如有学者所指出:"外籍教师虽然是'外方资源'中的重要部分,但与其他物质的、固定的'外方资

[①] 卿志军:《中外合作办学中师资队伍国际化建设的思考——海南师范大学为例》,《西部学刊》2020年第7期,第99页。

[②] 习近平:《全面贯彻新时代人才工作新理念新战略新举措》,《习近平谈治国理政》(第四卷),外文出版社2021年版,第538—540页。

源'截然不同,绝不能简单地将外方教师'物化'、作为单纯的教学工具。要注重他们作为教师和合作者的身份,强调平等包容、美美与共,取长补短、共谋发展,才能够打造中外方教师深度融合工作场景和友好氛围,为中外合作办学的可持续发展提供源源不断的国际人力资源保障。"[1] 由于国情、文化传统、价值观等诸多方面的不同,中外方教师必然会产生不同的观点和态度,因此,对待外方教师既不能重引进轻管理,也不能僵化地管理。在生活上,中方学校应积极为外方教师提供舒适的生活环境,增强服务保障能力,多关心外方教师在不同文化下的心理适应,增强外方教师的归属感和荣誉感,涵养其"主人翁"意识,共同为中外合作办学事业奉献力量。在工作上,也应尊重其不同的教育教学理念和工作习惯,这样才能做到兼容并包,取长补短,和谐发展。

二 高校中外合作办学教师国际化发展

教师国际化发展是指在教育国际化背景下,教师在教育思想观念、专业知识结构、教学能力水平等方面要有国际视野,了解国际前沿状态,具备国际协作力和竞争力,并不断发展和完善的过程。教师发展是每一位教师永恒的主题,也是教学质量提升的核心要素。中外合作办学的特殊性对师资队伍的国际化发展有着更高的要求,因此必须建立完善的教师国际化发展工作的运行机制与制度保障,拓展和创新教师国际化教学能力培养的工作模式与工作形式,积极开展国际化教学培训、咨询服务、研究交流、能力测评等工作,为教师提供专业化、个性化的教学指导、服务与支持,重点促进教师国际化教学能力的提升。共同构建包括发展规划、服务支持和评价在内的教师国际化发展体系,实现教师教学国际化发展工作的常态化、专业化、制度化,切实提高教师的国际化教学学术水平。

---

[1] 朱玥霖:《国际合作办学模式下中外教师的融合路径研究》,《产业与科技论坛》2022年第12期,第255页。

（一）加强中方师资的国际化培训，提高国际化水平

师资质量问题是中外合作办学的"牛鼻子"，中方师资是中外合作办学师资建设的主体，中方师资的国际化水平是中外合作办学高质量发展的重要保证。中方教师的国际化体现在多个方面。

首先要具有较强的跨文化沟通能力。我国改革开放四十多年来，特别是近年来教育对外开放水平不断提升，高校教师的外语水平普遍提高，很多高校开设了全英语授课和双语授课，取得了长足进步。中外合作办学作为一种特殊的办学形式，对跨文化沟通能力和外语水平要求更高，从现有实际情况看，还需要下大力气提高教师的语言能力和沟通能力。笔者调研发现，近几年尽管受到疫情影响，教师出国培训、参加国际学术会议受到一定程度的阻滞，但不少高校仍然非常重视，积极创造条件，举办各种形式的线上活动，为提高教师的外语水平和跨文化沟通能力提供平台。随着疫情防控放开，国际交流会逐步恢复，中外合作办学高校一定要高度重视，把教师队伍的跨文化沟通能力和外语水平提高作为重中之重，实现中方教师与外方教师的无障碍交流，为教师的国际化发展打好坚实的语言基础。

其次是提高中方教师的国际化教学科研能力。如何将国外的先进教育资源转化为中方高校的办学优势和发展特色，教师是最为重要的要素。比如，中方教师可以进入外籍教师课堂进行教学观摩，现场感受外方授课的课堂氛围，参与课程建设、教学设计等等，在不断的实践中学习借鉴，取长补短，推动教学的国际化。此外，随着合作办学的深入开展，中外双方拓展合作领域，加强科研合作，中方教师可以参与国外高校的科研选题、学科建设、国际联合科研攻关等，以提高自身的国际化科研水平，这更加有利于科研促进教学，形成"教学为基、科研为翼、教研相长"的良好氛围。

最后是师资的国际化建设需要完善的制度保障。学校必须将师资队伍建设始终放在优先发展的战略地位，坚持国际化、高水平发展的指导思想，建设一支兼备丰富教学经验、前沿科研能力、国际

化竞争力的高水平师资团队，形成一支整体素质优良、结构合理、发展趋势良好、高度国际化的教师队伍。实现上述目标，加强制度建设、形成体制机制保障非常重要，为此，中国高等教育学会中外合作办学研究分会理事长林金辉给出了很好的建议，"建立完善包括退出制度和禁入制度在内的中外合作办学师资准入制度，制定中外合作办学教师专业标准体系；加强聘任考察和考核，加强岗前培训和师德师风建设，严把意识形态关，采取'一票否决制'，建立'黑名单'制度；制定调整师资结构的政策措施，逐步优化中外合作办学师资教龄、年龄和职称结构；建立中外合作双方教育机构在师资建设方面的实质性合作与交流机制，加强高水平师资海外培训、联合培养、互训互用；完善保障措施，改革中外合作办学收费审批制度、健全检查审核制度和信息公开制度，保障办学单位教师发展经费使用的科学性和自主权，提高教师教育教学实验和科学研究的质量；建立中外合作办学成功经验共享机制，等等"①。

（二）中外教师融合创新是中外合作办学教师发展的重要举措

融合创新是指不同个体或组织在一定的碰撞或接触之后，认知、情感或态度倾向融为一体，并不断超越自己形成新事物的过程。中国文化自古就具有包容性和开放性，同时中国文化互鉴包容共进的特性，赋予了民族广博的胸襟。习近平总书记在联合国教科文组织总部演讲时指出："中华文明是在中国大地上产生的文明，也是同其他文明不断交流互鉴而形成的文明。"② 中外合作办学本身就是中方高校与外方高校联合办学的产物，融合创新应是其应有之义，而作为其中重要体现和核心要素的教师发展，也必须坚持走融合创新之路。"中外合作办学师资建设的融合发展，绝不是直接摒弃我国特色的传统模式，简单将外来的方式和思想全盘接受，也不是将我国的

---

① 林金辉：《中外合作办学如何提质增效》，《人民日报》2017年12月7日。
② 习近平：《联合国教科文组织总部的演讲》，《习近平谈治国理政》，外文出版社2014年版，第260页。

传统教育理念和方式强加于人。中外教师的融合创新，要求以平等包容、互相理解、互相尊重为前提，建立起一套集中外高校特色于一体的融合创新系统，让双方教师都能在其中发挥所长，保持持续发展的动力，让学生也能在其中的环境中汲取精华、发展自我。"①

此外，通过中外合作办学引进的外籍教师，其作用的发挥也不应仅仅局限于单个项目或机构，而需将外方教师纳入学校整体师资队伍中来，最大可能发挥其作用，为全校教师队伍建设发挥促进作用，如组织外教课堂教学观摩，举办学术报告等。将外籍教师与本土师资建设相融合，也要注意为其提供与本土教师平等的培训机会和发展平台，进而提高外籍教师的归属感和责任感。在考核、评估和教学监督工作中，外籍教师也应与中外方教师一视同仁，纳入统一管理，建立健全中方教师与外籍教师的沟通交流机制，提升中外方教师在合作过程中的"整体责任感"和"集体荣誉感"。

从中外合作大学的办学实践来看，我们不难发现，中外教学理念的交融对中外合作办学各方面发展都产生了很好的促进作用。笔者走访调研发现，目前国内几所独立法人中外合作大学，由于其具有较大的独立性，受国内传统的体制机制束缚较少，其师资的国际化融合度较高，其学科建设、教学科研等均取得了较快的发展。如西交利物浦大学，自建校以来，积极申请各级政府科研项目，据统计，西浦教师在做好授课工作的同时也在不断提高科研能力和创新水平，截至2021—2022学年，西浦获得国家及省市级部门资助的科研项目和课题达428项，其中：国家级项目172项，包括973项目1项、国家自然科学基金项目152项；省级项目133项，包括江苏自然科学基金项目53项、江苏高校自然科学研究项目48项；市级项目为91项，包括苏州市科技计划项目47项；获得专利授权188项，

---

① 朱玥霖：《国际合作办学模式下中外教师的融合路径研究》，《产业与科技论坛》2022年第12期，第255页。

包括发明专利82项，实用新型专利81项。① 特别值得注意的是，作为一所中外合办大学，西交利物浦大学在国家自然科学基金（NSFC）外国学者研究基金项目的中项比例达20.5%，这显示出了该校国际学者所具备的优势和科研竞争力。② 在高等教育国际化大背景下，特别是在科技迅猛发展的今天，中国传统大学不能仅仅固守中华传统文化，而应将其发扬光大，学习和融合世界各民族优秀文化，在办学理念上更加符合教育教学规律和学生成长规律，也只有这样，在中外合作办学发展过程中，"中国的声音"才能更有底气和分量。

（三）中外合作办学师资发展更应该注重师德师风建设

师德师风建设是高素质师资发展的第一要务，优良的师德师风是评价教师队伍素质的第一标准。党的十八大以来，以习近平同志为核心的党中央高度重视教育工作，注重培养高素质教师队伍，各高校的师德师风建设水平也得到了显著的提升。中外合作办学的教师队伍由中外双方教师构成，且中方教师绝大部分也受过国外高等教育环境的影响，中外历史文化和教育理念的差异客观存在，中外教师的人生规划和职业发展以及价值观存在差异，必然会对中外合作办学的师德师风建设带来一定的风险与挑战。如何针对这一实际，有效地进行中外合作办学师德师风建设，不仅要包含中国传统的内涵意蕴与社会期盼，还要体现出中外方教育理念和思想的融合，呈现新的内涵与功能，的确是中外合作办学高校必须重视的现实课题。③

首先，要坚持用高校师德师风建设标准严格要求每一位教师。2019年12月，教育部等七部门印发了《关于加强和改进新时代师

---

① 西交利物浦大学2021—2022学年本科教学质量报告，https：//www.xjtlu.edu.cn/，访问时间：2023年9月17日。
② 西交利物浦大学官网，https：//www.xjtlu.edu.cn/zh/research/achievements/research-projects，访问时间：2022年1月23日。
③ 钱菲、应永宏：《建设"有温度的师德师风"——中外合作办学高校师德师风建设研究》，《高教学刊》2021年第21期，第20页。

德师风建设的意见》，对怎样加强师德师风建设提出了非常明确的要求。同样，中外合作办学高校也要严格遵守《关于加强和改进新时代师德师风建设的意见》，严格招聘引进，把好教师队伍入口。规范教师资格申请认定，完善教师招聘和引进制度，严格思想政治和师德考察，充分发挥党组织的领导和把关作用，建立科学完备的标准、程序，坚决避免教师招聘引进中的唯分数、唯文凭、唯职称、唯论文、唯帽子等倾向。高度重视从海外引进人才的全方位考察，提升人才引进质量。严格考核评价，落实师德第一标准。将师德考核摆在教师考核的首要位置，坚持多主体多元评价，以事实为依据，定性与定量相结合，提高评价的科学性和实效性，全面客观评价教师的师德表现。发挥师德考核对教师行为的约束和提醒作用，及时将考核发现的问题向教师反馈，并采取针对性举措帮助教师提高认识、加强整改。强化师德考核结果的运用，师德考核不合格者年度考核应评定为不合格，并取消在教师职称评聘、推优评先、表彰奖励、科研和人才项目申请等方面的资格。严格师德督导，建立多元监督体系。完善多方广泛参与、客观公正科学合理的师德师风监督机制。严格违规惩处，治理师德突出问题。①

其次，要虚心学习发达国家师德建设有益经验和外方教师良好师德。有学者对国外发达国家的师德建设进行了研究，其师德规范与行为实践的关系、构建育人为本的教师职业伦理规范体系对我们有一定的借鉴意义。美国师德建设大约始于17世纪，发展历程长，研究成果也相对丰富。1975年正式颁布的《教育专业伦理规范》(Code of Ethics of the Education Profession)，即"NEA准则"，是美国最具代表性的师德文件，其中规定了两项原则。第一项原则强调教师对学生的责任，即教育工作者应帮助每个学生发挥潜能，使之成

---

① 教育部等七部门印发《关于加强和改进新时代师德师风建设的意见》的通知（教师〔2019〕10号），中华人民共和国教育部政府门户网站（moe.gov.cn），访问时间：2024年1月20日。

为有价值的社会成员。第二项原则强调教师对自身专业的责任,即教育工作者必须竭尽全力提高专业能力和职业素质。《教育专业伦理规范》一直沿用至今,已成为世界范围内最具代表性的师德规范之一。2007年,英国全国教师联盟(简称"NUT")为其成员发放手册,手册中详细规定了教师的禁止行为及违禁处理办法。教师禁止行为分为不合适的行为、有争议的行为、渎职行为和失职行为,其中,不合适的行为共20条,涉及同事关系、师生关系、言行举止、职业道德、个人品德等;有争议的行为共7条,主要涉及与学生的相处、交往方式等方面;渎职行为有7条,主要涉及以权谋利方面;失职行为有5条,主要涉及学生安全方面。[1]笔者所在河北科技大学与韩国诚信女子大学合作服装与服饰设计专业项目,韩方教师几年来一直和学生和谐相处,不但教学业务水平高,教学态度一丝不苟,而且非常尊重学生,把学生放在教学工作的中心位置,受到了学生和家长一致好评。

最后,对外方教师"包容"不等于"包庇"。外方师资在中外合作办学开展过程中发挥着重要作用,但是也存在一些问题。如林金辉、刘梦今调研发现,外籍教师的来源与质量存在潜在问题,主要表现为一些项目中的外籍教师多是返聘已经退休的教师或者是从国外招聘的,而不是来自合作的外方高校,在这些外籍教师当中甚至有一些是从国内招聘而来的;再从外籍教师承担的教学任务来看,多数中外合作办学项目中的外籍教师负责语言教学部分,而对于其他的专业课则很少涉及,如此教学安排和教育部所规定的四个"三分之一"要求相距甚远,教学质量也得不到保障。[2]祁小峰认为中外合作办学教师管理存在诸多问题,如岗前培训不到位、所招聘教师的临时性、外籍教师考评机制的不完善,对内评估反馈机制不及时,

---

[1] 张雪芹等:《国外师德建设经验及其对我国高校师德建设的启示》,《化工高等教育》2021年第4期,第152页。

[2] 林金辉、刘梦今:《高校中外合作办学项目内部教学质量保障基本要素及路径》,《中国大学教学》2014年第5期,第64页。

以及没有形成对老师们有效的激励制度等问题。①

　　加强外方教师服务管理，还需建立健全多元化的外方师资准入机制，结合专业建设和学科发展需要，对所引进师资的学科专业素养、教育教学能力、思想品行等进行明确规定和严格审核。首先，应结合不同学科专业实际，建立外方教师准入机制，严把"进口关"，对外方派遣教师的品行、学历资格、教学经历等有系统的标准和要求，建立试用和解聘等制度。其次，结合实际情况对外方师资开展必要的岗位培训，帮助他们熟悉当地风俗习惯、中国政策法规、学校的规章制度，熟悉所授课对象的特点，教学任务及授课安排，等等。最后，对外方教师的教学质量也应加强监督和考核，针对外方教师的授课特点，优化教学质量监控指标体系，组建由专家学者、学生代表、中外教师、管理人员等为主要成员的教学质量评价小组，科学监管评价教学的全过程，从而保证和促进外方教师切实发挥其优势，使其优质教育资源得到充分利用。

---

① 祁小峰：《中外合作办学中外籍教师管理问题刍议》，《长春师范大学学报》（人文社会科学版）2014年第5期，第136页。

第 三 章

高校中外合作办学学生工作创新研究

第一节　高校中外合作办学思想政治教育创新研究

党的二十大报告创造性地将科技、教育、人才三大战略集中表达，指出"教育、科技、人才是全面建设社会主义现代化国家的基础性、战略性支撑"，而"高等教育作为科技第一生产力、人才第一资源、创新第一动力的重要结合点"，角色不可替代、作用不可或缺。作为我国高等教育重要办学模式之一的中外合作办学，必须遵循立德树人的根本任务，符合高等教育人才培养要求。但也要充分认识到，在教育教学实践过程中，中外合作办学的教育主体、教育客体、教学环境、教学方式、教育过程等均有其特殊性。中外合作办学不仅是国际教育资源的共享，还涉及不同意识形态、价值观念、文化习惯等的碰撞与融合。对办学主体来说，既要以人才培养为中心，强化学生专业教育，又要以服务国家战略需要为导向，着力打造中华民族伟大复兴的"梦之队"。加强中外合作办学思想政治工作创新研究，是加强高校思想政治教育必然要求。

一　高校中外合作办学学生思想政治教育的特点

习近平总书记指出，要"推动形成全面开放新格局"。全面开放新格局需要经济、政治、文化、技术等多方面开放的支撑。中外合作办学作为教育对外开放的重要形式，通过引进国外优质教育资源，借鉴国外先进的教育教学理念、办学模式和办学机制来推动我国高等教育教学改革，以适应高等教育高质量发展国际化需求。加强中外合作办学思想政治教育工作，就要遵循思想政治教育规律，从思想政治教育主体、客体、介体、环体等四个要素把握其特点，培养德智体美劳全面发展的国际化人才。

(一) 思想政治教育主体的多样性

思想政治教育主体，一般是指思想政治教育活动的组织者、主导者。通常，高校思想政治教育活动的主体包括党政领导、辅导员、思政课教师、专业老师，等等，形成育人合力，实现思想政治教育目的。高校中外合作办学是指中外双方在合作的基础上共同开展教育教学活动，将外方优质师资引进中方高校承担外方优势专业核心课程，实现引进外方优质教育资源的目的。由于中外合作办学模式的特殊性，高校中外合作办学的思想政治教育主体也具有多样性的特征。

首先，高校中外合作办学教师队伍组成具有多样性。随着高校中外合作办学不断发展壮大，提质增效，高质量发展，不仅为学生提供了更多国外优质教育资源，也为我国高等教育的国际化发展做出了积极贡献。而作为高校中外合作办学的核心要素，师资队伍的组成也越发多样，由中外双方教师共同组成，其最明显的特色就是国际化。外籍教师由来自不同国家地区、不同教育背景、不同信仰的教师组成，这与我国传统教育体制中的教师主体有着较大不同。在专业课教学上，外籍教师承担了大量的教学任务，为学生带来了全新的教学方式和思维方式。他们的到来不仅可以带来专业前沿知识技能，提高学生的外语水平，还能够帮助学生更好地了解国际社会，开拓国际视野。外方教师教学方法也更注重学生的个性化发展，课堂互动较多，气氛活跃。由于中外合作办学需要，中方教师也大都具有海外学习进修的经历，其国际视野开阔，思想也相对开放活跃，其对学生的教育教学理念和育人理念和非合作办学高校教师也不尽相同。因此，由中外双方构成的教师队伍具有多样化的显著特征。

其次,高校中外合作办学教师价值观不尽相同。《中共中央国务院关于进一步加强和改进大学生思想政治教育的意见》中明确指出:"高等学校各门课程都具有育人功能。要将社会主义核心价值体系融入各专业、各学科课程的教学之中。"① 从"思政课程"到"课程思政",所有高校教师应充分利用课堂、课程、教材、实习、实践等全方位的资源,加强对学生正确世界观、人生观和价值观的教育引导,培养出拥有过硬思想道德素质与专业技能本领的新时代接班人。高校中外合作办学模式下的教师队伍包含外籍教师、国内教师、管理工作人员等,外籍教师负责不少于三分之一的专业核心课程教学,且来自不同国家地区,具有不同的教育背景、不同价值理念与信仰,在中外合作办学中不仅将专业知识技能教授给学生,还会将他们的价值观等渗透到教学过程中,这也无疑会给学生的价值观养成带来一定影响和挑战。

最后,高校中外合作办学教师队伍流动性较大。目前,高校中外合作办学管理体制上还不尽统一,有的集中在国际学院管理,有的在专业学院管理。集中在国际学院管理的中外合作办学,其专业教师往往来自其他学院,教师来源相对分散,具有较强的流动性,缺乏相对集中、成体系的管理。而外方选派的师资因外方院校聘任使用机制、跨境授课、理念思维等多种因素影响,造成其流动性更大,人员更换频繁,上课时间不固定,等等,这都对开展中外合作办学学生思想政治教育造成了一定影响。

(二)思想政治教育客体的多元性

高校思想政治教育的客体即青年大学生。高校中外合作办学学生的理想信念、行为习惯、思想动态等往往因为家庭培养、教育模

---

① 中共中央国务院:《关于进一步加强和改进大学生思想政治教育的意见》(2004年10月14日),中华人民共和国教育部政府门户网站(moe.gov.cn),访问时间:2024年1月20日。

式不同等因素，具有不同于非合作办学学生的特点。

首先，中外合作办学学生个性化特点相对明显，自我意识强。中外合作办学专业学费相对高昂，大部分中外合作办学学生的家庭条件比较优越，家长更加重视孩子国际化的培养。学生视野较为开阔，个性化特点突出，在学习过程中，外语教学和国外教学模式给学生学习带来不小的挑战，但也激发了学生强烈的进取和表现欲，在面对困难挑战时，学生们普遍表现出极强的行动力、富于探索的创造力和协同作战的合作精神。在校园文化活动和社会实践中，他们乐于展现，善于沟通交流、合作共享，能够通过整合优势资源取得较好成绩。中外合作办学学生在较好家庭教育资源的支持下，社会化、信息化程度有了较大发展，思想活跃，对世界的认知欲望更强，但也存在认识不深刻，判断能力还不强，易受不良思潮影响等问题。正因如此，中外合作办学学生更需要关注和帮助，需要高校加强社会主义核心价值观的教育和引导。

其次，中外合作办学学生面对外语学习和专业学习的双重任务，学业压力较大。中外合作办学外方课程都由外籍教师使用其母语授课，有的还要求必须通过外方的语言测试才能进入下一阶段的学习。因此中外合作办学学生在学习过程中面临着高强度的语言学习任务，课程安排紧密，还需适应中外两种教学模式的切换，导致容易出现学习压力过大，思想容易出现波动，甚至造成心理问题，对集体活动往往缺乏热情，同学关系容易出现淡漠，这些都对做好思想政治教育工作带来了不利影响。

最后，中外合作办学学生易受到西方不良价值观影响。在中外合作办学模式下，学生有更多机会接触不同的国际文化和教育理念。这对于开阔学生视野、丰富学识阅历、吸纳国际优秀文化具有积极的意义，但同时也不可避免地接触到西方文化中的糟粕和不良价值观念。作为新时代中国特色社会主义的建设者和接班人，当代大学生肩负着中华民族伟大复兴的时代责任。在他们正确、稳定的世界观、人生观和价值观形成之前，面对多元化的文化冲击很容易受到影响。因此，高校中外合作办学要不断创新思政育人载体，丰富思政育人模式，拓展思政育人内容。鉴于中外合作办学模式下的学生特点，必须要加强思想政治教育，坚持守正创新，扎根于马克思主义理论的肥沃土壤，汲取中华优秀文化的营养，充分掌握学生思想动态，有的放矢开展工作，切实提高高校中外合作办学思想政治工作水平。

（三）高校中外合作办学思想政治教育介体的国际性

思想政治教育介体一般是指思想政治教育的内容、方法和载体等等。高校中外合作办学涉及不同国家或地区的学校之间的合作，思想政治教育的介体也会受到国际因素的影响。

首先，思想政治教育内容要具有一定的国际视野。思想政治教育主要包括世界观、人生观、价值观的教育，但对于高校中外合作办学的学生而言，其思想政治教育的内容要有所侧重，具有一定的国际性，这样才能增加针对性。高校中外合作办学的学生即使不出国，在国内学习期间，他们的专业课和语言课也大多是外方教师来授课。为了能够充分运用国外优秀的教育资源，扎实掌握专业知识，需要学生能够熟练掌握并应用外语，提高双方沟通效率，及时解决双方教育过程中的问题。中外合作办学学生在与外籍教师学习过程中，更易受到外来文化、意识形态等影响。所以，高校在对中外合作办学学生开展思想政治教育过程中，可适当加入西方思潮辨析、中西方文化对比、西方敌对势力对我和平演变的危害等内容，结合发生在当今的国际热点问题加以分析，帮助学生了解并理性对待中西方文化差异，在国际比较辨别中更加增强"四个自信"。

其次是思想政治教育载体要具有一定创新性。教育家赫尔巴特说过，教学如果没有进行道德教育，只是一种没有目的的手段；道德教育（或者品格教育）如果没有教学，就是一种失去了手段的目的。思想政治理论课是高校中外合作办学学生思想政治教育的主渠道主阵地，良好的课堂教学活动非常重要，在以学生为中心教育理念的带动下，传统的"说教式"的教学方法已经很不适应现代学生诉求，教师应更加注重运用混合式教学、案例式教学、探究式教学、体验式教学、专题式教学等促使学生由"被动"向"主动"转变。随着时代的发展、科技的进步，以信息化、数字化为标志的时代悄然来临，这对传统的师生关系带来了一定的挑战。教学过程中，教师不再是单一的知识权威。相反，学生能在互联网时代以更快速度和效率获取知识，这在一定程度上消解了教师的知识权威。思想政治教育既是一门科学，又作为培养塑造学生社会主义核心价值观的重要载体，更要在教育教学方法上、育人载体上求新求变，增强说服力与感染力，激发中外合作办学学生深入学习思想政治内容的主动性。中外合作办学作为教育国际化的重要形式，不可避免地会涉及多元化意识形态有关内容，如何让学生以正确的态度和清醒的认识来对待，注重以情感人的思想政治教育方式方法尤为重要，即在日常教学和生活中，教师和学生一定要建立友好的感情纽带，在此基础上再延伸人生观价值观等教育内容，这样更容易被学生接受。由于中外合作办学学生群体在学校校园里相对是特殊群体，一般学费较高，入学分数相对较低，另外外语专业等课业压力很大，这会对学生心理造成一定影响，甚至会导致心理疾病。有针对性地开展心理辅导，真诚与学生面对面交流和倾听，会收到良好的思想政治教育效果。

（四）高校中外合作办学思想政治教育环体的复杂性

思想政治教育环体是指开展思想政治教育所处的外部环境。当前，高校中外合作办学思想政治教育环体的特点主要体现在国际环境的复杂多变。我国高校中外合作办学蓬勃发展，为广大学生提供了更广阔的国际化学习和交流平台。然而，由于不同国家文化和教育体系的差异，使得中外合作办学学生面临着较为复杂的外部环境，甚至会由于国外合作院校迫于政治压力导致学校停止办学的风险。在国际化的学习环境氛围中，中外合作办学学生在充分享受着国外教育资源的同时，也成为外方文化理念的输出对象。对于意识形态、理解辨别能力尚未成熟的学生而言，存在难以平衡协调文化差异与冲突辩证关系的风险，甚至存在全盘接受外方思想文化内容，造成信仰动摇、文化不自信等问题。因此"跨文化"学习交流、理解文化差异与冲突是中外合作办学学生的"必修课"，通过这种学习分析与历练，才能加强学生的理解力、包容性以及自信与定力。

在信息化时代，互联网成为人们获取信息、交流思想的重要平台，首先，网络化使学生更加便捷地接触到广泛而多样化的信息资源。互联网作为信息贮存和传播的物理载体，其中囊括了海量的信息，给学生提供了更加自由获取信息的途径，他们可以通过搜索引擎获取各种学术资料、新闻信息，也可以通过社交媒体平台与全球范围内的人进行交流和互动。其次，网络化给学生带来了新的社交方式和沟通方式。学生可以通过社交媒体平台与全球各地建立联系，不受时间和空间的限制。这种社交方式的出现，使得学生的交流范围更广，思想碰撞更加多元化。最后，网络化给学生的思想政治教育带来了新的教学模式和教学手段。通过网络平台，学校可以开设在线课程、线上辅导等教学活动，为学生提供更加灵活和便捷的学习方式。这种教学模式的出现，不仅拓宽了学生的学习渠道，提高了学习效率，同时也增强了学生的自主学习能力和合作精神。网络化带给教育的变革兼具显性和隐性的特点，它不仅改变着教育教学方式方法，对传统的教与学、师与生的关系也产生了一定的冲击，也潜在地改变着学生的思维方式和生活方式，给学生知识获取、人格塑造、价值观培育等多个方面带来前所未有的不确定性。这种不确定性体现在互联网的虚拟性、复杂性，不良信息充斥、虚假信息泛滥，同样也给中外合作办学学生思想政治教育工作带来了一系列问题和挑战。

二 高校中外合作办学思想政治教育的实施

如上所述，高校中外合作办学有其独有的优势和特点，如何针对这些优势和特点，开展有针对性的思想政治教育活动，切实提高中外合作办学大学生思想政治教育实际效果，实现立德树人的根本任务，是当前中外合作办学高校应该高度重视和有效实施的课题。

（一）"以我为主，为我所用"，筑牢意识形态主阵地

由于办学模式特殊、群体特殊、背景环境特殊，高校中外合作办学在实施思想政治教育的过程中，要严格把握办学方向，保证中方办学主权，坚持"以我为主，为我所用"，确保始终坚持社会主义的办学方向不偏不悖。

首先，高校中外合作办学必须始终坚持社会主义办学方向。坚持社会主义办学方向，扎根中国大地办学是中国高等教育的必然要求，也是高校中外合作办学的必然要求。2024年1月11日，教育部长怀进鹏在2024年教育大会上指出，"牢牢把握教育的政治属性，更加突出从国家利益的大政治上看教育，坚定不移培养社会主义建设者和接班人"。高校中外合作办学应当始终确保合作办学符合国家发展战略和教育目标，践行"四个服务"。正如厦门大学中外合作办学研究中心主任林金辉教授在第八届全国中外合作办学年会上发言所说："中外合作大学是中国的大学，必须坚持和加强党的领导。学校党委在办学方向上发挥保障作用，如果说中外合作办学的管理模式是目前中国高等教育的'特区'，那么党的领导没有'特区'。中外合作办学必须做好提质增效，主动服务党和国家工作大局，全面贯彻党的教育方针。"高校中外合作办学要以培养社会主义建设者和接班人为己任，注重培养学生的家国情怀和社会责任感，做到"三全育人"，按照国家要求开足开好思想政治理论课，发挥各专业课程的课程思政作用，做到二者的协调发力，使学生具备为国家和社会作出贡献的能力和水平。此外，高校中外合作办学还要注重发挥中外文化交流的优势。中外合作办学不仅是学术交流的平台，也是文化交流的桥梁。在合作办学运行过程中，高校应利用这一优势促进不同文化间的相互理解与融合。通过引进外方先进教育资源，将理念和方法与中方实际充分融合，开阔学生的国际视野，强化学生跨文化理解与交流能力。同时，也充分展示中国文化，让国际师生更好地了解和体验中国文化，推动文化多样性的发展。

其次，高校中外合作办学必须坚持中方牢牢把握教育主权。《中华人民共和国中外合作办学条例》明确规定："中外合作办学应当符合中国教育事业发展的需要，保证教育教学质量，致力于培养中国社会主义建设事业的各类人才。"①《中共中央宣传部　教育部关于进一步加强和改进高等学校思想政治理论课的意见》也明确规定，中外合作办学高校思想政治理论课课程设置按照普通高校执行。可见，中外合作办学和非合作办学的人才培养要求具有一致性。在开展思政课教学过程中，针对中外合作办学学生思想实际，要选派除精通专业课程之外还熟悉中外合作办学政策、国际政治文化有关知识的优秀教师承担思想政治理论课教学任务，做到因材施教，与时俱进，保障效果。此外，高校中外合作办学应旗帜鲜明地坚持以政治教育为核心，开展思想政治教育系列活动。在学校内部压实责任，高校党委要将中外合作办学思想政治教育工作作为考察所在学院、部门的重要指标，并实施一票否决制。

最后，高校中外合作办学要发挥好全员、全方位、全过程的"三全育人"作用，调动各方面积极性，利用好外方教师和外方选派的管理者的先进育人理念，形成育人合力。思想政治教育不是单靠思政课课堂这一形式来完成，而是渗透在学生日常生活方方面面来实现的，既有显性的政治课堂、政治活动来旗帜鲜明地进行宣传教育，也有隐性的名人讲坛、课外实践、文化活动，发挥润物无声的思想政治教育作用。此外，开展思想政治教育过程中，也要注重发挥外方教师的积极作用，不能简单认为外方教师不能发挥思想政治教育作用。实际上，他们往往能够带来世界优秀文明元素，先进的育人理念，为学生提供多元化的视角和经验，能够激发学生的学习兴趣和创造力，促进中外思想的交流碰撞。在这个过程中，只要我

---

① 《中华人民共和国中外合作办学条例》国务院令［2003］第372号，《国务院公报（增刊）》2019年第1期，https://www.gov.cn/gongbao/content/2019/content_5468875.htm，访问时间：2024年1月20日。

们做到有计划有鉴别有监督,就能发挥外教的思想政治教育积极作用。

(二)"以人为本""以学生为中心",注重人文关怀和心理健康教育

高校中外合作办学学生的心理健康一直是高校关注的焦点和重点。由于中外合作办学的学生生源复杂性、层次多样性,不同背景的学生在心理上可能会出现不同类型的问题。中外合作办学学生面临的文化冲击和跨文化适应问题,都对其心理发挥着影响作用。首先,这些学生需要适应不同国家教师的教学方式、学术文化和社交环境。由于文化差异的存在,他们需要面对新的语言环境、人际关系等方面的挑战,严重的可能会导致他们出现感到孤独、焦虑、困惑和失落等负面情绪,这些都对他们的心理健康产生了一定的影响。其次,中外合作办学学生面临的学业压力也是影响他们心理健康的重要因素之一。中外合作办学通常要求学生适应不同的学术体系和教学方法,学生需要适应新的学习方式、教材和评估标准。这对他们的学习效果和成绩产生了一定的挑战,增加了他们的学业压力。长时间的学习压力可能导致学生焦虑、抑郁和自卑等心理问题的出现,影响到他们的学习和生活质量。当前,许多高校学生工作系统都成立了相应的心理健康工作室,针对的不同学生群体开展心理辅导工作。通过对学生的日常学习生活进行观察,对学生状况有一个全面把握。结合大数据、云计算等信息技术收集反馈信息,通过量化分析,建立起每个学生的心理成长档案,进而形成中外师生友好互助的新型思理健康教育模式。要针对一些状况频出的个体进行重点关注和分析,及时进行心理疏导,做到有问题及时处理,防患于未然,做好中外合作办学学生的教育管理工作。此外,对于跨境出国学习的学生更应该及时关心,不能认为这些学生出国到合作院校去学习就不再是本校学生,而应该有专门的管理人员对国外学习学生保持联络,时刻关心这些学生,及时帮助解决他们遇到的问题。有的高校对于在国境外学习较多的学生专门选派了辅导员,及时发

现和解决学生在异国他乡遇到的思想和学习生活问题，起到了非常好的作用。

（三）高校中外合作办学要建设一支优秀的思想政治辅导员队伍

建设政治素质过硬、育人水平高超的辅导员队伍是做好思想政治教育工作的关键。首先，设立严格健全的选聘考核评价体系。按照相关政策规定要求，严格思想政治教育工作者的聘用管理，不能认为从事学生思想政治工作的人员选拔就可以降低要求，甚至认为思想政治工作谁都可以干，谈不上专业标准。高校在选拔思想政治辅导员时，要明确标准，通过严格的笔试、面试、试讲等程序，考察其思想政治素养、专业水平、师德师风等情况。其次，加强辅导员能力提升，建立辅导员常态培训机制。定期开展辅导员技能大赛、优秀辅导员评选等活动，建立奖罚机制，激发教育者潜能，结合中外合作办学特色，加强与合作双方负责人、管理人员、专任教师学习交流，促进三全育人形成合力。此外，也要结合高校中外合作办学特点，积极鼓励思想政治辅导员出国研修，学习国外优秀的教育管理经验，推动辅导员国际化水平提升，切实打造一支具有国际视野、适应高校中外合作办学工作的高素质辅导员工作队伍。

（四）"与时偕行"，运用科技手段实现思想政治教育同频化

随着信息技术的快速发展和互联网的普及，高校中外合作办学的思想政治教育也需要与时俱进，运用信息手段来实现同频化的教育。面对世界百年未有之大变局以及信息全球化的发展，网络新媒体已成为推动社会经济文化发展的新动力，也是人们了解信息咨询、认识世界发展的主要途径，更是当代青年感知世界、学习了解专业行业发展的主要介体工具。智能算法的运用与发展促进了高校思想政治教育管理手段的现代化发展。中外合作办学学生思维较为活跃、好奇心强，常常利用移动终端进行"网上冲浪"来了解国内外大事、热搜话题等。运用网络新媒体这个载体，用学生听得懂喜欢听的时代语言与学生对话，开展思想政治教育工作，成为高校思想政治教育工作者突破传统育人方式、实现个性化教育的有效手段。

首先，在思想政治教育过程中，要主动学习运用现代网络工具技术，掌握以"两微一端"平台为主体的具有思想性、知识性、参与互动性与趣味性为一体的新媒体平台。改变思想政治教育传统方式理念，丰富宣传引领的方式，以当代学生喜闻乐见的形式办法开展思想政治教育，做好习近平新时代中国特色社会主义思想的宣传引领，开展网络思想政治教育。例如，可以通过制作富有时代气息的微视频、图文并茂的文章、有趣的互动游戏等形式，将思想政治教育内容生动地呈现给学生，引起他们的兴趣和共鸣。同时，高校还可以利用社交媒体平台搭建思想政治教育的互动交流平台，鼓励学生参与讨论和分享自己的见解。这样一来，学生不仅可以获得知识，还能够与他人进行思想碰撞和交流，提高他们的思辨能力和社会责任感。

其次，高校思想政治教育要与时俱进，用好网络新媒体技术手段，结合学生的实际需要，针对性地开展好思想政治教育活动。充分将网络新媒体的优势与思想政治教育的政治组织优势紧密结合互补。同时，提高高校思想政治教师使用网络新媒体与大数据的技能，利用网络大数据平台，提炼开展思想政治教育的资源，根据学生的兴趣爱好、学习情况和特点，精准定位中外合作办学学生网络聚焦点，对学生进行个性化的思想政治教育内容推送，使思想政治教育更加贴近实际、针对性更强。同时，通过对学生的行为数据进行分析，高校可以对教育效果进行评估和调整，不断优化教育内容和方式，提高教育的效果和影响力。运用网络用语和网络思维，将网络热点、时事新闻等与思想政治教育工作紧密融合，通过学生关注的热点话题、喜欢的方式途径，促进思想引领。

第二节　高校中外合作办学职业规划与就业指导创新研究

就业是最基本的民生，党的二十大明确指出，要"实施就业优先战略"，促进青年特别是高校毕业生就业摆在更加突出的位置。现阶段我国高校毕业生人数逐年递增。2023年，全国高校毕业生人数超过1158万人，就业形势依然严峻。近年来，大学生就业呈现出了一些新的特点，"慢就业""缓就业"现象凸显，相对于其他就业群体，大学生更加注重高质量的就业、高品质的生活，"先就业再择业"不再是唯一选择。高校中外合作办学毕业生同样面对严峻的就业形势。为此，高校应结合中外合作办学的特点，开展有针对性的职业规划和就业指导工作，提高中外合作办学学生群体的专业职业素养和核心竞争优势。

一　高校中外合作办学职业规划与就业指导的特点

（一）高校中外合作办学以国际化高层次人才作为培养目标

2024年1月11日，教育部长怀进鹏在2024年教育大会上指出，要坚定推进高水平教育对外开放。完善战略策略，统筹高水平"引进来"和"走出去"，找准参与全球教育智力的切入口，不断增强我国教育的国际影响力。中国要在全球竞争中占据优势，就必须坚持深化对外开放和国际合作，而具备全球竞争力的国际化人才是制胜的关键，对于具有国际视野、掌握国际前沿专业知识与跨文化交流合作能力的高质量复合型专业人才的需求更为迫切。2020年，《教育部等八部门关于加快和扩大新时代教育对外开放的意见》印发，锚定培养更具全球竞争力的人才，对各级各类教育对外开放作出了明确要求。因此，高校中外合作办学在促进教育对外开放过程中发挥着战略支撑作用，在人才培养目标设定上坚持为党育人，为国育才，发挥其国际化的优势。例如，宁波诺丁汉大学将培养具备国际一流知识视野、强烈的创新意识、跨文化交流能力以及团队合作能力的高层次复合型人才为目标；西交利物浦大学则从建校之初提出的培养研究导向的国际化专业精英，升华为培养引领未来行业发展的国际化行业精英，等等。

(二) 高校中外合作办学职业规划与就业指导以国际化就业为导向

"学生中心，产出导向，持续改进"已经成为当今世界教育的共识，树立人才培养结果导向思维，对标就业市场需求，也是目前高校人才培养的趋势所在。国家对高层次国际化人才需求已经提升到战略高度，高校中外合作办学作为教育国际化的主要途径之一，通过引进国外先进的教育理念、教学方法、前沿专业知识技能和职业规划模式，使学生能够接触到国际化的就业环境和竞争机制。加强职业规划和就业指导，就是让学生通过了解和适应国际化的职场需求，能够更好地规划自己的职业发展，增加就业竞争力。例如，美国高校就业指导一般会贯穿于教育全过程，依据心理学、职业社会学、教育学的原则，指导学生进行自我评价，通过职业测试、心理测试，从性格、兴趣、职业匹配等方面帮助大学生进行自我评估和总结，了解自身个性特征、职业倾向、发展职业能力，从而加强学生终身学习能力的培养和全面素质的提高。当前，我国高校普遍重视职业生涯规划和就业指导，并将其与人才培养目标紧密结合，从而实现职业生涯规划和人才培养目标的一致性。中外合作办学高校，应结合中外合作办学的特点和优势，吸收国外合作院校先进的职业生涯规划指导的措施方法，让学生"自我认识"，学会求知、学会做事、学会共处、学会生存，从而达到职业规划的目的。针对中外合作办学培养国际化人才的特点，在职业规划和就业能力提升方面，由于中外合作办学涉及不同国家、不同文化背景的学生和教师，因此跨文化交流能力的评估也成为职业规划考核的重要内容。通过模拟跨文化交流场景、参与国际项目或活动等方式，提高学生跨文化沟通能力、理解和尊重不同文化的能力，以及在跨文化环境下工作和合作的能力。

二 高校中外合作办学职业规划与就业指导的实施

通过调研发现，当前大学生普遍存在对就业环境、职业环境和自我的认知不足，导致在选择大学专业时缺乏了解，甚至出现盲目的选择。对于中外合作办学的新生来说，自我职业生涯规划与职业能力培养意识还不强，对个人未来职业发展定位还不清，再加上不了解国外资源对自己发展的利弊，存在面临出国深造或者国内就业的选择困难症。这就要求中外合作办学职业规划与就业指导要结合办学实际，提高自身建设水平，充分利用合作办学资源优势，以学生职业教育、素质提升、能力拓展、发展规划为核心开展职业规划与就业指导工作。

（一）提升职业生涯规划与就业指导水平

首先，要建立一支专业化的职业生涯规划与就业指导教师团队。按照"科学化模式、专业化培养、职业化发展"的思路，选拔对职业发展教育具有兴趣和指导能力的专业教师、就业指导人员，开展职业规划教育、就业指导、实践教学、科学研究工作，并经常开展职业培训，帮助职业规划与就业指导团队教师及时了解就业形势，选取适当的职业生涯教育方式方法，经常"走出去"，深度考察就业市场，了解行业前沿和就业方向。

其次，积极促进产教科教融合，提高学生就业竞争力。教师是高等教育的中坚力量，他们的教学水平和专业素养直接关系到学生的学习效果，也关系到学生的就业质量。为提高教师的实践能力和创新能力，应大力支持专业教师与行业企业深度交流融合。此外，高校中外合作办学模式还需要教师具备广阔的国际视野和跨文化交流能力，能够将国际先进理念与实践应用到教学中。因此，学校应加强对教师的培训和交流，鼓励教师参与国际学术会议和研讨会，拓宽他们的国际视野。

最后，发挥学生朋辈群体的影响，积极培养学生的沟通协调能力。学生组织是学校教育中不可或缺的重要形式，不仅可以丰富学生的课余生活，还可以培养学生的领导能力、团队合作精神和创新思维。中外合作办学学生有着国际化视野，思维方式也较为活跃，自我意识较强。针对这些特点，应鼓励支持如大学生职业发展协会、职业生涯规划协会等学生团体，由职业发展团队教师担任社团老师，在学校就业指导工作相关部门指导下，宣传职业生涯规划的理念，与校友、企业加强联系，拓展学生择业渠道，成为沟通社会、学校、校友、学生的桥梁纽带。发动学生社团力量，以班级、学院为单位开展创新创业比赛、职业规划大赛、科研竞赛等，以赛代练，以赛带创，邀请校友、行业专家、企业代表等举办沙龙、讲座等活动，开阔学生视野，树立了积极正确的就业观念。

（二）积极搭建就业信息平台，提供更多就业信息资源

首先，注重网络信息平台建设。随着互联网的快速发展，学校就业网站已经成为学生找工作的主要途径之一。然而，由于技术更新非常迅速，学校就业网站的功能和用户体验也需要不断改进和提升。学校改版就业网站需要更加注重用户体验。以往的就业网站常常只提供一些基本的招聘信息，而很少有个性化的推荐服务。对于学生而言，择业是一项需要审慎对待的重要抉择，他们希望能够得到更加准确、针对性的职位推荐。为此，应及时上传前沿科技咨询、就业讯息，实现讲座、教学活动、职业测试等上网，帮助学生客观地了解行业发展情况，方便学生自学、自测。设置问答专栏，学生可以自行在网络平台登记、提问，由职业规划团队教师进行答疑、电话回访等，进行线上职业指导。此外，加强就业网站与企业建立更紧密的合作关系，吸引更多的企业发布招聘信息，为学生提供更多的就业机会。

其次，注重发挥国内外市场的积极作用。大学生就业工作实质上是一种市场行为，应注重发挥人才市场作用。通过人才市场的调节功能，实现资源的充分共享。高校要积极与人才市场联系合作，充分发挥人才市场的作用，搭建中外合作办学国际化高层次人才的输出平台，促进学生职业发展与就业工作提升水平，为实现中外合作办学学生高质量就业奠定基础。此外，中外合作办学很多学生跨境学习，并取得了优异的学习成绩，中方高校也应该关注到国际就业市场，和外方院校积极合作，积极寻求国际就业市场信息，支持

鼓励优秀学生"走出去",勇于在国际同行中寻求机会,促进中外合作办学的国际化就业发展。

最后,不断深化校企合作,设立企业就业导师。设立"校外行业导师",邀请行业高管、总工等精英人士或优秀校友担任,传授职场经验,提升学生职业生涯规划意识与能力。组织中外合作办学学生实地参观、考察相关专业的企业,让中外合作办学学生更加直观的体会"职场风云",增强学生对专业领域的了解和认同感。例如,西交利物浦大学建立"社会生态",与社会组织开展积极交流互动、合作等,通过开放式校园实现优质资源共享。建立"定向"培养模式,主动了解国内外企业单位的用人需求,签订定向培养协议,使中外合作办学学生直接学习用人单位急需的岗位知识与技能,达到供需共识。

(三)与思想政治教育、专业教育相融合,构建个性化指导体系

首先,统筹中外合作办学的思想政治教育、专业教育、职业规划教育与就业指导建设发展,加强联动。思想政治教育启发引导学生树立正确的是世界观、人生观和价值观,继承发扬中华优秀传统文化,将自身发展融入国家和社会需要,努力践行中国梦。这与职业生涯规划、就业指导组织开展的树立正确的职业观与就业观,主动瞄准国家重大战略需求与发展需要,到国家最需要的地方建功立业等,具有非常吻合的一致性契合性。从近年来高校中外合作办学毕业生就业去向看,有较大比例的学生选择在国外继续升学深造,毕业后留在国外发展,取得了杰出成就。这时就更加凸显了思想政治教育和职业生涯及就业指导相互融合的重要性,保证了我们培养的优秀学子,身在国外,心系祖国,保持爱国心和中华民族使命感,为祖国昌盛和世界和平做出贡献。

其次,重视个性化系统化就业指导。个性化服务能够更好地满足学生的需求,帮助他们更好地实现职业发展目标,比较全面地形成就业认知,避免形成片面的就业观念。大一学习期间,通过课程、讲座等形式让学生了解本专业的发展前景、毕业生的就业形势、社

会相关职业的发展状况，加深对所读专业的了解，形成关于专业、学业、就业、职业关系的认识，初步制定未来个人成长与发展的目标与实施规划。进入大二的时候，通过教育引导，使学生了解职场行情及用人要求，使学生明确自己就业能力提升的目标和努力方向；另一方面，还可以通过职业兴趣能力测试等方式，帮助学生了解自己的特质、特长等，充分挖掘潜能，提升职业素质。学生进入大三时，可以邀请优质用人单位参与课程设计、实施和评价，将就业能力需求列入培养计划，指导学生参与课外实践活动，提升自己的就业特质和能力。在四年级进行招聘信息搜索、求职信简历撰写、面试技巧等指导，促进中外合作办学学生高质量就业。在毕业生初入职场后，高校应继续跟踪关注提供服务指导，帮助学生角色转换、适应职场，收集用人单位与毕业生的反馈意见信息，有效指导在校生相关工作。目前，很多大学都实施了个性化系统化的就业指导，收到了很好的成效。如西交利物浦大学结合中外合作办学的实践建立的四大导师体系，从新生入学开始，引入国际一流大学通行的个人学术导师制度，为学生配备了学友导师、班级导师，而在学生升入高年级面临实习和就业时，引入校外导师，指导学生们更好地规划自己的职业生涯发展，更加深入地了解职场社会。

最后，引导学生确立适合自己的合理发展目标。中外合作办学融合了中外方教育资源的优势，学生有机会在授课中直接接触国外教师，在毕业时可以选择国内考研、国内就业，也有很多学生选择赴国外读研继续学习，相对非合作办学学生，选择余地较大，但这也给不少学生带来选择困惑，需要指导教师引导学生科学判断自身的优势和不足，并根据学生的自我认识程度、性格特征、爱好兴趣点等个性特征，帮助中外合作办学学生明晰自己的职业生涯规划，明确自己发展定位，科学制定个人职业生涯规划，选择正确的职业类型，扫清专业学习与职业规划的疑惑，在面临出国深造与不出国就业选择时，能明晰自己未来发展方向，明确自己实际需求。

第 四 章

高校中外合作办学文化育人创新研究

第一节　高校中外合作办学文化育人机制研究

党的十八大以来，习近平总书记围绕"文化自信"与"文化育人"作出了一系列重要论述，强调要深入推进文化育人工作，不断丰富文化育人内涵，充分彰显文化育人特色。高校肩负着文化传承与创新的重任，将文化育人融入高校思想政治工作的全过程，是高校贯彻立德树人根本任务、坚持社会主义办学方向的必然要求。与普通全日制的大学生相比，中外合作办学模式下大学生所处的学习环境与生活环境更为复杂，更需要创新文化育人机制，推进以文化人、以文育人。

一　跨文化背景下文化育人的重要性

（一）文化育人的价值

习近平总书记在党的十九大报告中强调："文化是一个国家、一个民族的灵魂。文化兴国运兴，文化强民族强。没有高度的文化自信，没有文化的繁荣兴盛，就没有中华民族伟大复兴。"[①] 高校青年大学生作为实现中华民族伟大复兴的中坚力量，不仅需要接受系统的知识教育，而且需要接受优秀文化的熏陶。文化育人是指通过培

[①] 习近平：《习近平谈治国理政》（第三卷），外文出版社2020版，第32页。

养和传承优秀文化，在潜移默化中引导学生树立正确的世界观、人生观和价值观，提升学生的思想政治素质，促进学生全面发展，从而落实高校立德树人根本任务。

首先，文化育人有助于坚定高校青年大学生的理想信念。"文化是一个国家、一个民族的灵魂。历史和现实都表明，一个抛弃了或者背叛了自己历史文化的民族，不仅不可能发展起来，而且很可能上演一幕幕历史悲剧。"① 高校加强文化育人，引导当代大学生传承和弘扬中华优秀传统文化，创新和创造中国当代文化，加强理想信念教育，从而坚定马克思主义信仰和中国特色社会主义信念，坚守中国特色社会主义发展道路。高校是传播优秀文化的场所和培育优秀文化的摇篮，除了通过思政课程、课程思政及文化课程进行文化教育外，民主和谐的校园精神、敬业爱生的教风师风、积极端正的校风学风、丰富多彩的社团活动、生机盎然的校园环境等，都会在潜移默化中引导大学生接受并认同高校蕴涵的价值观念和意识形态，从而起到提升学生思想素质、坚定理想信念的作用。

其次，文化育人有助于培养学生良好的道德品质。校园文化对学生成长和发展有重要影响。作为高校德育的重要载体，校园文化具有渗透性强、影响持久、形象生动、直观易懂等特点，能活化德育内容，使其更易为学生所接受，在不知不觉中受到熏陶和感染，从而起到"润物细无声"的效果。② 丰富多彩的校园文化活动可以作为传统"灌输"教育的有效补充，与高校德育工作协同发挥作用，引导大学生形成正确的社会政治观、人生价值观、道德伦理观与现代法治观。

最后，文化育人有助于提升学生的综合素质。在经济高速发展与产业深化转型的时代背景下，企业愈发重视考察人才的综合素质，

---

① 习近平：《要有高度的文化自信》，《习近平谈治国理政》（第二卷），外文出版社 2017 年版，第 349 页。

② 邓军、旷永青、赵铁：《高校思想政治工作质量提升理论与实践》（文化育人卷），广西师范大学出版社 2019 年版，第 15 页。

复合型人才在职场中更受青睐。大学生的专业素养主要来自对本专业课程的学习，而其他素养的养成则需要校园文化的培育。校园文化从物质、行为、制度、精神等层面，增加学生知识储备，开阔学生视野、锻炼学生实践能力，实现综合素质的整体提升。比如各类科技创新、文艺体育、社会实践等活动，能够丰富学生的知识架构，提升其人文素质与科学素养。

(二) 中外合作办学跨文化环境的复杂性

跨文化的教育背景带来了多元化的社会思潮。高校中外合作办学在引进国外优质教育资源的同时，必然受到国外文化的影响。教育的输入不仅仅是知识和技术的传播，也包含着意识形态的渗透。[1]高校中外合作办学需要引入大量的国外教育资源，带来先进的知识理念和教育理念，这虽然有助于拓宽学生的国际视野，但必然会输入外来文化的价值观念与意识形态。一方面，高校中外合作办学中的外方教师及管理者来自不同的民族和国家，在不同地理环境、政治阵营、宗教信仰、历史传统、审美偏好、社会发展阶段等因素的影响下，形成了不同的价值观念与文化风格，与我国现有文化体系必然会产生碰撞。另一方面，高校中外合作办学所使用的外方教材多为外语原版教材，学生不可避免地要接触教材中的立场观点和意识形态。数据显示，在上海地区的中外合作办学的机构与项目中，约有60%的中外合作办学机构对国外教材的使用率高达50%以上。[2]

在这样跨文化的教育背景下，各种良莠不齐的社会思潮纷纷涌入高校，如历史虚无主义、道德相对主义、极端个人主义、消费主义、拜金主义、民粹主义等，在潜移默化中对高校青年大学生的价值观念和政治立场必然会产生影响，动摇马克思主义在高校意识形态领域的指导地位。因而在高校中外合作办学运行过程中，除了传

---

[1] 陈大立：《中外合作办学法律问题研究》，厦门大学出版社2014年版，第34页。
[2] 孙英、梁涌、张也：《中外合作办学高校思政课建设略论》，《学校党建与思想教育》2020年第23期，第64—67页。

播知识与技术外，还要加强以文育人，以文化人，引导受教育者在继承和坚守本民族传统文化和意识形态的基础上，了解并尊重其他民族的文化，帮助其构建客观、包容的跨文化观念和跨文化交际意识。

（三）高校中外合作办学师生的特殊性

首先，青年大学生正处于价值观形成的关键期，人生阅历尚浅，独立思考和理性批判能力尚且不足，存在多种价值观面前难以作出正确选择的情况，相比于此，高校中外合作办学的学生则面临着更多挑战。一方面，由于高校中外合作办学的准入门槛相对较低，大部分学校学生入学分数和非合作办学学生相比偏低，加之在大一大二学习期间，学习外语是重中之重，占据了学生大部分的时间和精力，导致文化教育在教育过程中占比微弱。另一方面，高校中外合作办学学生的家庭经济条件普遍较好，从小缺少吃苦耐劳和挫折教育的磨炼，辨别能力不足，容易受到不良思潮的诱惑，出现思想不稳定的情况。①

其次，高校中外合作办学要求聘请外籍教师，其所传递的不仅是知识和技术，同时也进行着世界观、人生观、价值观、思想道德和生活方式的影响和传播，不可避免会带来西方政治文化思潮。② 除了存在"和平演变"和"文化渗透"的危险外，外籍教师在教育理念、教育方式、教育反馈等方面都与国内存在较大差异。如在教育理念方面，中国传统的教育观念以"教师灌输，学生接纳"为主，教育重点在于提升学生的成绩与应试能力，而外籍教师普遍将学生看作教育活动的中心，一切教育活动都以学生的兴趣为切入点，更加注重对学生实践能力和创新意识的培养。在教育反馈方面，我国教师更倾向以课后作业、期末测验的方式对学生进行反馈与考核，

---

① 高兰兰、吴春婷、金光勇、于淼：《中外合作办学创新人才培养课程体系研究与实践》，《高教学刊》2022年第26期，第15页。

② 曾黎：《伦理与人生》，西安出版社2010年版，第152页。

而外籍教师则更注重考查学生的日常表现，如学生的课堂参与度、团队合作贡献程度等。因此，中西方意识形态与教育理念客观上存在的这些冲突，都需要高校充分发挥文化育人的作用，弥合中外教育理念的差异，推动高校中外合作办学安全、顺利开展。

最后，高校中外合作办学的中方教师大多数是海归学者，长期在国外学习、工作和生活，他们所形成的教育理念、文化背景等难免受到西方价值观的影响，与我国本土成长的教师相比，他们有着不同的价值观念和评判标准。虽然多数高校海归教师都怀有深厚的爱国情怀，对自己的民族身份也有着强烈的认同感，但是也存在着少数海归教师在我国主流意识形态、社会主义核心价值观、集体利益高于个人利益等方面的认同度还不一致，需要通过文化熏陶增强海归教师的本土融入感与价值认同感。

（四）高校中外合作办学为传播中国文化带来新机遇

高校中外合作办学不仅能够培养具有国际视野、国际思维和跨文化适应能力的优秀人才，也为中国文化的传播提供了全新机遇与平台。习近平总书记强调："要把跨越时空、超越国度、富有永恒魅力、具有当代价值的文化精神弘扬起来，把继承传统优秀文化又弘扬时代精神、立足本国又面向世界的当代中国文化创新成果传播出去。"[1]

首先，在高校中外合作办学运行体制下，丰富的教学活动和校园文化活动，使中外双方在教育观念、教学文化、管理模式、办学经验等方面互通有无，有助于将马克思主义信仰、中国特色社会主义信念、中华优秀传统文化、红色文化以及道德教育融入其中，以促进双方的文化发展与创新。在跨文化的背景下，学生有条件对中外文化和制度方面的差异进行更加有效和直观的比较，有利于其在理性与辩证的视角下，形成正确的世界观、人生观和价值观。

其次，高校中外合作办学不仅要"请进来"，还要创造机会"走

---

[1] 习近平：《坚定制度自信不是要固步自封》，《理论学习》2014年第3期，第8页。

出去"。中外合作办学不仅局限于在中国境内合作办学，也包括在中国境外办学，其招生对象也将更加多样化。[①] 部分中外合作办学项目中也有一些国际交流生，学校一般都开设相应中国国情类的课程，向其传播中华文化，以此增进外国学生对中国国情和文化的了解，从而增进双方的文化理解，以文化交流为纽带，促进国家之间友好发展。

二　建立健全文化育人的联动协同机制

（一）建立健全文化育人联动协同机制的现实需求

首先，中外双方有着不同的价值追求。我国推进中外合作办学的目的是吸收和借鉴国际先进的教育理念与教育方式，培养具有国际视野、全球格局、品学兼优、素质全面的社会主义建设者与接班人。外方院校参与合作办学更多考虑的是提升和扩大学校的知名度、影响力，同时输出西方文化和意识形态，扩大其渗透力。[②]

其次，中西方文化差异导致校园文化多元。高校中外合作办学机构或项目在引入国外优质教育资源的同时，外方的语言文化、生活方式、意识形态、交往习俗、政治偏好也会随之涌入校园，使校园文化呈现复杂化、多元化、矛盾化的特点。大学生本就思维活跃，容易在多元的观念与文化中感到混乱和迷茫，难以理性对待不同的价值取向。

最后，中外双方的教育观念不同。高校中外合作办学学生需要使用国外原版教材，全外语的教学环境，全新的教育理念、管理模式与课程体系容易给学生造成较大压力，新生入学适应难度加大，面对高强度的学习节奏往往会出现焦虑、忧郁等消极心理。

在办学理念、思想价值、教育观念的多方冲突下，高校中外合

[①] 林金辉、刘梦今、都继微：《新时代的中外合作办学》，厦门大学出版社2019年版，第231页。

[②] 谭晓华：《中外合作办学模式下高校学生思想政治教育工作研究》，《教育教学论坛》2020年第34期，第28页。

作办学亟需建立健全文化育人的联动协同机制，正确处理文化育人各要素之间的关系，给予学生及时正向的引导与关怀，使学生在跨文化的成长环境中，积极弘扬社会主义核心价值观，坚定理想信念，既保持民族自尊心与自豪感，又抵制狭隘民族主义的错误倾向，促进不同文化资源的合理配置，加强国内国外文化相互融合。

（二）建立健全文化育人联动协同机制存在的突出问题

首先，文化育人缺乏主体合力。近年来，随着大量网络不良信息不断充斥人们的头脑，西方拜金主义、享乐主义和极端个人主义思潮有所抬头，解构历史、歪曲事实、颠倒是非、抹黑领袖、调侃崇高等歪风时有刮起，并在社会生活中产生了一定的消极影响。随着我国改革进入深水区，经济发展放缓、社会矛盾有所凸显、就业形势比较严峻等，这些社会负面现象在不同程度上影响着大学生的认知和思想。[1] 高校中外合作办学大学生相较于普通高校大学生，受西方思想观念冲击更甚，更需要文化教育的引导。然而在此背景下，部分育人主体还存在参与意愿不强、思想觉悟不高、协同意识薄弱等现象。部分高校领导还未深刻认识到联动协同机制在文化育人工作中的重要性，以至于在人员配备、资金保障、制度完善等方面存在不足；外籍教师在与学生接触中有意无意渗透着西方的意识形态与社会思潮，有的高校思想政治教育工作者并没有引起足够重视，造成青年学生经受中西两种价值观的冲击；部分家长只关注学生的职业能力发展，将文化教育归为学校的育人职责，文化育人缺失家庭教育的支持；与此同时，某些媒体一味鼓吹外来思想文化，将部分学生的思想行为过失作为吸引眼球的话题进行负面宣传，导致社会难以形成文化育人的积极舆论环境。综上所述，学校、家庭、社会作为文化育人的主体，消极状况频出，未能形成强大的主体合力。

其次，文化育人的教育方式方法单一。在科技迅猛发展的今天，

---

[1] 龙妮娜：《大学生社会主义核心价值观教育联动协同机制研究》，《广西社会科学》2016年第6期，第234、236页。

信息传播突破了空间限制与资源掣肘，集图像、文字、声音于一体，充分调动着个体感官，以人们喜闻乐见的方式迅速传播。反观高校中外合作办学大学生的文化教育，多数仍维持着传统的单向灌输授课模式，仅仅局限于课堂内的视听触动，难以有效调动学生的积极性，更难以与纷杂的外部信息相抗衡。高校中外合作办学的教师大多数为海归学者，少数教育者本身对于中国文化精神与内涵的了解把握不够深入，在教学过程中更易出现以理论概念解读为主，教师言行与教育内容相割裂等现象。此外，课堂虽然是传递理论知识、培养学科思维、内化教育影响的主阵地，但是依附思想政治理论课作为文化育人的主要渠道，仍然不能解决中国文化教育占比低，与其他学科课程关联弱。总之，现阶段高校合作办学中的文化育人工作方式还相对落后，开展路径单一，缺乏有效性与针对性，与校园文化、社会实践、网络教育的融合有待进一步探索。

最后，文化育人的资源分散。文化育人的资源体量庞大、种类繁多、分布广泛，在转化为教育资源的过程中存在一定困难。如校内资源与校外资源的衔接问题。我国历史文化底蕴深厚，大量保存良好的古文化遗址、历史文物以及非物质文化遗产，是帮助学生开阔视野、了解社会的重要资源。然而，如何选取和浓缩庞大的教育资源，如何正确利用当地的博物馆、古文化遗址等社会资源优化课程结构，如何将校内环境与校外环境相结合，给予学生身临其境的文化熏陶，如何使丰富的文化资源与中国的传统教育模式和西方的外来教育模式相融合，活跃教学氛围，仍是有待解决的重要课题。再如网络资源与现实资源的衔接问题。网络上虽然有关文化育人的资源十分丰富，但是内容良莠不齐，有些甚至没有经过严格的编辑与整理，充斥着各种无用乃至有害的内容，难以直接采用。学校建立的网络资源多以教学视频、教师课件、电子书籍等资料为主，体现文化育人的网络资源相对较少，发挥作用不够。

（三）建立健全文化育人联动协同机制的有效途径

首先，加强顶层设计，做好统筹规划。高校中外合作办学模式下，丰富文化育人内容，拓展文化育人渠道，做好顶层设计实现多部门的协调配合尤为重要。建立健全学校领导机制与工作机制，坚持党对文化育人工作的领导，牢牢把握中方意识形态主导权，始终坚持以马克思主义为指导，站稳立场，坚定方向，保证以文育人的工作在正确的轨道上发展。党委书记和校长负主体责任，各部门协同配合，形成全方位、全过程育人的文化育人工作机制。高校领导要深刻认识文化育人的重要性，制定文化育人的具体措施，确保人力、物力、财力落实到位。此外，学校要积极协调相关部门制定配套的课程建设规划，将文化育人的具体要求体现在课程设置、内容改革、教学实践、教师考核等各个环节，且积极与外方做好协调沟通，确保文化育人的地位得到重视，相关内容不被弱化或被其他课程取代。

其次，增强主体合力，促进协同联动。作为文化育人的主体，学校、家庭和社会都应积极响应，整合力量，推进文化育人工作的开展。学校是有计划有目的地进行文化育人的主阵地，中外合作办学更要发挥其教育资源丰富多元的优势，挖掘中外文化中的积极价值要素，以多元文化的正向能量形成教育合力。坚持第一课堂与第二课堂相结合，理论教育与实践教育相统一，通过课程理论向学生传递丰富的文化知识，同时开展形式多样、健康向上的校园文化活动，将民族文化与国际文化的有利元素相结合，引导广大青年培育并践行社会主义核心价值观。鼓励学生组织创办各种专业学习、文学艺术、社会服务类社团，在学生喜闻乐见的社团活动中对其进行爱国教育、公德教育、守法教育、诚信教育与生命教育等，促进青年学生全面发展。除学校外，家庭教育对学生思想品德形成和社会化具有重要影响，家庭教育既是国民教育事业的有机组成部分，也是学校教育、社会教育不可或缺的支持力量。① 文化育人除了依靠学校教育外，家长更要以身作则、言传身教，以家庭为单位弘扬尊老

---

① 吴遵民：《终身教育研究手册》，上海教育出版社2019年版，第118页。

爱幼、睦邻友好、爱党爱国等民族精神文化的精粹，引导子女明是非、辨善恶，帮助其培植家国情怀、教化道德品行、提升人文素养、凝聚民族精神，使文化教育贯穿于大学生成长的全过程。除学校、家庭外，社会则是大学生成长的巨大"培养皿"，社会学认为："在社会规范、社会准则、行为方式等社会文化表征的背后，有一整套价值系统，而这一整套价值系统与教育之间存在十分密切的关系。"[①] 社会可以借助其内容丰富、形式多样的文化资源和基础设施，助力文化育人活动的开展，如通过图书馆、博物馆、歌剧院、电影院等营造良好的教育环境，传递民族文化精神，配合学校开展文化育人。

再次，加强师资建设，增进文化认同。教师是立教之本、兴教之源。建设一支高质量的教师队伍，是中外合作院校推进文化育人的必要条件。中方教师不仅要具备过硬的专业素养，更要有坚定的政治立场，正确的价值观念，浓厚的家国情怀。在教师选拔环节要重点对其政治素质和政治背景进行审核，并贯穿至教师管理的全过程，牢牢把握社会主义办学方向。在教师任教过程中，学校应积极开展集体培训、教学研讨或观摩活动，提升教师的思想政治教育水平与文化育人能力。加强师德师风建设，坚持教书和育人相统一，坚持言传和身教相统一，坚持潜心问道和关注社会相统一，坚持学术自由和学术规范相统一。[②] 鼓励教师成为先进文化的传播者与践行者，以身作则，润物细无声，发挥立德树人言传身教作用。此外，外籍教师也是保证中外合作办学健康发展的重要因素。中方学校要对外籍教师的聘任管理工作严格把关，加强聘任前的政治审查，并向其阐明教学工作的基本原则和要求，使其树立"红线意识"[③]。要与外籍教师保持密切交流，借助联合教学研讨、中外互访进修、校

---

① 吴遵民：《终身教育研究手册》，上海教育出版社 2019 年版，第 103 页。
② 李臻：《新时代高校教师胜任力研究》，旅游教育出版社 2020 年版，第 288 页。
③ 刘志杰：《中外合作办学院校课程思政建设的困境与对策研究》，《教育科学》2022 年第 5 期，第 57 页。

园文化活动、传统节日庆典等方式与外籍教师建立密切联系，促进中外教育理念交流融合。同时，给予外籍教师更多的人文关怀，增加外籍教师对中国文化的认知和价值观念的理解，提升其在文化育人中的参与感与认同感。

最后，搭建教育平台，打通资源壁垒。构建多渠道、全方位的大学生文化教育平台，打通各主体之间的壁垒，进一步完善合作办学中大学生的文化教育体系。一是要搭建文化育人实践平台，学校应积极与校外相关部门对接合作，利用当地文化资源，如名人故居、历史遗迹、文艺场馆等，建设校外实践基地，丰富实践内容。二是要重视社团文化活动平台，发挥各类社团育人优势，通过丰富多彩的社团活动，吸引更多的大学生参与其中，在第二课堂中锻炼和提升学生的文化修养。三是重视搭建跨国文化交流平台，与外国高校进行文化交流，互通有无，促进教学方式、教学体制、教学理念的交流，使学生了解异国风土人情，提升跨文化交际能力。四是要利用好网络文化教育平台，习近平总书记在文艺工作座谈会上指出："互联网技术和新媒体改变了文艺形态，催生了一大批新的文艺类型，也带来文艺观念和文艺实践的深刻变化。"[①] 网络文化如今已成为影响学校文化育人成效的重要因素，要提高对网络文化平台的监管，警惕不良信息与西方意识形态利用网络新媒体对学生造成负面影响。同时，善于利用主流媒体、校园网络、网络直播、微课堂、电子图书馆等平台传播先进文化，促进线上教育与线下教育相联结，传播好中华优秀传统文化、红色文化等，以社会主义核心价值观凝聚人心，形成良好的文化育人氛围。

第二节 高校中外合作办学文化育人路径研究

高等教育是优秀文化传承的重要载体和思想文化创新的重要源

---

① 中共中央文献研究室：《习近平关于社会主义文化建设论述摘编》，中央文献出版社2017年版，第159页。

泉。要积极发挥文化育人作用，加强社会主义核心价值体系建设，继承前人积累的文化成果，扬弃旧义，创立新知，并传播到社会、延续至后代，不断培育崇尚科学、追求真理的思想观念，推动社会主义先进文化建设。① 中外合作办学高校在落实立德树人根本任务过程中，应兼顾到学生所处的特殊环境，从"红色文化""传统文化""外来文化"等多个维度入手，帮助学生坚定理想信念，强化使命担当。

一　发挥红色文化的育人功能

（一）红色文化蕴含的教育价值

红色文化是中国共产党领导全国各族人民在长期的革命、建设、改革进程中创造的以中国化马克思主义为核心的先进文化，承载着先辈崇高的思想境界与道德情操。② 红色资源是具有独特教育品质的资源，其内容丰富、意蕴深厚，每一处革命遗迹、每一首红色歌曲、每一个先烈故事，都具有很好的教育价值和育人功能。党的十八大以来，习近平总书记在地方考察调研时多次到访革命纪念地，瞻仰革命历史纪念场所，反复强调要用好红色资源，传承好红色基因，把红色江山世世代代传下去。③ 红色文化作为高校落实立德树人根本任务的重要载体，在高校中外合作办学文化育人教育实践活动中发挥着重要作用。

首先，红色文化蕴含着丰富的教育资源。在文化多元融合的复杂背景下和日趋激烈的国际竞争中，中外合作办学的学生不仅要提升自己的科学文化素养，而且要坚持正确的政治方向，不断提升思想政治素质。红色文化可分为物质文化和非物质文化，物质文化包

---

① 胡锦涛：《在庆祝清华大学建校100周年大会上的讲话》，人民出版社2011年第2版，第3页。
② 刘润为：《红色文化：中国人的精神脊梁》，《红旗文稿》2013年第18期，第4页。
③ 习近平：《用好红色资源，传承好红色基因，把红色江山世世代代传下去》，《求是》2021年第10期。

括红色革命遗址、战争实物、革命纪念品、纪念地以及博物馆、纪念馆、烈士陵园等。[①] 非物质文化包括革命先烈在革命战争中表现出来的崇高精神与伟大信念，如长征精神、延安精神、西柏坡精神等。无论是物质文化还是非物质文化，都能够为学生提供鲜活生动的教材。学生通过参观学习，切实体会到中国共产党带领中国人民进行革命的艰辛，从而增强理想信念，激发爱党情怀，引导学生树立正确的世界观、人生观和价值观。

其次，红色文化丰富了中外合作办学文化育人的内容和形式。红色文化包含精神和物质两种形态，在高校文化育人活动中，无论是爱国主义教育示范基地、博物馆，还是红色影视作品、歌曲，丰富了传统思想政治教育的形式。比如，将组织学生参观"南京大屠杀"纪念馆爱国主义教育基地活动作为爱国主义理论教育的重要实践，让大学生亲身体验与感受，在社会实践中学习历史知识，感受先烈精神，铭记国耻，居安思危。利用红色文化与红色资源拓展沉浸、生动的教学模式，能够进一步丰富文化育人的内涵，打破传统课堂教育局限，提升高校文化育人的吸引力、感染力、说服力。

（二）高校中外合作办学红色文化育人现状

首先，红色资源的利用率还较低。红色资源对大学生精神文化的熏陶有着无法代替的作用，然而部分地方政府对于有效开发利用红色资源还存在认识上的不足，仅仅将其作为旅游资源获取商业价值，忽视其人文价值及教育功能，致使红色资源的开发利用趋于娱乐化、功利化。红色景点中的讲解人员缺乏相应的历史知识，解读乏味、流于表面，难以对红色资源的育人价值进行深入挖掘。此外，政府部门对红色资源的保护意识有待加强，部分革命遗址遭受自然侵蚀与人为破坏，却难以得到及时修缮，导致大量红色景点沦为冷门景点，浪费宝贵的红色资源，社会功效也大打折扣。

[①] 沈树永：《大学生思想政治教育对策研究》，上海财经大学出版社2020年版，第193页。

其次,学校对红色文化育人价值的认识存在不足。高校中外合作办学普遍注重专业课教学与外语教学,有的学校则弱化了对学生的思想政治教育,使有关红色文化的教育活动流于形式,甚至存在红色教育缺失的现象。部分教师本身对红色文化的内涵认识不足,仅仅将红色文化等同于历史事件中的时间、地点、人物,导致红色文化育人功能体现不够。

最后,学生对红色文化缺乏深入认识。高校中外合作办学的大部分学生家庭条件较为优越,在跨文化的教育背景中,多元的价值观念冲突碰撞,学生容易受到物质利益的驱使和西方意识形态的诱导,出现理想信念缺失、爱国主义淡漠、个人利益至上等情况。另外,大部分学生对红色文化怀有朴素的情感,但缺乏深度的思想认同。绝大多数学生可以说出延安精神、井冈山精神、西柏坡精神等概念,但只有少数学生能讲清这些精神的内涵,这暴露出大学生对红色文化还存在理性认识不足、理解不深等问题。[1]

(三) 发挥红色文化育人功能的具体路径

首先,高校要充分运用红色文化的育人价值。加大对红色文化的宣传力度,借助互联网平台,通过官网、微信公众号、微课等方式弘扬红色文化;积极打造红色文化课堂,促进红色文化融入思政课程和教材,构建互动式、研讨式、探究式的课堂模式,在多元文化的碰撞中坚定红色文化的主导地位;让学生在考察、实践与研讨中获得知识积累、情感体验、理性认识;营造浓厚的校园红色文化氛围,积极开展读红色书籍、看红色电影、排红色话剧等一系列校园文化活动,把握特殊时间节点组织学生开展节日纪念、主题班会等活动。

其次,发挥教师在红色文化育人中的作用。学校在师德师风及培训中将红色文化的学习融入教师培养环节,对外籍教师也可邀请参观红色文化景观,增进外籍教师对我国红色文化的理解和认识;

---

[1] 姜庆:《圣地铸灵魂 延大长才干》,陕西人民出版社2020年版,第13页。

完善培训机制,将红色文化融入师资队伍建设,提升教师对红色文化的掌握程度与教学能力;鼓励专业课教师与思政课教师携手合作,深入挖掘专业课中的红色文化因素,立足于学科的特殊视野、理论和方法,增强各专业课程与红色文化教育的结合,实现二者的深度融合。

最后,要充分发挥学生主动参与红色文化建设的热情,以红色资源为载体建立学生实践基地,开展红色文化宣传教育活动,选拔、招募大学生作为基地讲解员,调动青年学生学习的积极性,使其沉浸式体验红色文化、主动传播红色文化,从而更加深入了解党史、新中国史等,厚植爱国情怀、坚定理想信念。

二 发挥优秀传统文化的育人功能

(一)运用传统文化开展育人活动的现实意义

习近平总书记指出:"中国有坚定的道路自信,理论自信,制度自信,其本质是建立在5000多年文明传承基础上的文化自信。"[1]中华优秀传统文化源远流长,博大精深,时至今日依然具有强大的生命力和重要的影响力。我国优秀传统文化是中国文化的"根",是高校开展文化建设,以文育人、以文化人、以文培元的基础和起点,在高校中外合作办学文化育人环节中,发挥着举足轻重的作用。

首先,传承中华优秀传统文化,对于高校中外合作办学学生坚定文化自信意义重大。文化自信是一个民族、一个国家以及一个政党对自身文化价值的充分肯定和积极践行,以及对其文化的生命力持有的坚定信心。[2]青年大学生是否具有文化自信,关乎中华民族的兴衰存亡,关乎中国梦的实现与否。中外合作办学在成功引入外国名校、名师、名专业教学资源的同时,西方的意识形态、价值观念、生活习惯也夹杂其中,给我国学生带来一定负面影响。发挥优秀传

---

[1] 习近平:《习近平谈治国理政》(第四卷),外文出版社2022年版,第312页。
[2] 王忠慧等:《读名人传记 树远大理想》,华文出版社2019年版,第5页。

统文化的育人功能，让中外合作办学学生在学习中华民族传统文化中了解本民族文化的发展历程，激发民族情感，引导学生树立正确的历史观，自觉抵制错误思潮的影响。

其次，在高校中外合作办学进行传统文化教育，对于推进中华优秀传统文化的传承创新具有重要意义。一方面，中外合作办学的学生需要传统文化的塑造与浸润。中外合作办学的最终目的是培养高质量的国际化人才，是培养社会主义建设者和接班人，他们不仅要拥有国际视野、具有创新能力，知悉国际规则，更要熟悉中国国情，有坚定的政治立场。另一方面，中外合作办学学生也为传统文化的传承创新提供新的视角。在跨文化背景下成长起来的学生，了解不同国家的历史文化、风俗习惯、礼仪教养，善于在多种文化的碰撞与交融中进行文化反思。他们能够从多元文化的视角看待我国传统文化，集众家之长，借鉴先进的国际经验，挖掘中国传统文化的现代价值。

（二）当前高校中外合作办学传统文化教育的困境

首先，高校中外合作办学的学生特点一定程度上阻碍了传统文化教育的开展。高校中外合作办学学生作为当代大学生的一部分，是在社会主义现代化建设取得巨大成就、国民经济高速发展、互联网全面普及的背景下成长起来的一代。他们往往个性鲜明、思维活跃，但也因特殊的成长背景，出现了自我意识强烈，集体意识淡薄；追捧潮流文化，忽视传统文化等倾向。中外合作办学学生的家庭条件总体较为优越，与一般大学生相比，拥有更多出国游历或学习的经历。入学后，他们所接触的语言、教师、教材、考试等无一不浸染着西方的思维方式和价值理念，很容易在潜移默化中对西方文化产生向往与认同。同时，部分中外合作办学院校的学生为了能顺利地出国学习、工作，在校期间需要将更多精力用于刷新雅思和托福成绩、提高专业课绩点、丰富实习经历上，忽视了对传统文化的学习。

其次，校园传统文化建设相对滞后。"大学校园文化是指一所大学在长期办学的实践过程中，经过历史的积淀、自身的努力和外部环境的影响并且结合时代的需要而逐步形成的社会文化形态。"① 近年来，各高校的文化建设活动逐渐丰富，但是有关传统文化的校园文化活动依然较少。高校史书典籍借阅量低、传统文化活动开展不深入等问题还有待解决，中华优秀传统文化在校园得到有效的传承与弘扬还需要进一步加强。

最后，传统文化育人机制有待完善。目前，高校对传统文化的课程设置还没有明确要求，大部分院校没有专门的传统文化课程和教材，传统文化内容主要依赖选修课和其他有关课程体现，权重较低，考核方式也较为宽松，学生难以在课堂上对我国优秀传统文化进行系统的学习。教育教学模式也比较单一，大部分院校在传统文化的教育方面依然重点放在理论知识的讲授上，社会实践的机会较少，以至于学生缺乏学习传统文化的主动性。中外合作办学学校选聘教师时更关注教师是否有海外留学背景或工作经历，是否能进行全英或双语教学，而对教师传统文化的研习与掌握程度却关注较少，讲授传统文化的深度有限，学生也无法深入进行学习。

（三）高校中外合作办学开展传统文化教育的对策建议

首先，丰富传统文化的育人资源。坚持历史唯物主义、辩证唯物主义的方法论，落实立德树人根本要求，对传统文化的庞杂内容进行推陈出新、革故鼎新，使其成为吸引力强、认同感高的文化教材。将现代信息技术与传统文化相结合，当代大学生与互联网接触密切，学校可以通过现代技术将传统文化渗透进日常教学、社团活动、文艺展演甚至校园景观中，还可以利用信息技术开发教育软件、建立教育网站，为中外合作办学学生营造学习传统文化的浓厚氛围，推进优秀传统文化传承创新。

其次，加大传统文化教育工作支持力度。确保校园文化环境建

---

① 曹莉：《提升校园文化品质与大学生的成长》，《山西高等学校社会科学学报》2008年第6期，第134页。

设的资金投入。在校园建筑、道路景观、校园雕塑、标语警句中融入传统文化因素，有利于营造浓厚的人文历史氛围，使学生随时随地感受到传统文化的魅力。中外合作办学院校在选聘教师时，要注重聘请传统文化领域的专家学者，充实传统文化教育的师资力量。定期组织教师培训，开展教育论坛、专家讲座等，提升教师队伍的传统文化素养。此外，要鼓励校园传统文化活动的开展。学校应支持与传统文化相关的社团活动、文艺演出、节日庆典和社会实践活动，吸引更多的学生参与到传统文化的学习、研究与传承中来，营造浓厚的校园文化氛围。

再次，完善传统文化教育课程设置。不同学校应根据自身实际情况开设有关传统文化的必修与选修课程，在课程体系中增加中华优秀传统文化的内容比重，特别是让更多理科工科的学生有机会了解、学习传统文化，丰富其知识结构。重视中西方课程的融合，如上海纽约大学在引进具有纽约大学特色的商业和金融课程的同时，开设了"社会科学视角下的中国""中国艺术"等系列课程，让学生了解中国的政治、经济、社会发展、艺术与建筑、戏剧、电影、文学和音乐等传统文化。[1] 此外，还要重视理论教育与实践教育的结合，组织学生访问当地的博物馆、美术馆、建筑古迹和传统村落，让学生实地感受传统文化的力量与魅力。鼓励学生创办与传统文化有关的社团，如围棋社、戏剧社、武术社、书法社等，并在校内积极开展与传统文化有关的讲座、研讨会、辩论赛、知识竞赛等，促进中外合作办学学生对优秀传统文化的深入了解。

又次，更新传统文化的讲授方式。我国传统文化内涵丰富、博大精深，教师在课堂上除了要讲授基础的理论知识外，更应充分挖掘其中蕴含的民族精神、价值理念与道德准则，实现从知识灌输到精神熏陶的转变。根据讲授内容，利用多媒体设施、教室布置、音

---

[1] 林金辉：《中外合作办学学科建设人才培养与改革咨询》，厦门大学出版社2021年版，第150页。

像作品等教辅资源，创设生动有趣的教学情景，使教学内容具体化、真实化，激发学生对传统文化的学习兴趣与认知渴望。

最后，提高中外合作办学学生的文化甄别能力。大学生作为社会主义的建设者和接班人，是否认可本民族传统文化，关乎民族的前途与命运。西方少数资本主义国家始终没有放弃对我国的和平演变战略，中外合作办学的学生必然会受到来自外籍教师、外国文化，甚至是宗教信仰的影响。在多元文化与价值观念的挑战中，引导学生运用马克思主义的立场、观点、方法对西方文化进行甄别，帮助学生了解各国的文化差异以及产生文化差异的原因，从而吸收学习先进文化，批判抵制落后文化，增进中外合作办学学生对本民族传统文化的理解认同。

三　吸收借鉴外来文化优点为我所用

(一) 吸收借鉴外来文化优点的必要性

外来文化是指来自本土、本民族以外的精神生产能力与精神产品，具有相对性、异质性、综合性等特征。2014年3月27日，习近平总书记在联合国教科文组织总部演讲时指出："文明因交流而多彩，文明因互鉴而丰富。文明交流互鉴，是推动人类文明进步和世界和平发展的重要动力。"[1] 从文化角度讲，高校中外合作办学是一个东西方文化融合的国际化开放社区，是中外人文交流的平台，它既需要传承中国传统文化的精髓，也需要融入外来先进文化，洋为中用。[2] 吸收和借鉴外来文化的优点，对于我国中外合作办学有着至关重要的意义。

首先，吸收借鉴外来文化优点有助于检验和提升现行教育品质，为我国高等教育的发展提供新动力。从文化角度看，高校中外合作

---

[1] 习近平：《文明因交流而多彩，文明因互鉴而丰富》，《习近平谈治国理政》，外文出版社2014年版，第258页。

[2] 林金辉：《中外合作办学：提质增效、服务大局、增强能力》，厦门大学出版社2017年版，第113页。

办学旨在引入国际化视野和跨文化交流合作的理念,并将其内化于教育研究和服务的全过程。高校中外合作办学,不仅带来了国外优质教育资源和先进的教育理念,还带来了教育管理、人才培养模式、质量保障文化等多方面的新理念,为我国高等教育提升国际化水平,深化高等教育教学改革提供了助力。

其次,有助于开阔学生视野,启迪学生思维,提高学生跨文化学习生活的适应能力。与中国传统的大学生相比,在中外合作办学环境下成长起来的学生,在国际视野与国际知识的培养层面具有得天独厚的优势。在中外合作办学实施过程中,不仅引进国外高校的专业与课程、外籍教师,还可以通过组织各类文化社团,如模拟联合国协会、中外文化交流协会等,增进异质文化背景下学生的交流,使他们有机会接触到更多的外来文化与外籍人士,有机会面对更多的国际问题与文化冲突,增加对不同文化的理性思考和辨别力。

最后,有助于国际间的教育交流、友好互动、多元互补。近十年来,高等教育国际化作为国家战略,在地缘政治中的话语权得到强化,高等教育国际化成为影响地缘政治关系的重要因素,"知识外交"和"科学外交"成为服务于民族国家政治外交需求的手段之一。[1] 高等教育国际化帮助大学生树立国际视野,培养其多元文化认知与沟通能力,进而帮助学生培育全球意识,使其深入理解和认可人类命运共同体。高校中外合作办学双方在师资、学生、科研等方面进行深入的交流与合作,有助于增进两国人民的相互了解,创造更大的合作空间,从而促进世界和平与稳定。

(二)国外文化育人理念对我国高校文化育人的启示

习近平总书记指出:"中华文明的包容性,从根本上决定了中华民族交往交流交融的历史取向,决定了中国各信仰多元并存的和谐

---

[1] 文雯、王嵩迪、常伶颖:《作为国家战略的高等教育国际化:一项多国比较研究》《复旦教育论坛》2023年第1期,第116页。

格局，决定了中华文化对世界文明兼收并蓄的开放胸怀。"① 世界众多优秀文化，是全人类共有的不可多得的财富。中外合作办学其目的就是引入国外优质教育资源，促进我国教育的高质量发展。其中，国外的优质教育资源中也包含着"文化育人"资源，对此，我们要以更加开放的心态，充分借鉴一切有利于促进文化育人的有益经验，提高我们文化育人的能力和水平。

首先，在文化育人观念上实现"说服式"向"参与式"的转变。文化育人实质上是学生"接受"主流文化的过程，因此要充分考虑到"文化接受"的特点。借鉴吸收西方"接受美学"、"解释学"和"传播学"有关理论，"接受者"从来不是被动地接受，而是表现出自身的主动性，而且要依据其自身存在的"接受视野"和"接受格局"等，有选择的接受外部信息。为此，要实现文化育人的目的，就是充分尊重接受者的"主体性"，发挥其"主体性"，让其在文化氛围中感受到文化的魅力、在文化交流中感受到快乐，在这种"参与中"实现文化育人的效果。在中外合作办学开展过程中，外方教师普遍比较重视学生的主体地位，坚持"以学生为中心"，坚持个性化指导，给予学生探讨与自主选择的空间，等等，这些做法也是文化育人工作应该借鉴的经验。

其次，在文化育人路径上要更加注重显性教育和隐性教育相结合。当前，文化育人工作的重要性越来越得到重视，采取了很多措施来实现文化育人的目标。但总的来看，大部分是通过组织领导、统一要求、文化课程、集体活动等来实现，而隐性的文化育人措施较少，从润物无声、一点一滴中感受文化氛围中体验文化的价值还较少。为此，还要注重加强隐形的文化育人工作，特别是当前各种网络信息形态出现的文化产品充斥着学生的内心思想世界，作为文化育人的重要网络文化空间对广大学生发挥着举足轻重的作用，相对而言，学校的网络资源供给还相对之后，没有吸引学生的影响力，

---

① 习近平：《在文化传承发展座谈会上的讲话》，《求是》2023 年第 17 期。

因此学校一定要给予高度重视，顶层设计，严格管理，确保网络文化健康发展，切实发挥文化育人的作用。

最后，重视大学精神文化的建设。大学文化作为一种重要的文化现象，对于文化育人有着特殊意义。优良的大学文化有利于促进学生个性品质良好发展。与国外大学文化相比，我国校园建设硬件环境经过几十年的发展，得到了较大改善，但大学的精神文化建设方面还需进一步增强。而精神文化居于大学文化的核心层。"核心层是校园文化内隐的精神层，是大学在长期文化创造的过程中积淀、整合、提炼并为师生所认同的基本理念、价值观和学校风气的凝结体。综合体现了大学历史和传统、地域文化以及学科特色等各种特质。"[1] 如在大学发展史上，德国柏林大学形成的"大学追求真理的核心使命"，"对学术自由的精神追求"；美国威斯康星大学树立的"大学服务社会，培育社会责任感"；美国普林斯顿大学提出的"塑造学生具有的好奇心、批判性、尊重人性以及创新和变革等品质和特性"，美国高校普遍重视的"体育文化精神"，等等。相比之下，我国高校在大学精神的积淀、整合、提炼还不够，校园文化也呈现出"千校一面"的现象。为此，还应加大大学精神文化工作，形成适合本校的精神文化，发挥文化育人的积极作用。

---

[1] 邹治、罗英姿、季璐：《基于人才培养的大学校园文化构建——国外大学的经验借鉴与启示》，《高等农业教育》2015年第7期，第124页。

第 五 章

高校中外合作办学党建引领创新研究

习近平总书记在全国教育大会上指出，加强党对教育工作的全面领导，是办好教育的根本保证。各级各类学校党组织要把抓好学校党建工作作为办学治校的基本功，把党的教育方针全面贯彻到学校工作各方面。高校中外合作办学，无论是独立法人的办学机构，还是在普通高校内的非独立法人的二级机构或办学项目，都是作为扎根中国大地办大学、办好人民满意大学的重要组成部分，因此中外合作办学高校党建工作同其他高校一样，必不可少，同等重要。同时，高校中外合作办学由于是和国外大学合作举办的高等教育新形式，其党建工作又具有特殊性，必须更加重视，坚持守正创新，不断加强和改进。因此，加强高校中外合作办学党建工作的研究，对办好高校中外合作办学，实现高质量发展具有非常重大的理论和实践意义。

第一节 高校中外合作办学党的建设的目标任务

一 确保高校中外合作办学的正确办学方向

2018年9月10日，习近平总书记在全国教育工作会议上对推动我国教育改革发展"九个坚持"进行了系统概括，对当前及今后教育事业工作进行了重要部署。"坚持社会主义的办学方向"就是其中一个方面，这一重大论断，体现了党中央关于发展我国教育事业规律性的认识，是新时期对高校教育工作的基本要求，指出了我国高等教育事业发展方向。高校中外合作办学作为我国高等教育事业的重要组成部分，要深刻领会坚持社会主义办学方向的重要意义，并将其落实到工作实践的全过程各方面。

（一）坚持社会主义办学方向是新时代高校中外合作办学的根本遵循

首先，我国社会主义的国家性质决定了高校中外合作办学必须坚持社会主义办学方向。"培养什么人""怎样培养人""为谁培养人"一直是高等教育面临的头等大事。世界上任何一所一流大学，都是在服务自己国家的历史中成长起来的，都在本国发展进程中发挥了重要作用。古今中外，每个国家都是按照自己的政治要求来培养人。我国是中国共产党领导下的社会主义国家，它决定了我国高校必须坚持社会主义的办学方向。因此，作为我国高等教育重要组成部分的中外合作办学，能否坚持社会主义办学方向，事关新时代高校教育工作的使命和要求，事关中国特色社会主义前途和命运，坚持社会主义办学方向是新时代高校中外合作办学的根本遵循。

其次，我国高等教育发展的历史经验证明，中外合作办学必须坚持社会主义办学方向。新中国成立以来，特别是改革开放以来，我们党始终把坚持社会主义办学方向作为发展高等教育的一项基本要求，引领我国高等教育事业实现了快速发展。"我国已建成世界上规模最大的教育体系，教育现代化发展总体水平跨入世界中上国家行列。据中国教育科学研究院测算，我国目前的教育强国指数居全球第 23 位，比 2012 年上升 26 位，是进步最快的国家。这充分证明，中国特色社会主义教育发展道路是完全正确的。"[①] "党的十八大以来，在以习近平同志为核心的党中央坚强领导下，我国高等教育与时代同行，建成世界规模最大的高等教育体系，培育了一大批高素质专门人才，为民族振兴、经济建设、社会发展、科技进步发

---

① 习近平：《扎实推动教育强国建设》，《求是》2023 年第 18 期，第 3 页。

挥了极端重要作用，高等教育事业取得历史性成就，发生格局性变化。高校已经成为坚持党的领导的坚强阵地，各高校根据我国独特的历史、独特的文化、独特的国情，按照中国特色世界一流大学的'价值要求'，走出了一条建设中国特色、世界一流大学的新路。"[1]随着教育国际化进程加快，尤其是"一带一路"倡议的实施等，更是推动了我国教育对外开放的快速发展。从国际视角看，我国高等教育与世界高等教育交流日益密切，越来越多的国外优秀大学选择与我国交流合作，联合举办高等教育机构和项目。高校中外合作办学不论从规模和质量两方面均取得了巨大成就。这些更加充分表明，我国建设高等教育强国，必须走中国特色社会主义发展之路。正是由于坚持正确的政治方向，我国高等教育事业的发展才会获得强大的动力。

最后，只有坚持社会主义办学方向，高校中外合作办学才能实现高质量发展。"截至2022年5月底，全国普通高校本科以上层次在办的中外合作办学机构和项目已达1300余个，其中独立法人中外合作大学和非独立法人中外合作办学机构占比14%，中外合作办学项目占比86%，在校生规模已超70万人。"[2] 从合作的国别区域看，已经涉及39个国家和地区，1000余所境外高校。当今世界正经历百年未有之大变局，变乱交织、相互激荡的国际形势给人类社会带来严峻挑战，世所罕见的多重危机叠加让和平与发展的时代主题经受着考验，高校中外合作办学难免会受到复杂国际环境的影响。以中美高校合作办学为例，目前我国与美国高校在办的本科以上合作办学机构和项目最多，总数达200多家。但随着近年来中美关系的复杂多变，已经有不少项目出现停办、缓办情况，在办的项目有的也存在着美方教师不能派遣、课程无法保障等情况。在这种国际环

---

[1] 教育部高等教育司：《高等教育十年改革发展成效》，《中国高等教育》2022年第11期，第10页。

[2] 曹喆：《后疫情时代合作办学新发展探索——访沈阳大学校长、中外合作办学机构联席会主席赵彦志》，《神州学人》2022年第11期，第19页。

境下，学生和家长的利益如何得到保障，合作办学的发展方向如何把控，等等，都需要我们始终坚持人民利益至上的原则，依靠党的领导和党组织的领导核心作用，坚定政治方向来解决面临的复杂国际问题，不被复杂的国际形势迷惑，确保高校中外合作办学持续健康发展。

（二）高校中外合作办学坚持社会主义办学方向的基本要求

首先，坚持党对高校教育工作的全面领导。习近平总书记指出，"建设教育强国是全党全社会的共同任务。要坚持和加强党对教育工作的全面领导，不断完善党委统一领导、党政齐抓共管、部门各负其责的教育领导体制"[1]。无论是独立法人的中外合作大学党委，还是高校中的非独立法人二级机构党委、党总支、直属党支部，还是中外合作办学项目的党组织，必须发挥党组织领导核心作用，牢牢把握办学方向，管好全局，抓好班子，带好队伍，做好决策，确保执行，使党的教育方针、政策和战略举措贯彻落实到高校工作中，坚持党管高校的改革与发展，从发展规划、治理结构和重大改革的科学设计等方面，保障高校各方面工作的良性开展，保证中外合作办学高校始终是"坚持党的领导"的坚强阵地。

其次，加强高校中外合作办学党的基层组织建设，实现党的基层组织全覆盖。按照要求，坚持党组织的负责人必须是中外合作办学联合管理委员会的当然成员，积极参与联合管理委员会的各项工作。在高校中外合作办学申请、审批和筹建等阶段，落实中共中央组织部、中共教育部党组《关于加强高校中外合作办学党的建设工作的通知》（中组发〔2017〕13号），坚持党的建设同步谋划、党的组织同步设置、党的工作同步开展等"三同步"。注重在中外合作办学师生中建好党支部、党小组等，按照党员发展的标准，积极吸引优秀师生加入党组织中来，在教学、科研、管理、服务等各项工作中，切实发挥党支部的战斗堡垒作用和党员的先锋模范作用。

---

[1] 习近平：《扎实推动教育强国建设》，《红旗文稿》2023年第18期，第1页。

最后，高校中外合作办学要将思想政治工作贯穿于学校教育管理的始终，将思想政治工作作为一切工作的生命线。习近平总书记指出："以立德树人为根本任务，以为党育人、为国育才为根本目标，以服务中华民族伟大复兴为重要使命，以教育理念、体系、制度、内容、方法、治理现代化为基本路径，以支撑引领中国式现代化为核心功能，最终是办好人民满意的教育。"[①] 针对高校中外合作办学教师大多具有海外学习背景，思想更加开放，学生接受跨境跨文化教育，个性更加突出等特点，要切实引导广大师生自觉地在政治立场、政治方向、政治原则和政治道路等基本问题方面，同党中央始终保持高度一致，坚持理想信念教育，确保中外合作办学高校始终成为"培养中国特色社会主义事业建设者和接班人"的有力阵地。

二 加强高校中外合作办学意识形态建设

党的二十大报告中明确提出："建设具有强大凝聚力和引领力的社会主义意识形态。意识形态工作是为国家立心、为民族立魂的工作。牢牢掌握党对意识形态工作领导权，全面落实意识形态工作责任制，巩固壮大奋进新时代的主流思想舆论。"[②] 高校是巩固马克思主义指导地位、建设社会主义意识形态的重要阵地，高校所处地位的特殊性决定了意识形态领域的斗争更加激烈。一直以来，高校都是不见硝烟的意识形态斗争的主要阵地，青年大学生也是意识形态争夺的重要群体。高校意识形态工作不仅关乎高校立德树人根本任务的落实，更是国之所需、党之所求、民之所盼，关系到高校"为党育人，为国育才""培养什么人，为谁培养人"的重大历史使命。当前，在复杂的国际形势下，加强意识形态领域建设，无疑是一项十分紧迫的政治使命。高校中外合作办学由于国外高校参与办学，

---

① 习近平：《扎实推动教育强国建设》，《求是》2023年第18期，第1页。
② 习近平：《高举中国特色社会主义伟大旗帜，为全面建设社会主义现代化国家而团结奋斗——在中国共产党第二十次全国代表大会上的报告》，《党的二十大报告》（2022年10月16日），《中国人大》2022年第21期，第16页。

具有国际化多样化的特点，面临着更为复杂的意识形态建设环境和更为紧迫的意识形态建设任务，更应积极贯彻好党和国家关于意识形态工作的基本要求，确保意识形态建设的安全。

（一）高校中外合作办学意识形态工作现状及存在的问题

近年来，我国高校中外合作办学得到快速发展，取得了显著成就。2020年6月，教育部等八部门联合印发了《关于加快和扩大新时代教育对外开放的意见》。教育部国际司（港澳台办）负责人在回答记者提问时指出："加快和扩大新时代教育对外开放，是教育发展的需要，是国家建设的需要，是新时代发展的需要，既迫在眉睫，又恰逢其时。中国始终高举合作共赢旗帜，致力于深化拓展与世界各国在教育领域的互利合作和交流互鉴，为推动构建人类命运共同体贡献力量。""中外合作办学作为教育对外开放的重要载体实现了蓬勃发展。"① 为加强高校中外合作办学党的建设，2017年中共中央组织部、中共教育部党组出台了《关于加强高校中外合作办学党的建设工作的通知》（中组发〔2017〕13号），明确要求高校中外合作办学党组织要把意识形态工作作为重要任务，提升学生的道路自信、理论自信、制度自信和文化自信，培育学生的社会主义核心价值观，促进学生的全面发展。中方院校党委要始终坚持以习近平新时代中国特色社会主义思想为指导，明确学校党委是合作办学党建工作的责任主体，认真贯彻有关文件精神，坚持把立德树人作为高校的根本任务，加强和改进中外合作办学党的建设，突出对中外合作办学学生的意识形态安全工作，确保高校中外合作办学行稳致远。

在高校中外合作办学意识形态工作取得成绩的同时，由于高校中外合作办学存在的特殊性，还不可避免存在着一定问题需要进一步改进。

---

① 《加快和扩大教育对外开放　大力提升我国教育的国际影响力》，教育部国际司（港澳台办）负责人就《关于加快和扩大新时代教育对外开放的意见》答记者问，中华人民共和国教育部政府门户网站（moe.gov.cn），2020年6月18日。

首先，高校中外合作办学意识形态建设过程中，在吸收和借鉴西方先进教学模式的同时，伴随着外来文化对学生的影响及渗透，西方意识形态观念，如所谓的普世价值观、多党执政制、强调个人主义的行为方式，不同的信仰和道德标准等，也使得中外合作办学院校的学生思想在中西文化交融的过程中不断被解构、重建，导致在意识形态领域存在一定的模糊认识，容易出现中外文化碰撞下的失语和困惑现象。随着教育国际化氛围日益凸显，由于缺乏对外来文化的正确认识和有效引导，导致部分学生出现思想观念的混乱和价值取向的偏离。中外合作办学院校的课程设置需要由外方教师来中方授课，外方的教学内容、教学形式和语言体系，自然会有其历史文化的烙印，影响部分学生思想，随之产生疑惑。有的高校中外合作办学培养模式要求部分学生在一定的学习阶段选择2+2或3+1等方式出国留学，这些学生由于身处国外教育的实际场景，更容易被国外的文化和价值观所影响。

其次，信息资源的庞杂无序给高校中外合作办学学生思想政治教育带来冲击和挑战。当今世界，"大数据"背景下的信息技术日新月异，中外合作办学高校与国外高校的文化交流、学术交流和"电子图书馆"资源共享，既带来了工作便利，同时也为大学生思想政治教育带来冲击和挑战。青年大学生的世界观、人生观与价值观还没有完全形成，随着互联网时代的发展，全球信息呈"爆炸式增长"，"大数据"环境下的信息庞杂，容易使得大学生产生某种思想迷茫，甚至出现认识混乱。在信息庞杂无序的网络环境中，特别是受一些网络"大咖"或热点人物的影响，有的大学生很难理性区分西方一些流派价值观，容易片面地接受一些西方观点。

最后，西方个别敌对国家意识形态故意渗透对高校中外合作办学意识形态工作带来冲击。高校中外合作办学合作伙伴来自世界多个国家，其中西方发达国家居多，且每个外方合作院校的历史发展也有较大差异，有公立私立之分，有的是教会办学背景，有的是国际组织参与，等等，可谓千差万别、参差不齐，也不乏有的外方合作院校别有用心，以开展中外合作办学的名义来达到其文化渗透、意识形态影响，实现其和平演变的目的。而且其渗透和影响的方式方法比较隐蔽，往往会以学术交流、文化互鉴、语言学习、经费赞助、国际会议等形式出现，造成青年大学生甚至个别青年教师在不知不觉中受其影响，滋生贪图享受、个人至上、拜金主义，甚至出现崇尚西方式民主及政党制度，歪曲中国特色社会主义道路，诋毁中国共产党的光辉发展历程，否认马克思主义指导地位，有悖于社会主义核心价值观的社会思潮。

(二) 新时代中外合作办学高校加强意识形态工作路径分析

首先，必须坚持党对中外合作办学高校意识形态工作的全面领导，层层落实意识形态工作责任制。坚持党的领导，是我们党在百年奋斗历程中的宝贵历史经验，更是做好新时期意识形态工作的基本遵循。从中外合作办学的特点出发，保证党的意识形态工作有机融合贯穿于合作办学教学管理、学生管理、师德师风建设、教师招聘与培养、外籍教师选聘和服务等办学治校管理各环节之中。加强思想文化建设，增强师生对社会主义核心价值观的认同感和归属感。构建全员育人体系，提高对学生思想引领能力。强化第一、第二课堂意识形态阵地协同管理，协调意识形态领域各项工作的顺利推进，牢牢掌握意识形态工作的领导权。

其次，建立健全高校中外合作办学意识形态风险的预防和化解机制。中外合作办学高校意识形态风险是指对中外合作办学高校主流意识形态构成威胁的各种要素，高校应增强意识形态的风险意识。一是要构建意识形态风险研判机制，由各级党组织领导、思政课教师、辅导员以及学生干部等多元主体组成的风险研判团队，将风险研判贯彻落实到中外合作办学高校的日常运行机制之中，关注师生关注的现实问题、社会热点事件等，分析师生思想动态，及时发现可能存在的意识形态安全风险等。通过对可能出现的意识形态安全风险进行预测分析，及时调整工作部署，确保各项工作落到实处。二是要构建意识形态决策风险评估机制。要加强对中外合作办学学校各级领导干部进行意识形态相关知识培训，引导其深刻领悟"两个确立"的决定性意义，增强"四个意识"，坚定"四个自信"，做到"两个维护"。三是要构建防范和化解意识形态风险的责任机制。防范化解意识形态风险，具体工作要落实责任到人，养成人人重视意识形态工作的工作习惯，坚持层层落实，编织责任网，提高意识形态风险的防控效能。

最后，加强对网络新兴媒体有关意识形态影响的监管。西方国家把互联网视为"普世价值"全球化的"信息高速公路"。于是，互联网新媒体就成了形形色色的社会思潮、多元价值观的冲突碰撞之地。一是必须加强对网络新兴媒体意识形态工作的监管力度。依托大数据技术的支持，对新媒体信息进行收集、分析，正确引导舆论，有效控制或降低不良信息滋生与渗透。二是利用新媒体新技术创新中外合作办学高校意识形态工作的形式和手段。充分运用互联网、手机等新兴媒体平台开展宣传，如利用网络平台传播正能量，通过"三微一端"相结合的方式，唱好主旋律，提升思想政治教育吸引力，为做好学校意识形态工作创造良好的网络氛围和舆论环境。用大学生喜闻乐见的形式推荐或者展播经典红色电影和蕴含深刻教育意义的动漫作品等，提高中外合作办学高校意识形态工作时效性和针对性。三是借助新媒体技术优势，积极营造独特的校园文化氛围。充分发挥中外合作办学独特优势，积极汲取中外文化精华、摈弃其中糟粕，建设独具特色的的校园文化，发挥其特有育人功能，引导学生从中西文化冲突中找到自己的精神家园，建立保持、传承和发扬我国民族优秀文化的自觉意识，强化自身的责任感、使命感，同时加强对学生的社会主义核心价值观教育，引导他们形成正确的世界观、人生观和价值观。

第二节 高校中外合作办学加强党建的保障措施

加强中外合作办学院校党的建设工作，必须要通过完善制度法规建设，确立院校党委在中外合作办学有关重大问题的决策与实施过程中发挥关键作用，进一步明确高校中外合作办学党建工作的主体责任，建设一支专职化党务工作队伍，加强学生党员队伍和党组织建设，切实发挥好党组织战斗堡垒作用和党员先锋模范作用。

一 加强党对高校中外合作办学全面领导的制度建设

新时代高校中外合作办学党建工作要更加突出党对中外合作办学的全面领导和系统科学管理，对党建工作运行机制进行创新，提高掌舵领航能力，以党的建设引领制度建设的不断完善，不断促进高校中外合作办学党的建设体制机制取得新突破。

（一）党对中外合作办学全面领导的制度建设现状及存在的问题

如前文所述，高校中外合作办学经历了发端探索、缓慢发展、快速发展、规范发展和提质增效五个时期。在快速发展时期，办学规模得到迅速扩大，办学形式也多种多样，中方院校既有公办大学，也有民办高校，学历层次上既有博士硕士研究生层次，也有本科和高职大专层次；办学模式既有4+0，也有3+1，2+2等多种形式；合作的外方院校来自世界多个国家，办学水平也参差不齐，高校中外合作办学党的建设工作出现了缺乏统一指导和规范化管理，各地各校对党建工作的认识还不尽一致，做法不尽相同，党建工作有的出现了弱化现象。为此，中共中央组织部、中共教育部党组于2017年出台了《关于加强高校中外合作办学党的建设工作的通知》（中组发〔2017〕13号），强调了高校中外合作办学党建工作的重要性，对如何加强和改进党建工作提出了比较系统的制度要求，各地各高校认真贯彻落实并细化了具体措施，极大地推动了高校中外合作办学党建工作，取得了显著成绩。

随着时代的发展，特别是随着国际形势的日益复杂多变，高校中外合作办学不可避免地出现了新情况新问题，如高校中外合作办学党建工作的主体责任需要进一步明确，党建工作与联合管理委员会的关系需要进一步理顺，党建工作相关各部门的协调机制还需要进一步加强，党建绩效评价反馈制度还不健全，对上学期间跨境跨校园学习的学生党员如何实现更好地培养、发展和管理，高素质专业化职业化党建队伍建设还需要进一步加强，等等，这些问题的解决还需要在实践中不断总结经验，加强党建工作顶层设计，形成完善的体制机制和政策制度。

（二）以制度建设强化中外合作办学党建工作

高校中外合作办学应坚持以制度建设形成相对稳定的体制机制来推进党建工作，肩负起办学治校、立德树人的主体责任，不断推进中外合作办学党的建设工作科学化、规范化、制度化。

1. 坚持党委领导，加强依法治校，进一步明确党建工作主体责任

高校党组织作为执政党和国家政权在学校中的政治核心和领导力量，对高校教育管理工作具有重要引领作用。中外合作办学高校作为高等教育体系中的特殊形式，更应该从制度化的层面上健全治理结构，对中外合作办学院校的章程进行规定，并且明晰标准，尤其是在审批中外合作办学院校章程时，要明确一些强制性的规定。目前，指导高校中外合作办学党建工作的政策文件只有中共中央组织部、中共教育部党组于2017年出台的《关于加强高校中外合作办学党的建设工作的通知》（中组发〔2017〕13号），而中外合作办学的最高位阶的法律文件是国务院颁布的《中华人民共和国中外合作办学条例》（2003年3月颁布，2003年9月1日实施，2019年3月修订），但该法规对高校中外合作办学党建工作还没有提出明确的政策意见，造成缺少上位法支撑和政策依据，因此还需要进一步梳理和完善。教育部颁布的《中华人民共和国中外合作办学条例实施办法》（2004年7月1日执行）也没有党建方面相应的规定内容，在如何操作层面也需要进一步规范和完善。比如，针对目前在办的独立法人的中外合作办学大学党建实际情况，可制订《中外合作办学院校基层组织工作条例》，其中明确中外合作办学大学党委的地位、职能和作用，强调党的全面领导地位，进一步细化学校党委与

学校董事会（理事会、联合管理委员会）之间关系，保证党的领导作用得到切实发挥。

实现党的全面领导，就必须要体现党委在高校中外合作办学有关重大问题的决策与实施过程中发挥关键作用。按照坚持党的领导和全面从严治党的要求，学校党委要自觉承担起"双主体"的职责，牢固树立"抓好党建是本职"的工作理念，自觉将中外合作办学高校中的党建工作提到重要的位置，与全校党建工作一同部署、研究、落实，努力做到"办学与党建两不误互促进"。坚持党的领导，就要充分发挥党的建设引领作用，加强顶层设计，建立和完善党委统揽、党委书记亲自负责、学院党组织主体负责、党务工作者具体负责，既各司其职，又各方联动，一层抓一层，一层带一层的大党建格局。

中外合作办学院校的党建工作涉及校党委、院系、理事会、联合管理委员会以及中方与外方等各方面的关系，特别是中方与外方之间关系的协调颇为重要，是理顺关系的重中之重。由于中外双方存在历史文化背景、教育教学理念、宗教信仰、价值观念等诸多差异，因而会产生观点不一致、做法不相同的诸多矛盾。学校党委应该从中外合作办学长远发展通盘考虑，把好方向，顾全大局，积极主动协调好出现的矛盾，既要对外方的意见给予足够的尊重，与外方做好交流沟通，真正得到外方理解与支持，又要兼顾中外文化的特征、理念、模式和育人标准的差异性，但是要始终坚持原则立场不动摇，对党的建设决不妥协，紧紧掌握党建工作主动权，并通过抓党建促发展的实际效果，得到外方的理解、认同和支持。

2. 加强专职化党务工作队伍建设，为加强高校中外合作办学党的建设提供强有力的人才支撑

加强党建工作，就必须加强中外合作办学高校党务工作队伍专职化建设。

首先，党务工作队伍专职化建设是落实新时代对中外合作办学高校党建工作的现实需要，强化党务队伍专职化是新时代坚持和加强党在中外合作办学高校中全面领导的内在要义。由于高校中外合

作办学发展历史相对较短，大多数中外合作办学党建工作还处于起步发展阶段，有的还缺乏专职化的党建队伍，一些中外合作办学院校还没有把党务工作队伍建设作为高校人才建设的一项重要内容纳入人才建设规划体系；有的中外合作办学院校党务工作中还存在党务岗位硬性需求较少、专业要求不高的理解误区；有的还是兼职从事党建工作，精力不够，重视不够，专业素养难免还存在一定差距，缺乏对党建工作的"规律性"认识；有的认识到党建工作的重要性，但由于多种原因缺乏专业培训和相应的知识结构，存在着一定程度的本领恐慌，等等，这些都影响着党建工作成效。因此，为了增强和改进党对中外合作办学高校工作的全面领导，需要组建一支能够适应新时代发展变化、思想政治素质强、业务本领高、作风硬、务实创新的专职化党务工作队伍。

其次，党务工作队伍专职化建设是适应新时代中外合作办学高校党建工作和思想政治教育工作需要的迫切要求。高校中外合作办学是新时代高等教育的重要组成部分，为广大学生提供更多的国际优质教育资源，提供更加广阔的国际化发展空间。而伴随着高校中外合作办学的国际化发展，势必带来多元文化的渗透，给中外合作办学党建和思想政治教育工作提出了严峻的挑战。因此，新形势下更加迫切需要高素质专职化的党的建设队伍，在实际工作中发挥其党建和思想政治教育专业特长，发挥党的建设和思想政治教育"同向同行"合力作用，全面贯彻落实党的教育方针，针对中外合作办学特点和实际情况，加强中外合作办学高校师生的思想政治教育，特别是加强理想信念教育和"四史"教育，增强"四个自信"，将"为党育人，为国育才""培养社会主义建设者和接班人"落到实处。

党建队伍的专职化建设为高校中外合作办学实现高质量发展，为中国式现代化培养具有国际视野和家国情怀、堪当民族复兴重任的时代新人提供必要保障。新时代赋予了高校中外合作办学党建队伍新的历史使命和目标任务，高校中外合作办学要实现高质量发展，就必须强化高校党务工作队伍的专职化专业化建设，针对中外合作办学国际化特点，坚持实事求是，守正创新，面对中外合作办学新形势新任务，开辟发展中外合作办学领域的党建工作新赛道，促进中国高等教育事业的现代化、国际化，为实现中国式现代化提供人才支撑。

要加强中外合作办学党建工作队伍的选拔和培养机制建设，实现内涵式发展和专职化建设。

首先，要加强和完善中外合作办学院校党的建设工作队伍选拔机制，摒弃原有的党建工作"不需要专业知识"、"谁都可以干"等错误观念，建立科学规范的选拔机制是专职化党务工作队伍建设的前提和基础。要针对党的建设所需要的专业背景和知识结构、能力和水平，明确遴选的岗位标准，本着以岗选人、人岗适配，兼顾党的建设工作队伍的年龄、专业、岗位、能力等影响因素，合理配置遴选方式，确立并形成重品行、重担当、重业绩、重作风的鲜明导向，在中外合作办学院校的党组织形成良好工作氛围。

其次，完善中外合作办学院校党的建设工作队伍培养机制。新时代新形势都对高校中外合作办学党建工作提出了新要求，加大对党的建设工作队伍的教育与培养力度，这是加强高校党建工作的现实需要，是中外合作办学高校党建工作高效率、高水平、高质量开展的必要前提，更是新时期高等教育事业发展的价值所向。一是科学合理制定党的建设工作队伍培养计划。深入学习习近平总书记关于"抓好党建是最大政绩"的要求和有关教育的重要论述，以问题和目标为导向，在对中外合作办学高校党建工作队伍的实际情况进行深入调研分析的基础上，根据新时期高校党建工作的重点任务、目标和高校党建队伍高素质建设的要求，按照长期与近期、整体与个人、数量与质量、内容与形式的队伍建设逻辑，紧紧围绕专职化党建工作队伍建设的中心目标，明确指导思想、目标任务、措施途径、质量评价、条件保障等内容，制定切实可行、落地见效的中外合作办学院校党务工作队伍培养方案。二是开展高站位的优质教育培训活动。加强对党的建设工作队伍高站位的教育培训是做好党的思想政治工作,实现中外合作办学院校的党建工作科学化、规范化的关键举措。高站位,就是要站在增强"四个自信",做到"两个维护"的高度,站在"为党育人、为国育才"肩负的历史使命的高度,坚持以习近平新时代中国特色社会主义思想为指导,用党的建设最新理论成果,包含党建引领理念、党建政策法规、高等教育发展规律、思想道德发展规律、国际环境特点、师生成长需求等因素,分层级分类别实施培训,实现对象全覆盖、内容全方位、培训全过程,不断增强教育培训工作的针对性和实效性。三是建立一支结构合理、素质优良的干部队伍,确保党建后备队伍力量。抓好党组织负责人、党员骨干人才、入党积极分子的培养。高校党建工作是一个长效的系统工程,必须不断优化党务工作队伍的建设结构,加强梯队建设,从源头培养,并将跟踪培养和全程培养相结合,聚焦中外合作办学院校党建工作队伍的实际情况,加大培养力度,优化后备人才队伍的储备建设。

最后,建立科学有效的绩效考核体系。能否将党中央的方针政策和上级党组织要求落实好,关键要看高校党建工作队伍是否有高效的行动执行能力。高效的行动执行能力需要高校党务工作队伍具备专业素养和干事创业的工作热情,还需要加大绩效考核机制建设加以保障,严格党建工作的压力传导,健全"权责明晰、分工合作"的党建工作责任体系。一是加大岗位激励力度,建立绩效考核制度,实现对党组织领导能力、履职尽责程度等量化考评指标,建立高校中外合作办学党建责任制,通过对岗位职责执行情况进行及时准确地评估和反馈,将目标达成的效度和组织给予肯定的激励之间进行动态关联,增强党务工作者的岗位敬畏与激励,调动爱岗敬业的内在动机和行为动力。二是坚持以党委主体负责原则作为基本遵循,对各级各类党组织及领导干部实施量化管理,建立日常考核评价与年度考核评价相结合,贯穿始终的综合考核评价机制。三是常态化的调整与交流。通过开展经常性思想教育活动、组织生活会等多种形式，加强党员领导干部之间的沟通交流。重视选任日常工作成绩突出和综合考核优异的青年党务工作者。坚决贯彻落实干部能上能下有关规定，按照公开、平等、择优原则，建立以岗位职务为核心、能力素质为基础的选人用人机制，进一步完善竞争上岗制度，形成优胜劣汰的竞争激励机制。

二 中外合作办学院校要注重加强学生党员队伍和党组织建设

（一）新时代中外合作办学院校党组织建设和学生党员队伍建设的重要性

青年大学生作为社会主义建设者和接班人，是党的后备力量的重要来源。因此，重视并抓好高校学生党员队伍的发展与建设，对于推进党的建设具有重要意义。"全国共有550余所本科院校与42个国家和地区的800余所境外高校开展了合作办学，与美国、英国、澳大利亚、俄罗斯、韩国高校的合作办学数量排在前五位。"[1] 高校中外合作办学已经成为我国高等教育的重要组成部分，中外合作办学院校中的学生党员作为党员队伍的特殊群体，应该更加受到重视，发挥其在中外合作办学学生群体当中的先锋模范作用。因此，中外合作办学高校党委要充分认识学生基层党组织和大学生党员队伍建设对加强党的领导的重要意义，将其作为加强党的建设的重要抓手，积极谋划，勇于创新，结合中外合作办学实际，做好党组织建设和学生党员队伍建设工作。

（二）当前中外合作办学院校党组织建设和学生党员队伍建设现状和存在的问题

近年来，特别是随着中共中央组织部、中共教育部党组2017年《关于加强高校中外合作办学党的建设工作的通知》（中组发〔2017〕13号）出台，要求中外合作办学应确保党的建设同步谋划、

---

[1] 曹喆：《后疫情时代合作办学新发展探索——访沈阳大学校长、中外合作办学机构联席会主席赵彦志》，《神州学人》2022年第11期，第19页。

党的组织同步设置、党的工作同步开展。笔者调研发现，中外合作办学高校都非常重视学生党员队伍建设和学生基层党组织建设，学校党委准确把握办学方向，紧紧围绕"立德树人"的中心任务，发挥了党建引领和政治核心作用；党建工作制度机制不断完善，基层党组织的战斗堡垒作用和学生党员的先锋模范作用得到了有效发挥，党建工作取得了显著成绩。通过调研，也发现有些问题需要进一步重视和改进，如高校中外合作办学党建工作对于学生的吸引力需要进一步加强，青年大学生入党积极性还有待进一步提高。受国际环境、跨境学习、多元文化甚至西方意识形态和价值观等的影响，中外合作办学学生所处的文化环境的确有其特殊性，一些中外合作办学机构和项目以提高境外注册率、升学率作为考核指标，尤其是在低年级学习阶段，中外合作办学学生需要集中精力通过外语雅思、托福或其他过级考试，完成国外学籍注册，承受着专业课和外语课双重压力，课程安排非常紧密，相对于非合作办学学生，学习压力大，心理负担较重；很多学生选择2+2或3+1跨境学习，受培养时间周期限制，有的学生不能发展为党员，导致优秀潜在党员发展对象外流；学生在出国前面临培养周期长，出国后参加党组织活动存在困难，学校对国外党员或入党积极分子学生参加组织活动的内容和形式不好把握，等等，这些因素的确造成了中外合作办学院校学生入党积极性受到一定影响，需要我们高度重视，针对中外合作办学实际，提出有效的解决方案。

（三）新时代中外合作办学院校加强党员队伍和党组织建设的实践路径

1. 坚持正面引导，加强思想引领

尽管高校中外合作办学有其特殊性，但其作为我国高等教育重要组成部分，培养社会主义建设者和接班人的宗旨并没有改变，其办学性质和方向依然是社会主义大学，作为新时代承担高等教育国际化新使命的中外合作办学院校，必须迎难而上，适应国际新形势，根据新情况勇于探索创新，加大中外合作办学优秀学生入党培养工作力度，坚持"成熟一个、发展一个"，切实把优秀学生吸收到党内来。

首先，坚持以先进的思想理论教育吸引人。中外合作办学青年大学生的确有其一定的特殊性，但在理想追求、价值实现和思想政治素养上，他们和普通学生并没有区别。在实际工作中，必须坚持正面引导，加强思想引领，以先进的思想理论魅力去吸引青年大学生爱党爱国。这就要求党建工作者首先要系统掌握党的最先进理论，具有坚实深厚的马克思主义理论功底，能够将"中国特色社会主义为什么好，中国化马克思主义为什么行"讲清楚说明白，能够让学生无论从学理上还是从历史经验上深刻领悟到中国特色社会主义制度的优越性和不可替代性，领悟到中国化马克思主义是科学的世界观和方法论，以学生喜闻乐见的方式做好思想理论教育，做到学生接受思想理论入脑入心，从思想深处坚定理想信念。

其次，适应国际新形势新变化，加大国际思潮比较研究和形势政策教育，增加学生的政治敏锐性和政治辨别力，增强党组织吸引力感召力。当今世界，在前所未有的大变局之下，未知因素和不确定因素增加，潮流浩荡而又波诡云谲，曙光已现而又乱云飞渡，挑战复杂多变、考验严酷无情。但是，我们必须清醒地认识到作为人类命运共同体的一部分，我们的发展离不开世界，必须在世界格局大变动下日益全面融入全球发展。因而，更需要在党的领导下审时度势，砥砺前行。伴随着世界多种多样的社会思潮，我们必须有所了解、有所辨识，做好社会思潮的比较研究和国际理解教育，利用形势政策课、学术沙龙、报告讲座等多种形式，增强学生理性看待外部世界风云变幻的能力，辨识潮流，把准方向，增强自信。

再次，做好思政课程和课程思政的协同，做好外方课程的监管和网络舆情信息的引导。保证思政课程按质按量开出，避免有的学校由于低年级课程繁重而采取少上思政课甚至不上思政课的现象发生，选派优秀思政课教师为中外合作办学学生进行授课，坚持理论联系实际，采取线下系统授课、虚拟课程实践、线下线上混合课、红色文化实践基地等多种形式增强思政课的吸引力。科学合理开发课程思政，在专业课程授课过程中融入思政元素，强化专业课育人效果。对外方教材、外方教师和外方课程做到监督审查，避免出现不良文化冲击和意识形态渗透。

最后，对于赴国外学习的学生同样要坚持关心关爱，做好思想引领。按照现有的中外合作办学模式，不少学生选择在大三大四阶段赴国外学习，但这些学生依然是中方院校的学生，不能因为学生赴国外求学就听之任之，完全放手。学校领导、辅导员、班主任等还要经常与他们保持联系，关心其思想动态、学业成绩、心理状况、职业规划等等，让海外学子感受到他们依然是母校的学生。比如在学生生日时，给学生送去祝福关爱，让他们感受到母校的温暖。青年学生善于接纳新生事物，但辩证看问题的能力偏弱。在国外期间，国外读物、网站以及外籍教师都与他们频繁接触，使得他们更加容易出现思想认识混乱，更容易受到不同文化的冲击。对这些学生更应注重情感认同教育，利用传统节日等进行中华民族优秀传统文化教育，增强学生的民族意识。

2. 勇于打破传统工作定势，坚持"早启动、早筛选、早发展"，做好学生党员发展工作

做好中外合作办学院校党建工作，要坚持一切从实际出发。由于中外合作办学特有的办学机制与模式，许多优秀学生在本校学习两年之后要到国外深造，所以从时间上看，如果不能尽早启动，将会在时间流程上受到限制，造成优秀学生错过入党机会，同时也不利于壮大学生党员队伍。因而，中外合作办学院校的学生党员发展要"早启动、早筛选、早发展"。对于不少学生存在的"加入党组织会不会影响出国申请学习、会不会影响将来在国外发展"等问题，要明确告诉学生打消此方面的思想顾虑。基层党组织要坚持实事求是，针对中外合作办学"双校园"人才培养模式的独特性，严格按照"成熟一个，发展一个"的党建工作基本要求，在保证发展质量前提下，创新原有传统党员发展模式，建立与之相适应的党员发展

机制。要做好发展党员过程中的监督与指导，保证学生上学期间学习生活正常有序进行，防止因管理不严或处理不当引发矛盾纠纷。

对于入党积极分子和已发展的学生党员赴国外学习情况，要加强对学生入党积极分子的培养和学生党员的跟踪教育管理。一是要求在国外学习的学生定期与国内党组织联系，汇报思想动态和有关学习生活情况，特别是出国学习后的思想变化和政治认知。二是如果在国外学习的党员较多，可以和我国驻外使领馆党组织保持沟通联系，强化党员学习。三是国内党组织要确定联络人，和国外的学生保持联系，及时了解他们的心态，帮助他们及时解决思想或心理上的问题，随时传递国内党组织的学习与活动信息，需要国外学生参与的要提前准备，使国内外保持一致。要做好毕业学生入党积极分子、党员的接续培养；对于毕业后回到国内的学生，也要做好入党积极分子的接续培养，将其入党积极分子培养考察材料放入学生档案，由接收其的工作单位、居住地或考入其他院校的党组织接续培养；对于毕业的学生党员尤其是预备党员，在其组织关系转出之前，要继续做好对其的培养、考察与转正工作。

与传统的基层组织建设模式相比，还可以探索创新"互联网+"思维方式，实现基层学生党组织智慧党建的工作模式。随着信息安全技术发展进步，为推进基层学生党组织数智化建设提供了新的机遇。在"互联网+"背景下，运用数智技术构建基层学生党组织的工作系统平台，使学生党员能够通过信息平台进行沟通交流，实现对基层学生党组织建设工作模式的创新，解决学生在国内外不同地点开展组织活动的困境。例如，用好"学习强国"等智慧党建平台，广泛汇聚与共享各类实时党建信息，将学生学业、生活与党建教育有机结合起来，搜集整理成党建系列课程，使得全校师生党员随时随地都能听到党课，不断提高学生党性修养，加强支部内部沟通，确保工作落实到位。

第六章

高校中外合作办学辐射赋能作用研究

高校中外合作办学已经由我国高等教育的有益补充发展为我国高等教育事业的重要组成部分,在人才培养、科学研究、社会服务、文化传承创新、国际交流合作等高校的职能和使命中发挥着越来越重要的作用。中外合作办学通过引进国外先进的教育资源,借鉴吸收国外先进的教育教学理念、人才培养模式和办学体制机制等,促进我国高等教育的改革发展和双一流建设,不仅为培养在地国际化高素质人才发挥着重要作用,还为高校科学研究、学科建设、师资队伍建设等职能发挥着重要的辐射赋能作用。

第一节　高校中外合作办学对科学研究的辐射赋能

高校是国家战略科技力量的重要组成部分,是基础研究主力军和重大科技突破策源地,为创新型国家建设做出了重要贡献。在高校科研实现快速发展的过程中,高等教育国际化发挥了非常重要的促进作用。2022年9月,教育部印发了《关于加强高校有组织科研推动高水平自立自强的若干意见》,明确提出要"推进高水平国际合作。布局建设一批一流国际联合实验室等平台。鼓励支持高校培育、发起国际大科学计划和大科学工程。深入实施'一带一路'科技创新行动计划"。如何借助中外合作办学这一国际合作形式,推进高水平国际合作,为实现高水平科技自立自强、加快建设世界重要人才中心和创新高地提供有力支撑，是当前高校科研实现高水平提升的重要课题。正如华中科技大学副校长陈建国所指出，"作为'双一流'高校的学者，你的研究成果，不论是基础领域还是前沿领域，能否放在国际舞台上进行比较，这是一个硬指标"。"学校努力搭建平台让学者融入全球创新体系中，不仅要深入参与国际科研合作，更要能在合作中发现新课题，发起一些重大的国际科学计划。"[1]

一 高校科研国际化现状分析

2015年10月24日，国务院印发了《统筹推进世界一流大学和一流学科建设总体方案》，明确将推进国际交流合作作为五项改革任务之一，提出要"加强与世界一流大学和学术机构的实质性合作，将国外优质教育资源有效融合到教学科研全过程，开展高水平人才联合培养和科学联合攻关。加强国际协同创新，积极参与或牵头组织国际和区域性重大科学计划和科学工程。营造良好的国际化教学科研环境，增强对外籍优秀教师和高水平留学生的吸引力"。近年来，我国高校科研国际化发展取得了明显成效，加强了国内高校与国外科研单位在科研协作和技术攻关上的深度广度合作，极大丰富了国内高校与国外院校、科研机构合作的领域与项目数量。在我国激励支持政策的实施下，高校科研在国际科研合作、成果转化推广、学术交流等方面主动参与的范围日益广泛。但从我国高校科研国际化总体情况看，在科研层次、人才引进、投入机制、管理制度等国际化发展方面还存在着一些问题和不足，主要表现为以下几方面。

（一）科研队伍国际化水平还需进一步提升

2021年5月28日，习近平总书记在中国科学院第二十次院士大会、中国工程院第十五次院士大会、中国科协第十次全国代表大会上指出："科学技术具有世界性、时代性，是人类共同的财富。要统

---

[1] 杨匀、贾文颖：《国际化助力"双一流"建设 跑出"加速度"——专访华中科技大学副校长陈建国》，《神州学人》2023年第11期，第26页。

筹发展和安全，以全球视野谋划和推动创新，积极融入全球创新网络，聚焦气候变化、人类健康等问题，加强同各国科研人员的联合研发。"近年来，我国高校在推动科学研究方面有了显著进步，但在国际科研合作方面还是缺少专业过硬、综合素质高、竞争能力强的科研人员队伍。有针对性、有重点地在全球范围内引进高层次人才力度有待加强。特别是国内大部分地方高校缺乏科研领军人物尤其是缺乏青年拔尖人才，难以构成有力的科研团队，且学术活力不足，原始创新能力不够，年龄分层、职称结构差异大，科研团队的学习创新能力薄弱，研究发展方向目标未能较好结合专业学术优势、经济发展需求与国际前沿技术，部分教师的科研能力和外语表达能力还未能与国际合作需求接轨。

（二）缺乏高水平国际合作科研项目

目前，高校教师和科研工作者对国际科研项目参与度还不高，科研合作的国际化主要在学术交流的表层体现，能够开展实质性长期深入合作的科研项目少，涉及的合作领域有限，特别是高端装备、新型能源材料、环保技术等领域的国际科研项目少。因此需要积极整合强势学科的力量，对标世界前沿标准，以科研项目为平台，建设高水平国际化科研队伍，通过与海外院校机构开展科研合作提升国际学术地位与影响力。高校参与国际科研合作项目的数量与质量，除了与高校自身的实力有关，还与其所在的地理位置、政治、经济、文化等方面的优势存在着巨大关联性。其中，获取合作伙伴、渠道与合作项目的缺乏是更为直接的原因。高校要通过加大与国际一流大学的全方面合作，从而扩展国际科研合作平台，开拓国际科研合作，提升科研国际化水平。

（三）科学研究和创新环境还不完善

虽然我国在近年来取得了巨大成就，但与国外的发达国家相比，中国科技发展起步较晚，整体上与发达国家相比还有较大的进步空间。究其原因，还在于科研体制和创新环境还不完善，需要进一步加强科技管理改革。习近平总书记指出，"健全新型举国体制，强化国家战略科技力量，以国家战略需求为导向，集聚力量进行原创引领性科技攻关，坚决打赢关键核心技术攻坚战"[1]。为实现这一目标，我们应该加强科技人才培养，提高科技人才的质量和数量；加强科技创新能力，提高科技成果转化的效率；加强科技合作与交流，借鉴国外的先进经验和技术。只有不断努力，逐步弥补差距，才能在国际科技竞争中保持领先地位。

二 中外合作办学对高校科研发展的辐射赋能

建设世界一流大学，首先要树立国际化办学理念，具有国际视野。中外合作办学高校由于其本身就具有的国际化特征，往往都高度重视国际化合作，通过其与国外大学的紧密合作，为科研合作等搭建桥梁，开展学者互访、举办国际学术会议、开展联合开发研究、组建合作研究的团队或机构等。依托中外合作办学，结合本校与外方合作院校的优势学科、专业，对接相关领域的专家团队，挖掘科研合作方向与项目，全面深入开展科研国际化，同时通过国际科研合作促进中外合作办学，实现中外合作办学与科研国际化发展、国际化人才培养、师资强化的多维目标，相得益彰，相互促进。中外合作办学对高校科研发展的辐射赋能主要体现为以下几个方面。

（一）依托中外合作办学学科专业优势，强化与外方院校开展科研合作

中外合作办学的特点就是引进国外优质教育资源开展联合办学，合作的外方大学的学科专业一般都是优于中方高校的优质资源，其优质性体现在教学水平、科研水平等。这为凝聚优质科研力量，开展科研合作打下了良好的基础，开拓了渠道。以河北科技大学为例，学校与澳大利亚联邦大学 2014 年获批举办环境科学专业中外合作办学项目。外方的环境科学专业在澳洲名列前茅，河北科技大学抓住

---

[1] 习近平：《推进中国式现代化需要处理好若干重大关系》，《求是》2023 年第 19 期，第 8 页。

合作办学这一契机，与澳大利亚联邦大学共同创建了"河北省环境污染综合防控协同创新中心"，联合开展环境污染治理研究，并为雄安新区白洋淀、衡水湖等区域性生态环境保护治理提供智力支持与研究保障。又如，河北科技大学与新西兰怀卡托大学 2014 年获批金属材料工程专业中外合作办学项目，在双方共同努力下，合作举办了多届"国际工程创新合作论坛"，两校教师围绕金属材料创新等领域开展了深入交流合作，联合出版论文集，取得了国际科研合作的丰硕成果，得到了河北省科技厅的高度重视和大力支持。

（二）依托中外合作办学国际化师资优势，强化科研团队建设

作为引进外方优质教育资源的核心指标和重要体现，中外合作办学要求外方院校必须选派一定数量的外籍教师来华授课。外方教师除带来优质的教学课程资源以及教学理念以外，也会带来先进的科研成果和科研理念，形成不同研究视角的相互启发和促进，这给双方教师深入沟通交流开展联合科研攻关创造了有利条件。随着中外双方交流的持续开展，中方师生具有更多的赴外方访问学习的机会，与国外合作院校的优秀教师和科研团队进行全方位的深入学术交流与科研合作，探讨更为先进的研究理论与思路、更严谨高效的实验技术与方法，促进高校国际科研发展及"双一流"建设。针对国际化人才培养需求，中方授课教师一般也要求双语或全外语授课，很多中外合作办学高校选聘的中方教师大多具有海外学习背景，有的学校还在全球范围内招聘优秀教师，建设一支国际化高水平的师资队伍，这也无形之中提高了中方院校教师国际化整体水平，其教学科研能力普遍较高，熟悉国际科研前沿动态。来自世界五湖四海的教师共同组成了中外合作办学的师资团队，这为双方学校顺畅交流深入了解开展科研合作打下了良好的科研人才团队基础。

（三）依托中外合作办学资源国际化的优势，助力国际化科研合作

中外合作办学本身就是国际合作的产物，具有资源国际化的天然优势，这种天然的优势可以助力实现中外"有机融合、无缝对接"

国际科研合作。笔者在设有中外合作办学项目和机构的大学调研发现，在中外双方联合人才培养的基础上，多数中外合作机构和项目所在高校成立了中外科研联合实验室、科研协同创新中心、国际科研合作基地等国际科研合作机构，旨在中外双方合作共同完成科研项目。科技部、外专局及各省、自治区、直辖市等科技厅、外专局等部门近年来也纷纷出台政策措施，支持和鼓励科研团队申报"引进国外智力项目""外专百人计划""国际科技合作基地""科技创新平台"等国际科研合作项目，而中外合作办学高校在这方面具有明显的优势。中外合作办学引进国外优质教育资源，具备相对较好的教学科研条件，为开展国际科研提供了硬件基础。同时，也建立了合理有效的国际科研激励机制，调动师生参与国际科研的积极性。以河北科技大学为例，学校设立国际会议资助专项经费，支持教师参加学术会议，支持各学院举办承办高水平国际学术会议。鼓励教师申报各级各类国际科技合作项目，积极开拓渠道，建立与世界高水平大学和科研机构的合作关系。支持学校重点学科、双一流建设学科、博士点建设学科至少要有一个稳定的海外合作伙伴，并有实质性教学和科研合作项目。每年组织召开3—5次国际会议。"十三五"至今已累计选派近200名优秀青年教师出国访学、交流、参加国际学术会议。与韩国诚信女子大学合作建立"中韩服饰文化设计研究中心"，搭建国际化专业研究平台，召开"2023时尚产业发展与高等教育教学"国际交流研讨会。金属材料工程专业与新西兰怀卡托大学每年都共同举办工程创新研讨会、合作出版论文集等，带动金属材料学相关专业的创新与发展。

第二节　高校中外合作办学对师资建设的辐射赋能

一　高校师资国际化建设的必要性分析

（一）高校师资国际化的含义

强国必先强教，强教必先强师。教师是立教之本、兴教之源。

教师是教育强国的首要资源，科技强国的重要保障，人才强国的关键支撑。高校师资国际化是全球经济一体化形势下，人才全球化流动的必然结果和必然要求。高校师资国际化包括教师个人素质国际化、教师资源配置国际化、人才合作国际化、队伍建设国际化等等。国际化的师资具有国际化意识、较强的外语沟通能力、跨文化交际能力，能把握学科专业领域的国际前沿动态与发展趋势，具有培养国际视野人才的能力。高校在建设国际化师资队伍过程中，既要注重引进掌握国际学术前沿动态、能够带领所在学科赶超国际一流水平的优秀人才，也要注重本校教师队伍国际化培养。高校通过师资队伍国际化建设实现有效改善师资队伍结构，并提升高校教师队伍内涵质量的作用。放眼全球、对接一流，主动将国内人才生态引入国际人才大生态中去检视、去考量，开放性地接受世界一流人才及其生态的评价和定位，在国际人才竞争合作中培育和激励一流人才。

（二）高校师资国际化的必要性

2018年12月18日，习近平总书记在庆祝改革开放40周年大会上指出，"改革开放40年的实践启示我们：开放带来进步，封闭必然落后。中国的发展离不开世界，世界的繁荣也需要中国"。在全球化发展趋势下，若要在激烈的国际化竞争中把握话语权与主动权，就必须打造一批具备国际化高素质的人才队伍。为了实现国际化专业人才的培养目标，就必须要对高校师资队伍进行国际化建设。高校唯有积极顺应人才全球化发展的需要，着力建设国际化的师资队伍，才能实现高校在教学、科研、学科发展等方面国际化高水平目标。高校应放眼未来长远发展，积极构建国际化师资队伍，提高人才培养质量以满足国家发展需求，促进经济社会的全面进步。建设国际化师资队伍是高校推进国际化战略的重要基础。只有通过建设国际化师资队伍才能有效推进高校国际化战略，提高人才培养质量，提升师资队伍水平，引领国际交流合作，增强国际话语权。只有通过扎扎实实开展高校师资国际化的建设，才能实现常态化高效国际交流合作，在和世界一流大学教师相互交流学习借鉴中，掌握最前沿的教学科研理念、内容和方法等，开阔国际视野，全面提升教育教学质量、科研水平和社会服务能力，提高国际竞争力。

（三）高校国际化师资队伍建设现状

高校国际化师资队伍建设是高校发展的重要因素，对推进高校国际化建设、国际化人才培养、国际科研合作、优势学科发展等具有重要意义。世界一流大学都非常重视国际化师资队伍建设，在全球范围内广招人才，聚天下英才而用之。德国为进一步提升高校师资国际化水平，不仅借助欧盟 COMETT 计划、ERASMUS 计划、LINGUA 计划和 TEMPUS 计划，还以洪堡基金会设立"洪堡学者"计划，通过资助国际优秀专家学者与团队实现国际学术交流和师资国际化建设的目的。新加坡国立大学拥有来自世界 100 多个国家和地区的具有国际化教育背景师生分别占教师、研究人员、研究生的比例为 50%、70% 和 70%。[1] 相比较而言，我国高校在国际化师资建设方面还有一定差距。特别是师资力量相对薄弱的地方高校，在加强国际交流合作、引进优秀国际人才、本土师资国际化建设等方面仍然存在着缺乏主动意识，在高校国际化人员结构、师资水平国际化等方面都还存在一定差距，主要体现在以下几个方面。

首先，师资队伍建设的国际化重视度不足。教师既是教育实施者又是受教者。目前，透过高校国际化师资队伍建设现状，我们发现有的高校对师资队伍国际化建设重视程度还不够，认识还不到位，师资队伍国际化建设程度与高校应该具有的国际化交流合作的水平还不匹配。特别是地方高校引进国际化人才的岗位聘用、考核评价等方面尚未与国际接轨，人事管理制度体系尚未健全，还相对受传统体制机制限制。学校发展规划上还没有将师资队伍的国际化纳入学校重点任务，缺乏相应的保障机制和激励机制，普遍存在着国际化师资队伍建设经费不足、支持鼓励政策缺失等情况。高水平跨国

---

[1] 陶莺、吴璐燕、陈承：《"双一流"建设背景下地方重点高校优势学科国际化现状和发展路径》，《科教文汇》2021 年第 32 期，第 3 页。

境的送出去请进来的层次、人次批次还远远不够，高校教师缺乏国际视野和跨文化沟通能力，与国外高水平大学的人才培养、学科建设、科学研究等方面还缺乏常态性、实质性交流合作。

其次，高层次海外优秀人才引进不足。聘任海外优秀人才是提高高校师资队伍国际化的重要途径之一。目前高校在引进高层次海外优秀人才方面还面临着财政和人事制度改革双重压力，对海外优秀人才回国发展的吸引力还待进一步提升。很多高校外籍教师的数量距满足教学需要还存在较大差距。选聘外籍教师的标准停留在较低的水平线上，存在教学经验与专业前沿知识不足，师德师风的监管有待加强等问题。"双非"学校，特别是地方高校聘请外国学者、外籍教师来校任教的积极性还不高，海归学者、外籍教师在全校教师总量的比例依然较低，影响了学校国际化师资队伍建设的成效。

再次，本土教师派出赴海外进修成效欠佳。在引入海外人才的同时，高校更应注重对本土教师的国际化培养。目前，虽然各高校利用公派留学、短期培训、出国访学、境外进修等多种项目形式派出教师到国外院校交流学习，提升师资国际化水平。但受国际关系、费用成本、个人意愿等多重因素影响，派出数量以及专业覆盖面有限。一些交流访问仅流于表面，缺乏后续的深入沟通与合作，国际双向交流机制尚未建立。特别是作为我国高等院校主体的地方院校，受办学规模、资金支持、师资队伍、学科发展的水平等局限，与国外大学交流的机会较少，缺乏信息沟通渠道。

最后，师资队伍国际化管理考核体系有待完善。深化人才发展体制机制改革，释放教育改革创新活力，是高校高质量发展的紧迫任务。当前，高校人才发展的各项改革主要侧重于评价改革层面，关于如何善选、善用高层次国际化人力资源还缺乏系统性方案。近年来，虽然我国相继出台推动促进高校国际交流合作相关的政策文件，但因我国高校国际化发展的基础相对薄弱，造成推进高校国际化发展还相对缓慢，国际化师资队伍成效不显著。有的高校还缺乏顶层设计，还没有形成有关部门齐抓共管，共同推进的良好氛围。

二 中外合作办学促进师资国际化水平的提升

中外合作办学是在我国开展的中外双方院校的合作办学,一方面要扎根中国大地办教育,另一方面也要求积极引进外方的优质教育资源,其中对外方优秀师资来中方授课也有明确数量和质量上的规定。这对高校师资队伍的国际化建设具有非常积极的促进作用。

(一) 依托中外合作办学,提高中方专业师资国际化水平

首先,形成机制,使中方师资国际化能力提升与国际交流成为常态化。按照《中外合作办学条例》要求,合作办学的中方专业教师在国际化能力方面需要提升,才能适应中外合作办学国际化教学的需要。从笔者调研看,大多数合作双方院校每年一般都会组织互访交流,形成了惯例,对双方的办学理念、课程设置、教学管理、教学方法、考评方式、科学研究等进行深入交流与研讨。中外合作办学高校也会对师资进行外语强化,提高外语水平,提升跨文化沟通能力,满足专业核心课双语授课、达到与外方教师交流沟通的水平,形成双方教师对教学内容教学方式方法的融合创新,并以此为平台,扩大师资队伍的国际视野,从教学合作扩展到学科建设、科学研究和社会服务等全方面的领域,从而提升师资国际化水平。

其次,打造团队,提升中方师资队伍国际化水平。高校为了更好地引进外方课程,学习借鉴外方教学内容、教学管理及考核评价的优势与经验,确保良好的办学效果,打造一支优秀的国际化的中方师资队伍必不可少。一是要大力选聘具有国外学习背景的优秀教师,发挥其具有国际化背景的优势,带动和影响其他教师。二是要用好外方教师来华的宝贵机会,选派青年教师担任引进外方课程的助教,在外方教师授课前,根据外方指定原版教材、课程大纲和参考书目同步备课。在外方教师授课期间,全程配合辅助并指导学生,在外方教师与学生之间发挥沟通协调作用。中方教师可通过集体听课、备课、教研等形式,全面掌握外方课程设置、教学安排、授课组织、学业考核等内容。通过双方师资深入沟通互动,提升中方师

资的国际化教学能力。以河北科技大学中外合作办学为例，与澳大利亚联邦大学合作举办的中外合作办学机构澳联大信息工程学院，针对四个中外合作办学专业（计算机科学与技术、软件工程、电子信息工程、信息管理与信息系统），为每门外方课程都配备了中方的助教老师，学院制定了助教老师工作职责，已先后有40余位的中方教师从事了助教工作。助教老师在课前会和外教沟通课程安排和准备情况，并在课堂教学中辅助外教完成教学工作，向外教反馈学生的学习情况和作业完成情况，与外教沟通考试安排等。通过助教机制，中方老师熟悉外方的教学理念、教学手段，通过与外方教师的合作和交流，提升了中方教师的语言能力和国际化水平。中方教师的国际化水平提升，已经辐射到非中外合作办学专业的教学工作，把外方可借鉴的理念和做法应用于非中外合作办学专业，取得了良好效果。

（二）形成稳定可靠的优秀外籍师资来源

高校在中外合作办学运行过程中，必须严格落实教育部关于中外合作办学对外方优质教育资源引进达到四个"三分之一"的要求。根据教育部中外合作办学有关规定，外方院校在派驻教师过程中，要按照规定与协议，严把外方教师的质量关，确保引进优秀师资，充分利用外方院校教学、课程、实验、考核等系统平台完成合作办学专业教学、实验授课任务。同时，中方高校也要特别注意对外方教师管理服务规范到位，严格执行意识形态、宗教信仰、师德师风等相关政策要求，严守安全底线，积极改善外方教师工作、生活的环境和条件，给予人文关怀，保证他们安心教学，能够与中方教师和学生融合在一起，投入教学任务与交流合作中。确保外方优秀教师"来得了、引得进、用得好、留得住"。依托中外合作办学平台引进的优质资源，不单要服务好中外合作办学机构、项目，还应建立完善的工作机制，将外方教师纳入学校整体的师资队伍中，提高外方师资的归属感和忠诚度，发挥好辐射作用，实现战略管理和可持续循环发展。

（三）促进中外师资融合，提升高校师资国际化水平

中外合作办学作为我国高等教育重要的办学模式，为我国带来国外优质的教育资源、教学理念和管理方式。高校要依托中外合作办学，充分利用好这一优势，提升师资国际化水平。外籍教师虽然是"引进的外方优质教育资源"中的重要组成部分，但绝不能简单地将外方教师"物化"、作为单纯的教学工具，只有在顶层设计中注重他们作为教师和合作者的身份，最大程度发挥外方师资的作用，为中外合作办学的可持续发展提供人力与智力资源保障。中外教师的融合，要以平等包容、理解尊重为前提，建立集中外优势于一体的教学系统，使双方教师都能发挥所长，使学生都能在合作办学培养体系中汲取精华、发展自我。在合作运行中，要建立起开放公平的管理体系，在考核、评估和教学监督的工作中，对中外方教师一视同仁，加强整体责任感。成立中外教师联合教研室，交流研讨专业课程设置、授课内容和方法、学业指导等，合作开发精品课程资源，实现课程及时更新和有效利用。加强中外师资面对面互学互助共享，确保中方专业教师充分吸收外方专业教师先进的教育理念、核心课程教学与考核模式以及原版教材资源等。在满足中外合作办学专业人才培养目标的同时，通过讲座、论坛、会议等学术交流形式，充分吸收借鉴外方教师及团队相关研究领域的研究成果和学术资源，推动中方教师与其深度合作，在专业领域开展科学研究等。

以河北科技大学中外合作办学为例，与韩国祥明大学合作举办工业设计工程专业硕士研究生项目和产品设计专业本科项目，在合作过程中，非常注重聘请韩方在工业设计专业领域的教学名师对学生进行毕业作品指导，指导的学生屡次获得世界大奖。学校与澳大利亚联邦大学、韩国诚信女子大学等合作办学外方院校开展博士联合培养，已有近20名教师完成外方博士学业，顺利毕业。澳大利亚联邦大学、祥明大学等外方合作院校还聘任学校20余位教师作为外方博士生导师，显著提升了学校的师资国际化水平。

（四）加强中外合作办学的监控评价，确保师资国际化建设质量

中外合作办学作为国家支持并监管的办学形式，由教育部国际司负责从审批准入、年报考察、评估考核、终止退出，已建立起较为全面、科学、严格的中外合作办学质量管控体系，对中方办学的主导地位、办学双方的资质、学科专业布局、办学投入、教学效果、培养质量、师生权益等方面均有严格的审查与监控。合作双方均须遵守中外合作办学相关规定以及协议约定，确保包括双方优秀师资在内的投入与过程质量把控，并通过年报与评估的公示、社会评价等，及时接受学生家长、专家以及社会的监督反馈并进行及时整改纠正，促进办学双方共同承担办学责任，规范办学，提高质量，维护师生权益。双方教师通过共同商讨制定培养方案确定教学大纲，引进优质外方师资承担外方课程，优化中方师资与课程，建立听课制度，增设同行评教、学生评教环节，开展中外教师教研交流活动，促进合作办学教学质量与师资国际化水平的提升。以河北科技大学为例，学校在中外合作办学项目、机构运行过程中充分发挥引进优质教育资源的作用，注重将外方的专业课程内容、授课方式、考评办法吸收借鉴，提升教学与专业学科水平；定期进行教学督导、教学质量调查、评教评学、教师培训、期中和年度教学检查等工作。中外双方不断改进和调整培养方案、课程体系和教学内容，加强教育教学管理过程的监督指导，及时反馈问题，不断整改完善，保证中外合作办学项目、机构健康发展。

第三节　高校中外合作办学对学科建设的辐射赋能

2023年5月29日，习近平总书记在中共中央政治局就建设教育强国进行第五次集体学习时特别强调，"要把加快建设中国特色、世界一流的大学和优势学科作为重中之重"，"要完善教育对外开放战略策略，统筹做好'引进来'和'走出去'两篇大文章，有效利用世界一流教育资源和创新要素，使我国成为具有强大影响力的世界重要教育中心"①。近年来，我国高校的学科建设取得了显著成就。2023 年 11 月 ESI 数据更新后，中国内地共有 96 所高校的 266 个学科跻身 ESI 前 1‰。这些学科代表了各自高校在相应领域的顶尖实力，也是 QL 高校在国际上获得认可的重要体现。除了进入 ESI 前 1‰ 的学科外，还有 18 所高校的 28 个学科进入了 ESI 前 1‱ 学科。中国科学院大学有 6 个学科进入前 1‱，包括地球科学、环境/生态学、化学、材料科学、工程学等；清华大学有 4 个学科进入前 1‱，包括计算机科学、工程学、材料科学等；浙江大学则有 3 个学科进入前 1‱，包括化学、工程学、材料科学、化学等。这些数据表明，这些高校在相应领域具有非常高的国际影响力。这些数据也充分展示了中国高校在国际上的认可度和实力水平，也进一步印证了中国高等教育的快速发展和国际化进程的不断推进。②

一　高校学科国际化建设的重要性

建设世界一流大学和一流学科，是党中央、国务院作出的重大战略决策，对于提升我国教育发展水平、增强国家核心竞争力、奠定长远发展基础，具有十分重要的意义。2015 年 10 月 24 日，国务院印发了《统筹推进世界一流大学和一流学科建设总体方案》，对我国高校如何推进双一流建设提出了具体意见，其中在改革任务中，明确要求积极推进国际交流合作。该《方案》指出："加强与世界一流大学和学术机构的实质性合作，将国外优质教育资源有效融合到教学科研全过程，开展高水平人才联合培养和科学联合攻关。加强国际协同创新，积极参与或牵头组织国际和区域性重大科学计划和科学工程。营造良好的国际化教学科研环境，增强对外籍优秀教师和高水平留学生的吸引力。积极参与国际教育规则制定、国际教

---

① 习近平：《扎实推进教育强国建设》，《求是》2023 年第 18 期，第 2 页。
② 科睿唯安基本科学指标数据库，https://esi.clarivate.com/，访问时间：2023 年 11 月 11 日。

育教学评估和认证，切实提高我国高等教育的国际竞争力和话语权，树立中国大学的良好品牌和形象。"① 2017 年 1 月 24 日，教育部、财政部、国家发展和改革委员会联合印发《统筹推进世界一流大学和一流学科建设实施办法（暂行）》，明确规定了七个遴选条件之一："国际交流合作方面，吸引海外优质师资、科研团队和学生能力强，与世界高水平大学学生交换、学分互认、联合培养成效显著，与世界高水平大学和学术机构有深度的学术交流与科研合作，深度参与国际或区域性重大科学计划、科学工程，参加国际标准和规则的制定，国际影响力较强。"② 近年来，多所高校都把国际化作为自己发展的特色定位和目标。2022 年 10 月，华中科技大学发布《华中科技大学全球发展战略 2030》，提出全球发展"四力提升"战略目标——提升学生的国际胜任力、学者的国际竞争力、学术的国际影响力、学校的国际吸引力，吹响了向中国特色、世界一流大学冲刺的号角。

（二）近年来我国高校学科国际化建设的成绩和不足

近年来，我国高校积极响应国家战略，教育对外开放日益扩大。从之前的"走出去"到"引进来"，从吸引了大批具有国际视野、海外教育与科研经历的高水平国际化师资，到同海外院校开展合作办学，聘请包括诺贝尔奖得主、外国院士等在内的国际著名科学家和学者为高校客座教授，加强科研合作，提高学科建设水平。通过实施"优势学科创新平台"和"特色重点学科项目"等重点项目，推动部分重点学科建设取得了重大进展，有的学科已经达到世界一流水平。

纵观 ESI 数据统计，我国高等教育同世界先进水平还有一定差

---

① 国务院：《统筹推进世界一流大学和一流学科建设总体方案》，国发〔2015〕64号，中华人民共和国中央人民政府网 www.gov.cn，访问时间：2024 年 2 月 10 日。

② 教育部、财政部、国家发改委：《统筹推进世界一流大学和一流学科建设实施办法（暂行）》，教研〔2017〕2号，中华人民共和国中央人民政府网，www.gov.cn，访问时间：2024 年 2 月 1 日。

距。世界一流学科的发展需要在参与国际合作与竞争中实现。目前，高校体制机制存在的问题和弊端制约着高校国际化教育的深入开展，尚有较大改进空间。应尽快突破现有体制局限，寻求新的途径，充分发挥国际化的桥梁与纽带作用，使国际化为学科建设服务。

首先，学科建设的国际交流合作还缺乏系统性持久性。随着我国大力推进高校"双一流"建设，大多高校都将国际交流合作作为大学发展战略和重要"抓手"，与国外大学的交流合作日益紧密，取得了显著成效。但现阶段大多数高校在学生联合培养、互换培养、教师访学等方面合作较多，高校之间开展高水平国际学科建设协同创新方面仅有少量探索尝试，长期进行深入的学术交流合作取得国际重大影响的标志性成果还偏少，"双非"高校则更少。目前，高校师生以参加国际学术活动、科研项目合作等短期交流的方式为主，缺少学科国际化建设的系统性与深入性，跨区域持久性的世界标志性成果还相对偏少。

其次，优势学科的国际化建设需要进一步强化。当前，许多优秀院校基于共同的发展目标及相近的学科设置而结成联盟。如国外院校设立有：世界大学联盟（WUN）、环太平洋大学联盟（APRU）、国际研究型大学联盟（IARU）等。国内院校设立有：九校联盟（C9联盟）、卓越大学联盟（E9）、G7联盟（国防七校）等。高校推进"双一流"建设，培养世界一流人才，实现从跟跑、并跑，到领跑，就需要搭建优势学科的国际化合作平台作为重要支撑。一些具有学科特色优势的国内高校，通过不同学科专业间交叉合作来实现突破，加快双一流建设、促进学科交流。但相对而言，与国外院校合作建立学科联盟还很少，能够把握世界最前沿学术信息，具有世界领跑水平的显性成果还不多。所以，我国高校学科的国际化合作还需要进一步突破与强化，需要进一步锚定世界最前沿目标，有效发挥多学科统筹优势互补，打造世界一流的国际学科合作平台，在世界一流大学和学科竞争中占有一定地位和优势。虽然在推进世界一流大学和一流学科建设的过程中，我国高校取得了一定的成绩，但是我国优势学科的国际化建设道路上仍然存在诸多问题与挑战。正如有学者指出："回顾过去，国际化科学研究一直是中国高等教育长期处于封闭式、保守式发展而造成的不可回避的弱点。中国有众多质量上乘的大学因其科学研究缺乏领先性、缺少国际合作背景而无法得到国际认可，进而也往往与'世界一流'的名誉失之交臂。"[1]

最后，学科国际化建设还缺乏科学合理的规划。做好我国高校学科国际化发展的规划，就必须站在全球视野大局中，全面把握世界百年未有之大变局和中华民族伟大复兴战略全局，对我国高校学科发展进行统筹协调，顶层设计，突出重点，并关注具有发展潜力的未来学科、交叉学科，加以引导，协同发展。将国家重大需求作为推进产学研用结合的源动力，融合理工文经等多学科交叉优势，对接国际前沿，加快建设一批新兴交叉学科，以项目驱动为牵引，强化产学研用协同培养，重点攻克重大科学问题和关键技术领域的"卡脖子"问题与关系民生"急难愁盼"问题，形成特色鲜明、基础扎实、优势突出、成效明显的学科集群。

二 积极发挥中外合作办学对学科建设的辐射赋能作用

2023年2月，教育部国际合作与交流司原副司长方军在第23届中国国际教育年会暨展览——本科及以上高水平中外合作办学教育创新研讨会上指出，中外合作办学"始终坚持服务国家的重大战略，聚焦引进、融合优质资源，保持质量为上，努力优化学科专业布局"

---

[1] 才宇舟：《"双一流"建设背景下 中国高等教育国际化内涵提升研究》，《教育经济》2023年第9期，第62页。

的发展方略。① 中外合作办学具有天然的国际合作元素，为学科国际化建设具有重要的辐射赋能作用。

（一）中外合作办学与学科建设存在紧密联动关系

首先，中外合作办学促进学科建设迎来新发展。中外合作办学为一流学科建设带来了新的机遇与挑战。一方面，中外合作办学因其具有国际合作的天然背景和优势，为高校探索国际化道路提供了更加广阔的平台，通过学科专业的合作，必然会有助于学科国际化建设；另一方面，虽然经历四十余年的改革开放，我国高等教育国际化发展有了显著进步，但不可否认，我们的教育资源目前仍存在"引进来"与"走出去"、高水平人才输入与输出失衡的问题，中外合作办学必将对高等教育学科建设打开国际视野，开拓新的发展空间发挥积极的促进作用。

其次，一流学科建设推动中外合作办学承载新使命。随着国际竞争的日趋激烈，高等教育的国际化在扩大对外开放构建新的世界格局中发挥积极作用，承担重要责任。近年来，我国高校的国际交流与合作不断开拓领域，深化层次，教育对外开放水平显著提升，形成了高校国际化教育的新态势。一流学科建设为高等教育国际合作赋予了新使命，在我国第四轮的学科评估中，首次将中外合作办学纳入评估指标体系，这是加快推进中外合作办学高质量发展的重要信号。高校应做好整体规划与布局，发挥中外合作办学的引领作用，将国际化教育理念融入教育教学、科学研究、学科建设、人才培养之中，不断提高我国高等教育综合实力与国际竞争力，打造具有中国特色的世界一流大学、一流学科，提升中国的高等教育在世界教育格局地位，实现教育强国。

最后，中外合作办学是学科国际化建设的重要组成。在世界经

---

① 方军：《在第 23 届中国国际教育年会暨展览——本科及以上高水平中外合作办学教育创新研讨会的致辞》，2023 年 2 月 16 日，北京国际会议中心。https://edu.cctv.com/2023/02/19/ARTIGb7KkewXdeAqMoApvC4M230219.shtml，访问时间：2024 年 1 月 19 日。

济一体化的今天，高等教育国际化是我国高等教育发展的重要战略。根据教育部涉外监管信息网发布的信息，在首批进行"双一流"建设的137所高校中，86.1%的高校开展了中外合作办学。这些高校将"建设世界一流高校、一流学科"作为目标，将"提升国际化教育的办学水平"作为重点目标。作为我国高等教育事业的重要组成部分的中外合作办学，已经成为高校学科建设的重要源动力之一。中外合作办学实现了中外双方院校人才培养的优势，互补随着双方院校合作不断加强，有效促进了学科建设、科学研究等多领域的合作，发挥了辐射作用。以河北科技大学中外合作办学为例，9个中外合作办学专业中，服装与服饰设计、金属材料工程、计算机科学与技术3个专业成功获评国家级一流本科专业建设点，电子信息技术、信息管理与信息系统、环境科学、产品设计4个专业获评河北省一流本科专业建设点。与韩国诚信女子大学连年在北京国际时装周举办中韩两国服装作品展演，对于促进两校、两国合作交流，激发学生的专业学习兴趣、提升国际化影响产生了积极作用，受到中韩服装设计界、国内外媒体及用人单位的关注与好评。由此可见，中外合作办学在推进学科建设中的作用愈发凸显。

（二）依托中外合作办学，大力推进高校学科建设

首先，吸引国际化人才资源，打造高水平国际化师资队伍。"双一流"建设的首要任务是建设一流的师资队伍。师资队伍的国际化是一流大学的共同特征，高校依托中外合作办学，聘请外方院校学者专家团队来校授课讲学、开展科研合作，强化特色优势学科和重点项目，发挥优秀师资对学科的引领力，从而提升学科竞争力和高校国际声誉。高校应加大对优势学科的宣传力度，重点谋划与优势学科相适配的中外合作办学机构、项目以及国际联合实验室、外专引智项目等，并以此为平台，吸引国外专家学者，重点引进高校优势学科发展迫切需要的一流专家、领军人物、拔尖人才等。在人才引进和评价考核方面，应将学术水平、科研能力、成果业绩等作为重点考察，并将与在地本土资源的融合度、对高校学科建设贡献度

作为关键指标。高校应积极促进中外合作办学中方教师团队与外方院校教师团队开展科研合作，努力打造高精尖的国际化师资队伍，通过组建国际联合实验室、科研项目团队等，促进外方优质教育资源的引进落地，反哺中外合作办学人才培养。

其次，紧跟国际学术前沿，助推学科发展。习近平总书记在2018年5月2日同北京大学师生座谈时强调："大学要瞄准世界科技前沿，加强对关键共性技术、前沿引领技术、现代工程技术、颠覆性技术的攻关创新。要下大气力组建交叉学科群和强有力的科技攻关团队，加强学科之间的协同创新，加强对原创性、系统性、引领性研究的支持。"当前，粗放式、规模化、外延式的高等教育发展模式逐渐向精细化、高质量、内涵式转变。高校应加强顶层设计和战略规划，注重学科的布局，紧追世界科技发展趋势，寻求学科发展的重大突破，突出基础性与前瞻性的结合，打造一流的研究成果和前沿技术，努力构建具有中国特色、世界一流水平的学科体系。高校发展离不开产业背景和学科特色。学科建设要与产业发展和经济社会需求紧密结合，主动与国家重大战略需求同呼吸共命运，发挥高等教育的龙头作用，加快建设教育强国。通过中外合作办学开拓搭建科研平台与决策智库，促进教学相长、产学研用协同合作，开展国际前沿学术交流，提升学科建设水平。

再次，创新人才培养模式，实现培养国际化复合型专业人才的目标。高校要培养国际化复合型专业人才，要以开放的姿态积极引进优质教育资源，创新人才培养模式，将国际化的办学理念与教育教学资源融入学科建设，实现国际化人才培养的目标。为此，高校要建立人才培养质量保障机制，通过引进优质课程、优秀师资、先进教学理念，优化教学方式、课程内容与考核体系，创新国际化人才的培养模式。现阶段，高校要注重中外合作办学提质增效，不能仅仅关注办学规模与效益。要加强一流学科国际同行间交流，开拓师生赴外交流渠道，通过建立国际化复合型专业人才培养模式等途径，努力提升学科建设水平与人才培养成效。

最后,紧密服务国家战略,促进学科与产业对接。在中外合作办学过程中,高校要始终贯彻以我为主的办学原则,通过开展中外合作办学,实现强化国际交流与合作,提高科研水平,增进成果产出,拓宽师生国际视野,促进跨文化交流,提高国际声誉等诸多方面产生积极效果,形成国际化高层次人才、高水平教学科研、高质量学科建设间相互促进促进的发展模式。以河北省为例,自2022年起,河北省教育厅开展对全省高校中外合作办学示范性项目与机构的评选,以此促进规范办学,加快建设高质量体系,助推"双一流"和"双高"建设,为河北省对外开放和经济社会建设提供国际化人才支撑,发挥了很好的示范引领作用。

第七章

高校中外合作办学管理运行机制研究

党的十九届五中全会审议通过的《中共中央关于制定国民经济和社会发展第十四个五年规划和二〇三五年远景目标的建议》提出建设高质量教育体系新蓝图，到2035年我国将建成教育强国。"十四五"期间，我国高等教育的重要发展目标是推动高等教育高质量发展。习近平总书记在党的二十大报告中强调，坚持高水平对外开放，加快构建以国内大循环为主体、国内国际双循环相互促进的新发展格局。党的十八大以来，我国中外合作办学事业在拓展规模、规范管理、提高质量等方面取得了一系列重要成就，在十四五期间必须坚持以推动高质量发展为主线。中外合作办学实现高质量发展，必须加强管理运行机制建设，实现管理运行体系现代化，构建中外合作办学发展的新路径、新机制、新模式。中外合作办学管理运行机制建设，可以大体分为宏观、中观和微观三个层面。在宏观层面，由国家教育行政管理部门即教育部优化相关政策规定，在中外合作办学申请设立、退出管理终止、办学质量评估等准入准出与过程评价审核机制等方面进一步强化规范、引领与支持，引导中外合作办学健康发展。在中观层面，由各省、自治区、直辖市等教育主管部门构建规范、高效、符合当地实际的管理机制，促进高校中外合作办学良性发展。在微观层面，则由学校作为中外合作办学的主体，在教学、人事、财务、学生等方面的管理运行建立有效机制，规范办学，强化成效，实现高质量发展。如今，我国高校中外合作办学的发展已经进入提质增效时期，如何按照十四五规划实现高校中外合作办学高质量发展，需要从宏观、中观、微观三个层面的管理运行机制进行研究。

第一节　宏观层面管理运行机制研究

一　中外合作办学宏观政策发展

（一）中外合作办学快速发展时期的宏观政策

20世纪90年代初至21世纪初，正是中外合作办学的快速发展期。得益于国家新一轮对外开放和经济高速增长对国际化的人才需求日益迫切，逐步推动形成扩大教育对外开放的新局面，也逐步形成了中外合作办学的政策管理体系。

1993年中共中央、国务院颁布《中国教育改革和发展纲要》强调"要进一步扩大教育对外开放，加强国际教育交流与合作，大胆吸收世界各国发展和管理教育的成功经验"。同年，国家教委下发《关于境外机构和个人来华合作办学问题的通知》，对中外合作办学一系列原则问题作出了规定，为中外合作办学系统化、正规化的发展奠定了基础。1995年，国家教委颁布了《中外合作办学暂行规定》。该规定是我国第一个正式颁布的中外合作办学法规，充分肯定了中外合作办学的地位和意义，构建起中外合作办学政策的基本框架，提供了可遵循的政策依据。1996年国务院学位委员会办公室发布了《关于加强中外合作办学活动中学位授予管理的通知》，2001年，国家外国专家局办公室签发了《社会力量办学和中外合作办学单位聘请外籍教师专业人员管理暂行办法》。中外合作办学在快速发展时期，全国的中外合作办学规模迅速扩大，调动了高校积极性，满足了社会需求，但同时也出现了办学质量不高、方向不明、定位不准、学科专业分布不合理、片面追求经济利益等问题。

（二）中外合作办学规范发展时期的宏观政策

针对中外合作办学快速时期的问题，为进一步强化规范办学，促进中外合作办学健康有序发展，国务院2003年颁布《中华人民共和国中外合作办学条例》（简称《条例》），教育部2004年发布《中华人民共和国中外合作办学条例实施办法》（简称《实施办法》）。《条例》和《实施办法》的落地实施，为中外合作办学的规范优质发展提供了政策保障，解决了中外合作办学"有法可依"的问题，中外合作办学由此进入规范发展的新阶段，中外合作办学规模增长相对放缓，数量趋于平稳，办学规范化日益明显。2009年，教育部办公厅发布《关于开展中外合作办学评估工作的通知》，对依法批准设立和举办的实施本科及以上高等学历教育的中外合作办学机构和项目开展合格性评估。重点通过对中外合作办学整体思路、资产管理、教学质量、师资队伍建设、社会评价、办学单位内外部效益的评估，加强对中外合作办学的规范管理，促进依法办学和有序可持续发展。2010年，国务院发布《国家中长期教育改革和发展规划纲要（2010—2020年）》提出："要加强国际交流与合作，坚持以开放促改革、促发展。开展多层次、宽领域的教育交流与合作，提高我国教育国际化水平。借鉴国际上先进的教育理念和教育经验，促进我国教育改革发展，提升我国教育的国际地位、影响力和竞争力。适应国家经济社会对外开放的要求，培养大批具有国际视野、通晓国际规则、能够参与国际事务和国际竞争的国际化人才。引进优质教育资源。吸引境外知名学校、教育和科研机构以及企业，合作设立教育教学、实训、研究机构或项目。鼓励各级各类学校开展多种形式的国际交流与合作，办好若干所示范性中外合作学校和一批中外合作办学项目。探索多种方式利用国外优质教育资源。"[①]

（三）中外合作办学提质增效时期宏观政策

党的十八大以来，教育部有关部门出台了一系列文件措施，进

[①] 教育部：《国家中长期教育改革和发展规划纲要》（2010—2020年），人民出版社2010年版，第1页。

一步强化中外合作办学的质量，中外合作办学发展也进入提质增效时期。2013年12月教育部出台《关于进一步加强高等学校中外合作办学质量保障工作的意见》（教外办学〔2013〕91号），强调"加强类别、地区和学科的统筹，完善优质教育资源引进机制，规范办学过程管理，完善质量评价体系，加强质量监管和行业自律，加大示范性中外合作办学支持力度，强化分级管理"。2014年10月公布中外合作办学督查热线。2015年3月，教育部中外合作办学监管工作信息平台（www.jsj.edu.cn）的中外合作办学信息管理系统完成开发并上线运行。该系统包括本科以上项目申报和评审、本科以上机构申报和评议、本科以下机构项目备案、境外学历学位注册认证、中外合作办学年度报告和信息公示等6个系统。系统打通中外合作办学申报评议协同工作渠道，形成一个运行高效、顺畅的统一工作平台，优化内部审批流程，规范行政审批行为，提升审批效率，同时也确保及时掌握中外合作办学可靠信息，加强办学监管。2015年8月，教育部发布《关于进一步加强中外合作办学监管工作的通知》（〔2015〕1588号），启动中外合作办学本科以上层次颁发境外学历学位证书注册认证新系统以及机构和项目信息年度报告系统。2016年5月，中共中央办公厅、国务院办公厅《关于做好新时期教育对外开放工作的若干意见》，要求"完善体制机制，提升涉外办学水平。通过完善准入制度，改革审批制度，开展评估认证，强化退出机制，加强信息公开，建立成功经验共享机制，重点围绕国家急需的自然科学和工程科学类专业建设，引进国外优质资源，全面提升合作办学质量"。《意见》还提出"建立健全政府、学校、社会力量权责明确、分工协作、高效有序的教育对外开放运行架构。各级党委和政府要充分发挥统筹协调作用，把教育对外开放工作纳入议事日程。完善部际协调机制，强化省级政府教育统筹、监管和管理职能，发挥学校主体作用，鼓励成立区域性、行业性校际联盟，加强教育涉外行业组织建设。完善保障措施。加大经费投入，在经费使用及管理上，更多向支持人才倾斜，赋予学校更多自主权，按规定统筹安排相关资金用于支持师生赴国外实习、开展教学实验。完善中外合作办学等政策制度"。"十三五"至今，在海南、福建、广东、浙江、重庆、河南等6省市试点实施部省联合审批制，开展了海南自由贸易港、粤港澳大湾区、长三角地区、雄安新区中外合作办学区域创新试点，在特定区域适度放宽准入条件、办学主体资格限制和审批权限。比如，允许境外理工农医类高水平大学、职业院校在海南自由贸易港独立办学；在上海试行理工农医类学科专业"双一流"建设高校中外合作办学项目备案制；推进雄安新区中外合作办学政策体系和规划建立并完善；探索粤港澳大湾区合作办学改革举措，赋予港澳高校在内地更大办学自主权；加强对中西部和东北地区中外合作办学政策支持、引导与资源倾斜力度；推进与"一带一路"沿线国家和地区尤其是一些关键国家合作办学，促进高质量共建"一带一路"。

在这一时期，中外合作办学作为教育对外开放的重要载体实现了蓬勃发展，相关政策机制适时出台，顶层设计日臻完善。审批程序和准入条件不断优化，评估和学历学位认证持续开展，退出机制初步建立，治理创新取得成效。高校合作办学积极性持续升温，规划约束管理能力逐步增强，实现了高质量内涵式发展。

二 中外合作办学宏观政策发展趋势

如前文所述，在中外合作办学蓬勃发展提质增效背景下，还存在着一些不足，主要体现在：本科及以上中外合作项目区域分布不均衡，多数集中在东部沿海省份及北京、上海、江苏等省市，而西部省份如甘肃、宁夏、西藏、新疆等则偏少，存在地域分布不均的现象，增长动力严重不足，难以实现可持续发展。[①] 受外方合作院校合作意愿、办学成本等因素的影响，目前高校中外合作办学新兴、

---

① 李顺才、杨增辉：《中外合作办学优质教育资源建设的探索与实践》，中国教育国际交流协会《中外合作办学通讯》2023年第5期，第19页。

急需、紧缺、薄弱等学科专业偏少。学历层次存在不平衡，从教育部涉外办学监管网和各省自治区直辖市公布的数据看，本科层次和专科层次的中外合作办学多，硕士博士层次少，等等。

针对国内外环境和条件变化的新形势，在加快和扩大新时代教育对外开放的大趋势下，以及广大人民群众对中外合作办学的需求和期望，中外合作办学改革需要不断推进，宏观政策机制有待及时调整规范与完善，提升中外合作办学质量和水平的实际效能。

首先，进一步完善政策，为中外合作办学良性持续发展把握方向。结合新的上位法依据、中外合作办学实际、教育对外开放发展需要，加速推进已经启动的《中外合作办学条例》及《实施办法》的修订工作。如有的专家提出，通过把中外合作办学领域已有较长时间实践、行之有效的政策措施，通过法定程序，吸纳进《条例》与《实施办法》，加以定型、强化乃至创新，使之具备普遍性、长效性、体系性的特点，便于国家管理部门及各级地方教育行政部门运用法治思维和法治方式加以执行。注意将《条例》与《实施办法》颁布实施以来相关上位法的禁止性规定、强制性规定加以吸纳，使中外教育机构、相关职能单位、社会公众广泛知晓、普遍遵守，推动办学者依法办学、规范办学行为、防范办学风险。[①] 加强相关领域、事项的法律法规的学习理解。协调处理好《条例》与《实施办法》与我国高校在专业设置、招生管理、学位颁发、院校机构设置、财务管理、收费标准、税收外汇、外籍人员管理、涉外事务纠纷与法务等方面的法律法规与政策要求。一方面，加快制度性探索，增加试点在特定区域适度放宽准入条件，适度放宽审批权限，适度改进审批程序和流程。另一方面，优化办学目标、办学基础条件、规划、学科专业设置、资源引进、教学组织、管理架构、财务制度等准入指标及权重，确保优质资源合理引进与有效利用。通过政策机

---

① 琦才：《修订中外合作办学条例实施办法正当其时》，《人民政协报》2017年7月19日，第9版。

制调控，优化地区、层次、学科专业整体布局，缓解中外合作办学学科、地区、层次等不均衡问题，避免低成本重复建设，引导与新发展格局相适应的学科专业开展中外合作办学。对中西部中外合作办学予以政策倾斜，强调引入教育资源优质性时，突出相对优质性，重点考察引进的学科专业和课程、师资是否具有特色，以及引入的资源对地方经济社会发展和学校办学水平可持续发展的适切性，加大中西部优质教育资源供给力度。[①] 建立健全中外合作办学工作研判制度，对中外合作办学发展中的难点热点和各类隐患问题及时研判、主动通报、提出预警、防微杜渐。打造以高质量中外合作办学科学研究为基础的专业化培训课程、教材和师资，实施中外合作办学定期培训、轮训制度，面向地方教育行政部门、高校和办学单位人员开展分类培训活动。

其次，强化过程监控机制建设，确保办学质量成效。建立和完善从准入到退出全程分类管理制度。创新中外合作办学评估模式与评估指标体系，强化申报审批环节相关性及延续性。加强合作办学申报评审、评估评审的专家库更新建设，定期开展专家交流培训，统一评审标准。借鉴相关领域专业资格制度，建立评议、评估专家队伍准入门槛和责任制考核办法。统筹采用通信评估、区域会评、实地考察相结合的评估办法，重点解决为什么评、评什么、怎么评、谁来评的问题，着力提高评估结果社会公信力。强化执法处罚机制，加快完善常态化"退出转型机制"。优化改进中外合作办学四个三分之一的核心考核指标。整合资源，统一标准，建立全国或区域性统一的中外合作办学教材资源平台与外籍师资聘用管理服务平台。在引进境外教材时，坚持为我所用，凡选必审，建立健全境外教材选用机制和使用评估机制，严把政治关、学术关、适用关，建立合作办学专业国（境）外教材库，整体提高中外合作

---

① 林金辉：《完善中外合作办学高效能治理制度》，《中国教育报》2021年4月29日第10版。

办学教材质量。牵住师资质量的"牛鼻子",建立中外合作办学师资平台。杜绝引进师资数量、质量、途径出现问题。对授课效果好、学术水平高、职业素养强、服务年限长的优秀外籍教师给予表彰和"外籍专家"待遇,鼓励支持其长期服务中外合作办学机构与项目。对于劣质师资,建立黑名单,各个中外合作办学机构和项目统一不予使用。

第三,营造良好外部环境,全方位助力中外合作办学发展。进一步落实"放管服"要求,通过"项目备案制""部省联合审批"机制改革,简化申报、年报、变更、评估等事项流程。加大激励机制建设,对办学规范、成效显著的机构和项目给予招生、资金、人员培训等方面的支持政策。对中外合作办学资金投入、人员配备、外教聘任、学费标准确定、税费核算等方面给予简化流程、加大支持、给予优惠的政策支持,加大对中外合作办学扶持力度。进一步发挥社会舆论监督作用,推进阳光办学。加大中外合作办学信息公开力度,同步解读政策,主动回应关切,切实保障利益相关者的知情权、参与权和监督权,把受理、审批、备案、办学成本核算、评估结果、境外学历学位认证等置于公众视线之内。健全政务舆情收集、研判和回应机制。优化学生满意度调查机制,提高信息披露专业化、法治化水平。顺应教育评价主体多元化、中介化、社会化国际趋势,结合我国国情、校情和学情,开展由政府、学校(中、外方学校)、学生、家长、专家学者、企业家等多方代表性群体参与的中外合作办学质量评价活动,提高评价的客观性和公正性。

第二节 中观层面管理运行机制研究

省级相关管理部门作为地方高校直属管理机构是中外合作办学中观管理层面的核心,对地方高校中外合作办学规划、运行、发展具有重要的政策把关和统筹协调作用。

一　中外合作办学中观管理机制发展

省级相关管理部门对区域社会发展需要，高校的办学需求、存在问题、困难瓶颈、发展需要最为了解关切。作为中观层面，省级相关管理部门出台执行的管理政策对高校中外合作办学的发展影响最为直接。

以河南省为例，河南省教育厅于2018年发布《关于进一步加强中外合作办学管理工作的通知》（教外〔2018〕264号），指出"我省中外合作办学仍存在办学层次偏低、引进资源不足、经费使用不规范、监管机制不健全等问题。优化合作办学国别和专业布局，鼓励与'一带一路'沿线国家开展'小语种＋专业'合作办学，避免低水平重复性办学。"在资源引进方面，要求"中外合作办学协议要对引进境外教育资源做出明确、具体、量化的约定，人才培养方案及引进的师资、课程、教材等具体清单，应作为中外合作办学协议的附件一并提交。以国外教育机构名义在国际上招聘的教师，其水平应当获得外国教育机构和中国教育机构的认可"。为加强对全省高校中外合作办学的监督指导，河南省教育厅自2020年起，每年对中外合作办学机构和项目开展"双随机、一公开"监管工作，采取现场和书面检查相结合，对办学情况日常检查、专项监督检查、根据举报线索进行检查，还就中外合作办学者发布虚假招生简章或广告，骗取钱财以及虚假出资或者在中外办学合作机构成立后抽逃出资制定了处罚流程。2022年6月，在河南省教育厅支持下，河南省教育国际交流协会主办全省中外合作办学机构联盟启动仪式暨首届学术论坛，由华北水利水电大学承办。河南省中外合作办学机构联盟是在省教育厅的指导下，由河南省17所中外合作办学机构所属16所高校组成的合作组织。联盟的成立顺应了河南省中外合作办学机构新发展阶段的迫切需求，是实施河南省教育对外开放"十四五"发展蓝图的重要环节，为推进河南省中外合作办学提质增效工程发挥引领效应，进一步助力河南省教育对外开放实现高质量内涵式发展。

浙江省在推进中外合作办学工作方面在全国处于领先地位。浙江省教育厅发布的《浙江省推进浙江大学国际联合学院（海宁）国际合作教育样板区建设实施方案（2023—2025）》正在积极推进。按照发展规划，到2025年，国际合作教育样板区建设将取得实质性进展，世界名校和全球科学家等一流科教资源进一步集聚，有主题科研的高能级科创平台进一步搭建，促进国计民生的代表性科研成果进一步产出。浙江省教育厅与国家留学基金管理委员会共同实施的地方合作项目已执行13年，共录取1891名高校教师出国研修，项目影响力和留学效益不断提升，受到广大学校和教师的普遍欢迎和好评。其中重点选派对象就包括从事高校国际化专业及课程建设的教师，以及承担中外合作办学项目教学任务的教师。浙江省教育厅与财政厅联合发布的《关于进一步调整优化结构提高教育经费使用效益的实施意见》（浙教财〔2020〕12号）中，强调"用好引进高水平大学省级引导性资金，支持各地各校引进国内外高水平高校或开展合作办学；推进高校分类评价，强化绩效考核导向。"2021年6月公布的《浙江省教育事业发展"十四五"规划》提出，"完善高等声音布局。大力实施国内外名校'筑巢引凤'工程，多渠道多形式引进国内外高水平大学来浙开展合作办学。扩大教育开放合作坚持'走出去，请进来'相互结合促进，通过开放合作提供发展新动能，使浙江省成为教育发展的前沿高地。"

近年来，河北省高校中外合作办学实现了快速发展，办学质量稳步提升。河北省教育厅早在2013年就出台了《关于加强中外合作办学的通知》等。2022年出台的《河北省中外合作办学补充规定》也明确指出，"中外合作办学应着眼河北省经济社会发展需要和高等院校强势学科、重点学科建设的需要，重点支持能源、资源、环境、农业、制造及生物医学等相关学科"。河北省教育厅不断加大学科专业的规划和政策引导力度，研究制订河北省中外合作办学的学科专业指导目录，明确国家鼓励、允许、限制和禁止的学科和专业，引导高校围绕京津冀协同发展，在急需、薄弱和空白的学科领域开展中外合作办学。河北省教育厅以提质增效为主题，助推"双一流"和"双高"建设，为河北省对外开放和经济社会建设提供国际化的人才支撑为目标，于2022年首次开展河北省示范性中外合作办学机构和项目认定工作。认定工作坚持先进性、发展性、实效性的原则，通过单位自评、专家评审、实地调研、公示等环节，结合自评得分与加分（设置学校重视、办学规范、人才培养质量优秀、辐射作用充分发挥、积极助力全省高等教育合作办学发展等5大项21小项加分），综合量化考察，最终确定认定结果。此次认定，共评出1个示范性中外合作办学机构、1个示范性本科教育项目、2个示范性高等专科教育项目。

河北省示范性中外合作办学机构、项目评价认定标准（试行）

考核内容		考核标准与加分
基础项	自评报告	基础项得分按自评报告结果的40%计算。
加分项	1. 学校重视	①学校成立推进国际化教育工作领导小组，配备设立中外合作办学专门负责人员团队+10。
		②学校出台中外合作办学专项制度文件+5/个。
		③设置合作办学专用设施设备+5。 专用配套设施的建筑面积≥500平方米，+2； ≥1000平方米，+5； ≥3000平方米，+10； ≥5000平方米，+20。
		④学校当年为中外合作办学提供专门资金投入+5。 当年投入专门资金金额≥500万，+10； 当年投入专门资金金额≥1000万，+15； 当年投入专门资金金额≥2000万，+20。

续表

考核内容		考核标准与加分
基础项	自评报告	基础项得分按自评报告结果的40%计算。
加分项	2. 办学规范	①严格按照教育部批复内容进行招生宣传与管理运行，+5。 ②严格按照教育部思政课程开设、五育培养、毕业环节等方面的要求制定执行培养方案，+5。 ③培养方案满足教育部四个三分之一要求，+5； 最低比例≥40%，+10； 最低比例≥45%，+15。 ④外方授课教师为博士学历或副教授及以上职称，1分/人； 外方教师当年面授课2分/人次。 ⑤外方合作院校QS等世界公认排名≤300名，+10； ≤200名，+15；≤100名，+20。
	3. 人才培养质量优秀	①机构、项目专业录取最低分较本校非合作办学同专业同省份录取最低分≤-10%，+5/专业；≤-5%，+10/专业；≤+5%，+15/专业。 ②当年机构、项目各专业毕业生毕业去向落实率≥90%，+10/专业；≥95%，+15/专业。 机构、项目学生当年就业质量：世界500强就业≥5%，+10/专业；国际组织就业≥5%，+8/专业；央企就业≥10%，+6/专业 深造率≥40%，+10/专业；≥50%，+15/专业。 ③机构、项目学生当年获得奖项：省级三等奖、+2/项，二等奖、+3/项，一等奖、+5/项；国家级三等奖、+6，二等奖、+8/项，一等奖、+10/项。 ④机构、项目学生当年赴国（境）外参加国际交流项目活动，+1/人。 ⑤机构、项目学生当年参与省级及以上级别活动，+2/项；当年获得省级及以上级别奖项，+5/人。 ⑥机构、项目学生当年发表中文核心期刊、重要国际期刊专业论文等，5分/篇；发表SCI或CSSCI论文+10分/篇。

续表

考核内容		考核标准与加分
基础项	自评报告	基础项得分按自评报告结果的40%计算。
加分项	4. 辐射作用充分发挥	①依托合作办学引进的外方优质教育资源,开拓其他领域交流合作并取得成果,+5/项。 ②机构、项目教师当年赴国(境)外参加国际交流项目活动,+1/人。 ③机构、项目教师当年发表中文核心期刊、重要国际期刊专业论文等,5分/篇;发表SCI或CSSCI论文+10分/篇。
	5. 积极助力全省高等教育合作办学发展	①在省级及以上主流媒体发布中外合作办学宣传稿件或视频材料等,+5/次。 ②协助省合作办学交流协会、省教育厅、教育部国际司等相关部门机构举办中外合作办学专题培训或会议等活动,+10/次。 ③受邀积极参与省级及以上级别的中外合作办学的评审、论证、专家研讨等活动,+5/人次。

注:成绩由基础项和加分项组成,基础项得分按自评报告结果的40%计算。加分项对照考核标准计分。

二 中外合作办学中观管理机制需要进一步完善

(一)有的政策制定还不能满足社会和学生需求

在制定中外合作办学相关政策时,还存在有的政策制定不能满足社会需求的现象。其原因在于,问题的解决并不是由单一政策文件实施就可以实现的,它涉及现实政策执行中方方面面的积极配合,这就需要相关配套政策的出台,建立一套完善的辅助政策体系。辅助体系政策制定地越完善,政策执行落实就会越顺利,效果也就会越好。特别是在保障措施方面,要做好充分的调研与思考,充分考虑到各项政策措施是否可行,如何实施并加以明确细化具有可操作性,或者以配套的政策文件形式予以单列制定,形成更加健全的政策体系,这样才能更加明确地指导政策执行客体做好相应的工作,提高工作成效。

(二) 有的政策服务高等教育对外开放的能力还有待提升

我国幅员辽阔，各省市、地区的经济发展状况不尽相同，物质条件和经济能力也是千差万别、大相径庭。国家层面的政策往往比较宏观，具有指导性，而省区市政策如果只是套用照搬，没有具体落地的方案，就会成为空中楼阁，不接地气。受多种因素影响，如思想认识不够解放，配套措施没有及时跟上，等等，中观层面政策服务高等教育对外开放方面的效果有时受到影响，导致教育对外开放的整体水平不高，优质资源引进不充足，中外人文交流不频繁，引进来与走出去之间不均衡，中外合作办学规模有待扩大、层次有待提高、质量有待提升，教育对外开放工作的推进力度和相关政策落实有待进一步强化。

(三) 国际环境纷繁复杂影响政策的执行效果

党的十八大以来，以习近平同志为核心的党中央坚持改革开放不动摇，我国经济稳定在世界第二大经济体并逐渐缩小与美国之间的差距，我国正迈着自信的步伐逐步接近世界舞台的中心。但在日益复杂多变的国际舞台上，我国却面临着来自西方霸权主义的无理干涉和经济制裁，面对当前纷繁复杂的国际政治环境，我国的对外开放政策面临着诸多风险和挑战。这也造成我们与发达国家开展中外合作办学会受到诸多国际因素的影响，有的国家限制我们引进优质教育资源，有的合作项目被迫停止，等等。

三 中外合作办学中观管理机制改进方向

(一) 进一步完善有关政策，加强区域顶层设计

中外合作办学已进入提升质量与内涵建设的新阶段，面临新的发展机遇和一系列发展中的新课题，中观层面担负着服务深化本地区教育领域综合改革、满足人民群众多样化教育需求、提升我国教育国际化水平等多重使命和任务。因此必须强化法治意识，不断完善地方区域性相关领域事项的有关政策，严格合作办学流程中的法务审核，进一步明确中外合作办学的性质和功能定位，依法厘清政

府、办学者、社会等不同主体在中外合作办学中的角色和职能，提供法律依据和制度保障。此外，不同省份有不同的区域特点和实际情况，作为省级教育行政主管部门，应制定中外合作办学的区域总体规划和发展战略，建立健全相关管理机构和协调机制，确保中外合作办学的有序进行。注重打造一批高水平示范性中外合作机构和项目，引进优秀的国外合作院校及学科专业，为全面深化教育领域综合改革作出有益探索，提供重要经验。

（二）加强办学过程的监管和服务，提高办学质量

中观层面需要加大对中外合作办学的监管力度，规范办学行为，提高办学质量。对本区域办学机构和项目进行定期自查、巡查，发挥优秀示范性机构、项目的引领示范作用。积极为高校搭建平台开拓渠道挖掘优质合作资源，促成中外合作办学机构、项目落地。加强社会、学生家长、用人单位等对中外合作办学的评价，建立健全信息公开制度和社会参与机制，提高中外合作办学的透明度和公信力，推动形成办学自律、社会监督、政府监管为一体的中外合作办学质量保障体系。此外，可以通过建立中外合作办学联盟等机构，加强不同性质、类别等同行之间互学互评互鉴，提高中外合作办学整体水平的提升。

（三）优化资源配置，加大对中外合作办学的支持力度

作为区域性的教育行政管理部门，省教育厅或市教委等应结合本区域的实际情况，统筹教育对外开放的布局，优化中外合作办学的资源配置，确保办学机构和项目的高质量发展和可持续发展。加强与教育部有关部门沟通，确保有关政策及时贯彻落实；加强与兄弟省份联系，通过学习交流和横向比较研究，发现存在的问题及时纠正。加强对中外合作办学的政策扶持和信息服务，提高其办学实力和竞争力。例如，按照办学成本核算与实际需要，兼顾公平和效率，优化中外合作办学学费标准；协调理顺简化外籍教师聘任、机构项目申报预审、税费核定等流程；在师生国际交流访问培训项目、举办参加国际会议、申报国际科研合作项目、外籍教师专家服务等

方面给予中外合作办学院校专项重点支持，等等。

第三节 微观层面管理运行机制研究

随着全球化的全面深入发展，高等教育竞争将更为激烈。对高校来说，高等教育国际化既有挑战也蕴含着历史机遇。高校中外合作办学实现高质量发展，科学合理、高效协调的管理运行机制就显得尤为重要。

一 构建完善的中外合作办学管理机制，做好学校各有关部门的统筹联动

（一）*必须坚持党对中外合作办学的全面领导，把中外合作办学纳入学校事业发展全局，做好顶层设计、统筹谋划*

首先，要严格贯彻落实中组部、教育部印发的《关于加强高校中外合作办学党的建设工作的通知》精神，"加强对中外合作办学党的建设工作的指导和监管，把党的领导贯彻到教育对外开放的全过程"。坚持马克思主义高校中外合作办学根本指导思想不动摇，坚持社会主义大学最鲜亮的底色，牢牢把握中外合作办学思想意识形态工作领导权、管理权、话语权，坚持立德树人，构建培养德智体美劳全面发展具有国际化鲜明特色的社会主义建设者和接班人的中外合作办学新模式。

其次，学校要加强顶层设计，统筹规划。中外合作办学是一项复杂的系统工程，涉及组织架构、学科专业、教学管理、学生管理、队伍建设、经费使用、资源调配等。面对新形势、新挑战、新任务，要坚持系统思维，做好学校国际化教育整体谋划以及中外合作办学发展规划。要有大局意识与责任担当，以服务国家战略与区域经济社会发展、培养国际化人才为目标，要时刻认识把握教育对外开放面临的国内外新形势。为满足工作需要，学校应成立党委直接领导下的外事工作领导小组，把中外合作办学纳入相关工作考核评价体系。建立健全外事工作机构、落实人员配置,统筹做好中外合作办学申报、运行、管理、教学、服务等联动。打造一支政治坚定、视野开阔、业务精湛、作风优良的中外合作办学工作队伍。加强各部门多元参与,协同治理新机制,形成推进中外合作办学的合力,积极推动本校中外合作办学事业发展。

第三,加强制度建设,形成中外合作办学高质量发展的保障机制。中外合作办学不是"面子工程",也不是"摇钱树",不能在申报时承诺"举全校之力支持",获批之后任其自生自灭。学校在中外合作办学学科专业、合作对象、培养模式、优质教育资源引进、教学管理、师资配备、学生管理等方面的推进落实中,在符合教育部、教育厅等相关部门政策要求的前提下,要形成制度保障,出台相关的支持政策与管理规定,实现中外合作办学方向稳定,运转高效。以笔者所在的河北科技大学为例,在谋划推进中外合作办学同时,学校就出台了《关于进一步推进教育国际化的实施意见》,成立由校党委书记、校长任组长,相关校领导任副组长,多部门组成的学校国际化领导小组,明确推进教育国际化的主要任务和措施,将国际化建设纳入学院目标管理和考核体系,设立专项资金支持。实施《中外合作办学项目管理办法》,明确校内申报流程、实施管理、经费管理分配,鼓励支持中外合作办学的谋划实施。

(二)构建人才培养质量保障机制,确保中外合作办学彰显优势

首先,要建立引进国外优质教育资源的保障机制。遵守契约精神,将双方关于引进国外优质教育资源的协议、备忘录等落到实处,这是引进外方优质教育资源的法律保障。充分发挥中外合作办学联合管理委员会的积极作用。做到按质按量引进优质教育资源,包括课程、师资、教学计划、系统平台资料等,共同商定培养方案、教学质量监控、教风学风评价、过程管理实施、外语教学安排等,融合中外方育人理念之所长,发挥教育者和受教者的主观能动性,形成引进外方优质资源的工作保障。

其次,建立中外合作办学过程性评价机制,激发学生平时学习的动力,改变传统的期末一考定成绩的传统评价模式,加大平时成绩比例,重视课程大作业、小组讨论、学生实践实训等考核环节。做好与外方就学籍管理、成绩考评、学分互认、学位颁发等相关管理制度的对接,避免出现管理制度的矛盾与漏洞。重视外语教学安排,着力提高学生外语水平,为进入外方专业核心课程学习,全面享用外方优质教育资源奠定语言基础。

以笔者所在的河北科技大学为例,实行校、院、系三级教学管理体制,在人才培养、科学研究、学科建设等多方面突显出鲜明的国际化特色。所有中外合作办学专业均为外方教师配备中方助教,全程跟进外方教学过程,双方共同开展教研活动,确保教学质量与授课效果,并对随时发现的问题进行反馈与改进。为确保合作办学实效,设有学生评教、教学督导评教和教师同行互评等教学质量监督机制,通过采取学生评教、名师听课、讲课比赛、期中教学检查、调取教学档案、师生座谈等措施实施全程教学评价和监控。积极学习借鉴外方院校教学管理和过程考核的优势,中外合作办学二级机构——澳联大信息工程学院成立教学管理中心,开发相应的教学管理系统,完成教学运行跟踪和课程系统管理。建立符合中外合作办学特点的外语教学体系,选配优秀中外师资承担中外合作办学英语、韩语教学,切实提高合作办学学生外语水平。

二 把握中外合作办学的核心要素,加强国际化师资队伍管理

(一)建设国际化高水平师资队伍是中外合作办学高质量发展的关键

中外合作办学的优势在于引进吸收国外优质教育资源,师资队伍建设作为优质教育资源的承载者,不仅决定了学生培养的质量,也直接影响合作办学的层次水平与可持续发展能力。加强中外合作办学师资管理,建设可靠、过硬的教师队伍为中外合作办学的高质量发展提供有力保障。

首先,学校要建立科学合理的中外合作办学教师上岗选拔机制,

注重教师的专业背景、教学经验和语言能力。对于外籍教师，应确保他们具备相应的教学资质和教学经验，并对其进行严格的审查和评估。由于中外合作办学机构的师资队伍主要由外籍教师、海归人员教师等组成，师资队伍整体呈现年轻化、海外留学背景、多国籍等特点，在用人制度方面，采取灵活的招聘方式与绩效工资制度。

其次，无论中方教师，还是外籍教师，均需要加强师德师风建设，树立教师的敬业精神、责任意识和道德观念。建立教师培训机制，定期组织教师参加教学能力、外语专项、涉外事务政策培训，提高教师的政治素养、教学水平和专业能力。

第三，建立完善的教师考核和评价机制，对教师的教学质量、学术研究、育人效果等方面进行全面评估。同时，应将考核结果与教师的聘任、薪酬、晋升和奖惩等方面挂钩，以激励教师不断提高自身素质。促进师资队伍交流合作，鼓励教师参加学术会议、研讨会等活动，提高教学水平、业务能力。关注教师身心健康与工作生活需求，为其提供良好的工作环境和生活条件。

（二）建设一支国际化的管理队伍是中外合作办学良性运转的重要支撑

首先，坚持以学生为中心，建立一支中外合作办学学生管理队伍。中外合作办学学生有其自身的特点，如普遍家庭条件较好，入学分数相对偏低，发展期望值偏高，等等。在中外合作办学的学生管理中，要准确把握人才培养共性和个性的辩证关系，正确看待和积极回应学生的需求日趋多样化、发展路径和目标日益多样化的客观现象，按照人才成长规律，培养德智体美劳全面发展与堪当民族复兴重任的时代新人。贯彻落实党的教育方针，明确"培养什么人、怎样培养人、为谁培养人"的问题。针对这些学生受到相对多元化的价值影响，加强中国文化教育与国际理解教育，厚植其爱国主义精神和民族文化认同。同时，培养学生的国际视野，使学生了解世界多元文化，关注世界发展大势，提高对多元文化的认知、包容和理解，学会尊重他国文化，进而培养学生的人类命运共同体意识。

在第二课堂活动体系建设中，充分发挥国际化优势，以全球胜任力培养为目标，开设具有校本特色的第二课堂活动。① 以笔者所在的河北科技大学为例，机构、项目均从一年级开始就选聘优秀的专业教师担任中外合作办学的班主任或导师，充分实施"三全育人"。与新西兰怀卡托大学合作举办的金属材料工程专业本科教育项目探索"目标导向"引领书院制教育管理新模式，开展国际书院（开源书院）建设。项目所在的材料科学与工程学院按照1∶10的比例选聘优秀的专业教师担任导师，营造合作办学项目思想政治教育良好氛围，帮助学生树立正确的世界观、人生观、价值观与专业观。与韩国祥明大学合作举办的工业设计工程专业硕士研究生项目采用双导师制，在中韩双方各指定一名导师作为指导教师，在思想引领与专业产业探索方面进行全方位育人。

其次，建设一支国际化的教学管理队伍。引进外方的优质教育资源，除引进优质的学科专业外，也包括先进的教育教学管理理念。因此，加强中外合作办学的国际化教学管理建设也同样重要。外方注重课堂教学中与学生的充分互动，注重学生对知识的综合运用，注重学生的学术诚信建设，注重激发学生的创新精神，注重学生实践能力提高，等等，都会有配套的教学制度或手段来实现。相对而言，上述理念在我们传统的教学管理中还停留在"提倡、号召、鼓励"，落到制度化规范化和可操作性上还不够。此外，我国高校在研发和运用信息化智慧化的教学管理系统方面还有一定差距。笔者所在河北科技大学与澳大利亚联邦大学合作的二级机构澳联大信息工程学院，外方教学管理系统功能非常强大，信息化手段较高，实现了所有教学档案的信息化管理。其中包括课堂教案讲义的管理，课堂作业成绩的管理，综合测试试卷的管理，平时成绩的管理，学生学术诚信的管理，等等，非常值得我们学习借鉴。以上这些都需要

---

① 刘卫红、安然、徐正威、涂晓韦、闫秋霞、岳仲雪：《地方高校全球胜任力人才的本土国际化培养路径研究》，《中原工学院学报》2023年第5期，第62页。

建设一支高水平的教学管理队伍来实现，才能保障中外合作办学的国际化教学优势得到发挥，并给传统的教学管理改革起到辐射促进作用。

三 加强财务管理制度建设，赋予中外合作办学较高自主权，是中外合作办学良性发展的重要保障

《中外合作办学条例》明确提出，中外合作办学学费收取的费用，应用于教育教学和改善办学条件。完善的财务管理制度，是规范中外合作办学经费的使用和管理，确保财务活动合法性和规范性的前提。

（一）高校必须加强成本核算与预算管理工作

除国家必要的财政支持外，学费收入是目前中外合作办学投入的主要来源，提高办学质量就必须要持续加大办学投入，改善办学条件，特别是选聘高水平师资，建设一流的教学环境。因此需要结合办学成本及招生区域经济水平，在确保公益性与办学需要的前提下，尊重市场规律，适当调整学费收入，从而保障中外合作办学高质量发展。

（二）强化对中外合作办学资金的管理，建立专门的账户和财务核算体系，确保资金的安全与合理使用

推行财务公开制度，定期公布中外合作办学的财务收支情况，增强财务活动的透明度和公正性。加强审计监督工作，对中外合作办学的财务活动进行定期或不定期的审计。强化财务管理人员及合作办学相关人员涉外法律法规与财务税务政策的学习研究，提高相关管理人员的专业素养和综合能力，为中外合作办学财务机制建设提供制度与人员保障。建立完善的风险防范机制，及时发现和防范中外合作办学过程中可能出现的财务风险，避免因财务风险导致损失和不良影响。

（三）应赋予中外合作办学机构或项目较高财务自主权，确保财务支出用于中外合作办学良性循环发展

当前，全国高校的中外合作办学除少数独立的中外合作大学外，

主体是二级机构和项目。按照目前财务管理体制，二级机构和项目财务管理都需要在学校统一预算内管理，这就造成有的学校没有给中外合作办学二级机构或项目财务自主权，而是统筹经费管理，造成有时会占用中外合作办学经费的现象。因此，在实际运行中，有必要对中外合作办学的经费进行明确的划分，给予中外合作办学负责人较高的自主权。以笔者所在的河北科技大学为例，专门出台了《中外合作办学经费管理办法》，明确中外合作办学收入按照"收支两条线"要求纳入财政专户管理，中外合作办学收支纳入学校年度财务预算，但必须对二级机构或项目划拨足额经费，确保中外合作办学经费使用，支持中外合作办学高质量发展。

实践篇

一 河北科技大学与澳大利亚联邦大学合作举办澳联大信息工程学院分析报告

河北科技大学澳联大信息工程学院是由河北科技大学与澳大利亚联邦大学合作，于2019年5月获得教育部正式批准设立的非独立法人中外合作办学机构（许可证编号：MOE13AUA02DNR20191978N），同年开始招生。

一 办学基本情况

学院招生纳入国家统一本科招生计划。开设专业为电子信息工程（080701H）、计算机科学与技术（080901H）、软件工程（080902H）、信息管理与信息系统（120102H），每专业每年招收50人，办学总规模800人。学院采用4+0双学位的办学模式，即学生在河北科技大学学习四年，完成中澳双方共同制定的培养方案，达到颁发学位条件，即授予河北科技大学本科毕业证书、学士学位证书以及澳大利亚联邦大学学士学位证书。学院四个专业录取分数逐年提高，目前与非中外合作办学专业录取分数逐步接近。学院收费标准严格按照河北省发改委、财政厅、教育厅审批标准执行，2019级至2021级为28000元/生·年，2022级起为40000元/生·年。

二 两校专业契合优势互补是开展合作办学的前提

（一）河北科技大学合作学科专业概况

河北科技大学是河北省骨干大学，拥有较强的信息工程领域学科优势，2022 年计算机科学与技术专业入选国家级一流本科专业建设点，电子信息工程、信息管理与信息系统为省级一流本科专业建设点。拥有"计算机软件与理论"和"数量经济学"2 个河北省重点学科，计算机科学与技术和信息与通信工程 2 个一级学科学术硕士学位授权点，以及电子信息专业学位硕士授权点。建有"河北省智能物联网技术创新中心""智慧教育大数据研究中心""生产经营一体化云实验教学中心""河北省电子信息本科教育创新高地"等十余个高水平教学和科研平台，拥有信息类博士生联合培养资格，多名专业教师获得"河北省突出贡献专家""河北省'三三三'人才""河北省教学名师"等称号，担任中国计算机学会专业委员会委员、河北省计算机学会副理事长和常务理事职务、河北省计算机教育研究会常务理事等。学校高度重视信息类学科的发展，以服务于区域经济建设、满足信息产业发展需求为导向，立足河北、面向京津冀、对接全国，培养具有软硬件扎实基础，具备较强工程实践能力、创新意识和团队精神的高素质应用型人才。

（二）澳大利亚联邦大学合作学科专业概况

Federation University Australia（简称 FedUni）是教育部认可的澳大利亚一所多领域、地区性、综合类的公立大学。2014 年由世界名校莫纳什大学吉普斯兰校区与澳大利亚最为悠久的大学之一巴拉瑞特大学（1870 年建校）合并而成，办学经历长达 150 余年。覆盖了澳大利亚的巴拉瑞特（Ballarat）、伯威克（Berwick）、布里斯班（Brisbane）、吉普斯兰（Gippsland）以及威默拉（Wimmera）等多个地区，拥有 2 万多名的澳大利亚本土和国际学生，以及 118000 多名遍布澳洲及世界各地的毕业生。该校具有一流的科研水平和卓越的教学表现，在全球享有盛誉，被评为"泰晤士报 2030 年明日之星"

一 河北科技大学与澳大利亚联邦大学合作举办澳联大信息工程学院分析报告

国际公认的20所全球大学之一。根据2021年发布的澳大利亚优秀大学指南（Good University Guide），联邦大学在14项排名中，取得9项5星排名。澳大利亚联邦大学在颇具影响力的2022年泰晤士高等教育世界大学排名（The World University Rankings）综合排名601—800；泰晤士高等教育2023年世界年轻大学排名中，位列全球151—200名；在泰晤士报2023年世界大学单科排名中，工程技术专业跻身全球301—400的行列，在全球计算机科学排名前401—500。学校是在论文引用研究影响力方面提升最快的大学之一，也是在亚太地区国际视野排名最高的大学之一。在2023年澳大利亚优秀大学指南中，该校师生比及与行业连接紧密的研究生项目均位列全澳前10名。学校本科毕业生的学生支持度和毕业生起薪水平在维多利亚州取得了排名第一的好成绩。

目前，澳大利亚联邦大学是全澳大利亚第一个将全球认可的合作教育模式（Co-operative Model）嵌入所有课程的澳洲公立大学。这个合作教育模式获得澳大利亚教育部的支持和认可。从2025年起，合作教育模式将嵌入到每个联邦大学的课程中。这一教育改革确保学生在毕业时拥有领先的实际工作技能和职场通用技能。作为维多利亚州唯一同时提供高等教育，科学研究和职教培训的地区性大学，澳大利亚联邦大学运用理论联系实践的实用性的授课内容，为学生提供与行业结合紧密的课程与技术知识。在商学、信息技术、工程、环境科学、体育科学、教育、护理学、社会学等方面的课程，都得到了行业的高度认可。

澳大利亚联邦大学在计算机信息工程领域具有世界领先水平，拥有多媒体计算、通信和人工智能研究中心，信息和优化研究中心两个世界领先的研究中心；校园内建有"联邦大学工业园"，被澳大利亚"优秀大学指南"评为教学质量全澳最高——优秀五星级；IBM作为世界领先的科技公司，已入驻巴拉瑞特科技园区超过25年。通过这些先进的设施，IBM在亚太地区为客户提供创新的信息与通信技术（ICT）服务。澳大利亚联邦大学信息技术分为计算机科学、软件工程、数据科学、人工智能、网络安全等多个领域。教师来自世界各地，拥有丰富的学术和实践经验。目前开展合作的专业隶属创新、科学与可持续发展学院。学院开展的专业包括工程、科学、信息技术和商业等多个领域，为学生们提供了包括学士、硕士和博士等多种学历课程。在国际上，学院以培养出具备专业知识和最新技能的毕业生而享有盛誉。科研目标是产出新知识，以此对地区、国家乃至国际带来贡献，为行业和社会增加价值。在最新的澳大利亚卓越研究（ERA）评估中，学校80%展开的研究领域被评为达到或高于世界标准。在人工智能与图像处理领域获得了四星级的评级，即高于世界水平。学校为学生提供最新的资讯科技理论和实践操作技能，鼓励学生发展良好的沟通、学习和解决问题的能力。使学生学习掌握编程技能，更好地与软件研发人员沟通，探索网页设计、系统建模和用户体验的相关信息，为从事信息技术（IT）相关工作或继续深造打好基础。

三 规范健全的机构管理机制是顺利运行的保障

澳联大信息工程学院下设党政办公室（综合事务部）、教学科研办公室（教学管理部）、团委（学生工作部）。按照中外合作办学章程规定，双方共同成立联合管理委员会，由9名委员构成，中方5名，澳方4名，负责学院运行和事务决策。学术委员会是学院教学科研工作的监督和评估组织，在联合管理委员会领导下工作。学院每年召开联合管理委员会会议及学术委员会会议，汇报学院工作，商讨解决问题，确保学院顺利运行。与澳方建立良好的协商沟通机制，在持续强化教学组织、学生管理、运行保障的基础上，努力开拓科研合作、人才联合培养平台，构建高度开放的信息技术联合研究和合作办学教学研究服务的格局。

学校认真贯彻落实中外合作办学相关政策规定要求，根据《河北省级财政支出绩效评价办法（试行）》等文件规定，积极落实中澳双方签署的协议、章程有关约定，对澳联大信息工程学院的财务

一 河北科技大学与澳大利亚联邦大学合作举办澳联大信息工程学院分析报告 / 167

统一管理，开设学院专门账号，专款专用，严格执行经费收支、资产管理、项目招投标等各项规定，严格秉承合作方非营利性原则，全力保障机构运行建设。

四 打造过硬的中外方师资队伍，发挥教师主导作用

澳联大信息工程学院师资由河北科技大学具有海外留学背景的计算机信息类高水平师资团队和澳大利亚联邦大学相关专业师资团队以及学院聘请的专业英语师资团队构成。

疫情之后，澳方每学期派驻7—8位专业课外教来校长期授课，其中有1位教学负责人。外方的管理者和教学负责人会定期与学院负责人沟通，了解外方教师的教学情况，以便做出快速改进。外教老师定期与中方教师进行教学研讨，与学生进行座谈。外方多次为学生进行学术诚信方面的讲座，讲述了学生在作业、论文、考试中应该注意的事项，增强学生学术诚信意识。双方教师还通过教学研讨沙龙与讲座培训等方式，就教学体系和系统、教学方法等进行研讨学习，进一步加深双方理解与合作。

同时，中方也派出优秀专业师资赴澳方进行培训交流。2023年有8位教师前往澳大利亚联邦大学进行了培训，学习和熟悉了外方的课程内容、教与学的相关过程和制度、教学方法和教育理论，观摩了澳大利亚联邦大学的课堂和辅导环节，讨论了学术诚信相关事宜，学习和体验了外方的教学管理系统，与外方学术人员探讨了课题设计与评价，参与了学术研讨会，培训学术英语课程以及营造以学生为中心的环境，了解澳大利亚联邦大学的博士培养的相关情况。通过培训，参与培训的中方教师进一步了解了外方的教育教学理念和方法，熟悉了相关教学工具和系统，开拓了国际视野、提升了教学综合技能和素养。此外，部分来校任教的专业课外教老师已经和研究方向相近的中方教师自发地进行学术研讨，探索科研工作的合作路径。

针对英语教学的需求，学院成立了语言中心，聘用并打造了一支学术英语（EAP）教学队伍，负责英语教学、课程建设、教学研究、EAP考试等工作。几年来，语言中心的教师不断和外方EAP教学负责人在EAP教学内容研讨、EAP考试组织等工作的交互中，逐渐成长并积累了教学经验，已成为学院教学的重要力量，在学院建设方面发挥了重要作用。

五　完善培养人才体系，紧紧把握中外合作办学核心要务

澳联大信息工程学院明确人才培养目标，培养德、智、体、美、劳全面和谐发展，具有国际视野，能够参与国际竞争，具有团队合作与跨文化沟通能力，掌握专业基本理论知识、技能及方法，具有较强的工程实践能力与创新能力，能跟踪专业领域国际前沿知识，胜任有关计算机科学技术、软件工程、电子信息工程、信息管理与系统等专业领域的研究、开发、应用及维护等工作的高素质应用创新型人才。

双方共同完善修订学院各专业培养方案，确保引入澳方优质专业核心课程资源，并与中方课程融通，形成体现双方专业优势的课程体系。在引进过程中学院注重将外方教师、外方课程转化为教育教学优势，最终转化为学生的成长成才优势和学院的办学优势。学院与外方教学管理人员经过反复研讨协商，在满足教育部对课程体系基本要求前提下，持续完善培养方案，优化双方课程和教学内容，有效地提高了中外课程的契合度，既保留中方培养方案学科基础理论扎实的优势，又凸显外方课程对专业新动态趋势捕捉敏感的优势。学院平均每个专业引进澳方15门专业核心课。各项比例均符合教育部中外合作办学相关要求。

引进的外方专业核心课程，全部由外教老师授课，一次理论课配一次实验课，实验课全部采用单班教学方式，每门课程都配有中方助教老师，通过中外双方老师的合作，有效地保障了授课质量。外方课程非常注重过程评价，大作业和阶段测验通常占据成绩的比例很大，通过较为综合性的大作业激发学生主动学习的动力，给学

生带来了一定的挑战性，也是将知识转化为能力的重要手段，这一点给中方老师和学生留下深刻印象。此外，外方课程通常会借助一些模拟和仿真软件，让学生进行练习和体验，从而帮助学生更好地理解课堂所学知识。通过对澳联大学院 524 名参与调查问卷的学生反馈意见来看，41% 的学生对外教任课质量的满意度认为非常满意，40% 的学生对外教任课质量感觉满意；86% 的学生认为充分引进了外方优质的教学理念、管理方法和教学资源。

学院对英语课程教学进行全面评估后，与外方共同研讨并调整优化英语教学方案，增加 EAP 英语成绩列入学生注册可选条件。每年逐步完善 EAP 教学内容，以 25 人小班形式进行沉浸式英语教学，建立远程 EAP 考试的标准流程，大力提升学生英语的"听、说、读、写"能力。通过语言中心老师的努力，目前已经建设了大量的 EAP 教学课程资源，积累了教学经验。此外，外方派来的专业老师在上课之余，定期参与学院师生的英语角和汉语角活动，增加了师生之间的互动，很好地浓厚了学院的国际化氛围。通过对澳联大学院 524 名参与调查问卷的学生反馈意见来看，53% 的学生认为外语水平有了明显提升，41% 的学生认为外语水平有了提升。

学院通过使用 Moodle 课程系统和 fdlGrades 教学管理系统，加强了教学过程管理。Moodle 是澳方使用的课程管理与学习平台，教师可以集中管理和提供丰富的课程资源，包括实验材料、阅读资料、课堂回放等，方便学生获取学习资料；提供评估管理功能，包括作业提交、评分和反馈，便于教师有效地跟踪学生表现，并根据学生的进展对学生进行早期预警，为师生提供了强大的支持和便利。fdl-Grades 是澳方的集中管理平台，是合作办学双方教师和管理人员之间的沟通枢纽，促进多方协作、实现信息及时更新与共享；fdlGrades 通过自动分析学生数据，分别在学期初与学期末确定可能需要帮扶的学生；老师可以通过制定个性化帮扶计划针对性地进行干预，通过早期干预，帮助学生发现问题、解决问题，最终达到学习目标。

六　凝练办学成效特色，凸显中外合作办学优势

截至2023年年底，澳联大信息工程学院已顺利招收5届学生，并将迎接教育部首次评估。经过五年的实际运行，学生培养质量得到学生、家长、外方院校以及社会的肯定。学院首届毕业生已顺利毕业，目前近20人收到爱丁堡大学、曼彻斯特大学、悉尼大学、墨尔本大学等海外名校硕士研究生录取通知。持续优化EAP英语教学体系，2019级、2020级和2021级通过率均为100%。学院学生参加互联网+大学生创新创业大赛、电子设计竞赛、"世纪之星"英语演讲大赛等各类赛事，获得国家级奖项5项。4个合作办学专业均通过了澳大利亚计算机协会（ACS）的ICT项目认证，毕业生质量达到了ICT项目认可。通过对澳联大学院524名参与调查问卷的学生反馈意见来看，96%的学生认为对教学质量感到满意。

学校累计投资800余万元人民币进行学院办学环境与配套设施的改造升级。新建50座多媒体教室8间、100座多媒体阶梯教室4间、30座讨论式教室6间、课程设计室5间、计算机实验室2间、多功能教室1间，心理咨询室1间、教学档案室1间、学生创新实践活动室2间，建立语言中心教研室、专业教研室、外专阅览室各1间。优化了办学环境条件，改善了硬件设施，提高了学院师生学习工作的便捷舒适感。

随着澳联大信息工程学院的建设和发展，已经为学校建立起一支国际化的管理队伍和教师队伍。学院教学和学生管理人员已经掌握澳方的教学管理方面的规则和制度，有利于下一步双方进一步深度合作。目前，已经有40余位教师先后参加过澳方课程的助教工作，他们已经熟悉外方的教学理念、教学手段，通过与外方教师的合作和交流，提升了中方教师的外语能力和国际化水平。中方师资国际化水平的提升也会进一步辐射到中外合作办学专业中方课、非中外合作办学专业以及来华留学生的教学中。通过举办中外合作办学教学研讨沙龙，澳联大信息工程学院为中方师资的国际化提供了

良好的环境，同时也为全校提供了中外合作办学教学研究的平台。

学院已建立起一系列机制和制度。目前，已经与澳方建立学院班子、教学办、语言中心、助教老师等全方位的沟通机制，沟通顺畅，并在学院的教学运转中发挥着重要的作用。例如，由外方副院长、外方专业负责人、中方教学副院长、中方学生管理负责人等组成管理领导小组，每 2 周左右进行关于专业建设、课程体系、课程运行与考核等方面的研讨，及时掌握教学运行中存在的问题并制定整改策略。实践证明，这种机制在有机融合双方课程、形成独具特色课程体系以及教学运行质量保障等方面起到了关键性作用。

通过一个教学周期的运行和磨合，学院教学办已经逐渐形成一套兼容双方教学制度的教学管理机制，在选课、考试、成绩录入、学籍管理、排课等方面逐渐形成一套自己的制度和办法。制定了助教老师工作职责，明确了助教老师在澳方课程中的角色，规定了课前、课上、课后、考试等环节需要完成的工作；同时也为助教老师编纂了助教手册，以便助教老师可以方便地使用外方教学系统和资源。

学院成立教学督导组，制定学院教学督导管理办法，形成常态化巡课、听课、评教、师生座谈等机制；针对外教课程内容、教材讲义、课堂教学，建立助教和学生信息反馈制度，全程掌握教学运行情况，并及时整改发现的问题。此外聘请英语专业教授作为英语教学督学指导英语教学。定期开展英语教师教研活动，研讨 EAP 英语教学的模式和方法，提高教师教学水平，提升学生英语的学习和运用能力。

七 坚持党的全面领导，确保社会主义办学方向

学校坚持党对中外合作办学的全面领导，落实立德树人根本任务，将澳联大信息工程学院党建工作纳入学校统一管理考核体系。澳联大信息工程学院党总支坚持以习近平新时代中国特色社会主义思想为指导，不断加强政治学习，提高政治站位，强化党建工作，

全面把控中外合作办学意识形态主阵地，持续强化政治建设、思想建设、组织建设和作风纪律建设，把思政工作和师德学风教育贯穿于学院日常工作中。制定学院"十四五"发展规划，引进吸收国际高等教育先进的办学理念、课程体系、教学方法和管理经验，致力培养既富有家国情怀、国际视野，又具备跨文化交流合作能力和创新发展能力的高质量应用型人才。

建立传统文化教学研究室，将中华优秀传统文化有机融入学生活动中，以文化育人。聘请马克思主义学院 8 位博士教师担任德育班主任，推进党的理论、思政工作入心入脑。建立学院新媒体中心，在党的建设、意识形态、招生宣传、科技创新、文体活动、疫情防控等方面加强新闻宣传阵地建设。

八 努力改进方向

（一）进一步提升教育管理服务水平，形成系统的学习交流机制

加强与上级主管部门、兄弟院校、外方合作院校、用人单位、学生与家长的调研学习交流，听取意见建议、吸收经验做法，使澳联大信息工程学院的教学、管理运行团队能够进一步提高教育教学与管理服务水平，推进学院高效运行。

（二）严格对标示范性优秀合作办学机构的办学水平，推动构建学院高质量办学体系

在已有引进外方课程、教学管理系统、考核评价办法的基础上，在课程设置与专业发展需要、学生培养目标的适配、授课内容更新调整、课程体系建设等方面提质增效。同时，将中外融通的课程体系、教学团队、评价机制辐射影响更多师生，促进实现培养高质量国际化复合型专业人才的目标。

九 澳联大信息工程学院学生反馈

1. 刘春晓，澳联大信息工程学院首届毕业生，目前在英国曼彻斯特大学攻读健康数据科学硕士学位。

一 河北科技大学与澳大利亚联邦大学合作举办澳联大信息工程学院分析报告 / 173

个人感言:"通过四年的亲身经历,深刻体会到因为中外合作办学的特殊性,使学生面临着比非合作办学专业学生更大的学业压力。学院在教学组织、学生管理、思政党建等多方面始终坚持高标准、严要求。感受最深的就是外方课程与传统的国内课程不同,更聚焦高精尖的技术,更注重过程性实践培养。从游戏设计到网页设计,从企业分析到数据分析,外方课程的大作业对学生而言是全新的挑战。学生正是在不断的挑战中一步步突破自我,掌握新技能,助我获得了百度、快手、360 三家大型互联网企业的实习机会。学院提供大量的英语课程和全英文教学模式,使我大二学年一次性通过四、六级考试,并取得雅思 6.5 分。前三年平均学分绩点 3.62,连续综合测评班级第一,荣获国家奖学金和河北省三好学生荣誉称号。正是因为依托中外合作办学平台,使我开阔了国际视野,提升了外语水平与专业学术能力,明确了出国留学的目标。学院也为准备出国的学生提供了大量资源,不仅在大一期间提供大量的英语课程帮助我们解决语言障碍,同时举办各类留学辅导讲座帮助我们了解出国流程,澳方的 Grant 教授很热心帮助我写推荐信,这使得我整个申请季异常顺利。最终顺利获得了英国爱丁堡大学、曼彻斯特大学、布里斯托大学,澳洲国立大学、悉尼大学、新南威尔士大学等多所国际知名院校数据科学硕士的 offer。因为有澳联大,我才能在知识的海洋中遨游;更是因为有澳联大,我才能赴英留学,在曼彻斯特大学百年历史的图书馆写下这篇文字。"

2. 宋炯皓,澳联大信息工程学院首届毕业生,目前在墨尔本大学攻读信息技术硕士。

个人感言:"在河北科技大学澳联大信息工程学院软件工程专业就读期间,我接触了广泛的课程内容,通过这些课程,我建立了坚实的计算机基础知识和编程技能。同时,我也参与了竞赛和实习,将所学知识应用于实际问题的解决中。这不仅提高了我解决问题的能力,还培养了团队合作和沟通技巧。毕业后,我决定在墨尔本大学攻读信息技术硕士专业。这是一个全新的环境和挑战,但我充满了激情和动力。在墨尔本大学，我进一步扩展了自己的学术视野和研究能力。我不仅在暑期加入了墨尔本大学的数字化资产团队，完成了从学生身份到工作人员的转变；还成功通过选拔，负责迎接信息工程学院 2024 年新生工作。通过在中外合作办学机构的学习，我得以接触到不同国家和文化的学术、思想和社会风貌。在日常教学中，我们的外教老师会将国外的文化和风土人情融入课堂，让我们更全面地了解世界的多样性。此外，澳联大学院举办的英语角等活动也为我们提供了近距离感受不同文化的机会。这样的经历不仅拓宽了我的国际视野，也让我更加开放和包容。在学术方面，我有幸提前接触到了国外的课程模式，例如 Lecture 和 Tutorial 的区别。Lecture 主要是教师授课，而 Tutorial 则专注于练习课堂知识，并与同学们进行互动和讨论。这帮助我在初来乍到墨尔本的时候更好地适应了新的学习环境。我也对作业和考试的形式有了更清晰的认识，这让我能够更有针对性地准备和完成学术任务。"

3. 侯天成，澳联大信息工程学院首届毕业生，毕业后考取北京交通大学硕士研究生。

个人感言："回首在河北科技大学澳联大信息工程学院的光阴，心潮澎湃，激动难以言表。四年的学习生活不仅赋予我扎实的专业知识基础，更以家国情怀和国际视野的独特教育理念，引领我走向了跨越知识海洋的远航。家国情怀的教育，让我有机会深入学习国史国情。通过参加学院组织的多次社会实践活动，我深入了解了我国的发展历程、现状及未来方向。这种深厚的文化积淀，让我不仅在专业学习上有所建树，在国家和民族未来的发展上也有着自己的思考和规划。国际视野的培育更是让我受益匪浅。学院提供的语言课程、外教课程让我有机会接触到国外先进的教育体系和技术发展。通过与国际学者的交流，我见识了不同文化的碰撞和融合，这种体验让我意识到，在全球化快速发展的今天，一个宽广的国际视野对于个人发展来说至关重要。在以后的学习和工作中，这将是我立足世界舞台的有力武器。如今，作为北京交通大学的研究生，我仍然

一 河北科技大学与澳大利亚联邦大学合作举办澳联大信息工程学院分析报告 / 175

不断地在学习、探索和进步中。每当遇到挑战和困难，我都会想起澳联大信息工程学院曾给予我的鼓励与支持，那些日子里的收获和感受，成为我坚定信念、不断前进的力量。学院的每一位老师和同学，都是我宝贵的财富。在未来的日子里，我将以母校为荣，持续传承学院的特色，用自己的实际行动来回馈社会，为我们伟大的国家贡献出一份属于自己的力量。"

4. 高思源，澳联大信息工程学院2021级学生。

个人感言："经过两年的就读经历，体会最深的是学院对英语学习的严格要求，这使我的英语水平有了较大进步，不仅体现在笔试上，更重要的是英语发音与语感，我的英语沟通能力有了显著提升。除此之外，明显感受到外方课程与中方的课程思路不同，外方课程更加注重过程质量，专业的大作业开拓学生思路，考验学生综合运用专业知识的能力。中方课程也较非合作办学专业做了很大调整，专业老师鼓励学生用演讲加知识结构图展示的方式交流对专业知识的理解，学生需要课下做全方位的准备，全面锻炼了学生的综合素质。"

5. 张家骥，澳联大信息工程学院2022级学生。

个人感言："虽然最初是怀着忐忑心情选择报考的中外合作办学机构，但经过一年多的经历后，证明了自己最初选择的正确。家长也惊叹无论思想观念还是学习态度以及生活习惯方面的变化与成长。英语教学一改题海模式，由不同的英语老师分别负责听力、口语、写作、阅读，小班精细化教学，课堂气氛活跃，作业不再是传统模式，而是口语展示、社会调查、时势分析等。卷面成绩不再是衡量同学成绩的唯一标准，而是增加了课堂表现、课堂互动等。精彩的外教课和丰富的中外交流活动更是令学生期待。"

二 河北科技大学与澳大利亚联邦大学合作举办环境科学专业本科项目分析报告

河北科技大学与澳大利亚联邦大学合作举办的环境科学专业本科教育项目（批准书编号：MOE13AU2A20141657N），于2014年获教育部批准设立，2015年开始招生。

一 项目基本情况

项目环境科学（中外合作办学，代码082503H）专业纳入国家统一招生计划，每年计划招生100人，现已招生9届。项目采用4+0双学位培养模式，即学生在河北科技大学学习四年，完成中澳双方共同制定的培养方案，达到颁发学位条件，即授予河北科技大学本科毕业证书、学士学位证书与澳大利亚联邦大学学士学位证书。项目招生9年以来，录取分数逐步向好趋稳，办学成效得到认可，生源质量得到保障。项目收费标准，2015级至2021级为17000元/生·年，2022级起为25500元/生·年。项目旨在培养德智体美劳全面发展，具有良好的外语水平，掌握环境科学的基本理论、基本知识和基本技能，具有国际化视野，通晓国际规则，具备科学研究和创新意识，能在环境监测、环境影响评价、环境规划与管理、环境治理、环境咨询、环境执法、环境科学教学和科研等领域工作的国际化应用型人才。在 2019 年教育部中外合作办学评估中成绩合格，办学效果良好。

二　双方合作的学科专业基本情况

河北科技大学环境科学与工程专业成立于 1977 年，是我国最早设置的七个环境类专业之一，为教育部环境科学与工程类专业教学指导委员会成员单位和高等学校安全工程学科教学指导委员会成员单位，拥有环境科学与工程一级学科硕士学位授权点和资源与环境专业硕士学位授权点。环境工程为河北省重点学科，环境科学与工程学科被河北省列为国家"双一流"建设学科。环境工程专业为国际工程教育认证专业、国家一流专业建设点，环境科学、安全工程、给排水科学与工程专业为省级一流专业建设点。2007 年入选省本科环境教育创新高地，成为省品牌特色专业。教学研究成果"环境类复合型国际化人才中外合作培养模式的创新与实践"获河北省教学成果奖三等奖；2021 年环境科学专业中外合作办学教学团队获"河北省本科院校优秀教学团队"称号。学院现有教职工 90 人，其中专职教师 69 人。教师中教授 24 人，副教授 25 人；具有博士学位 57 人；硕士生导师 49 人，校外特聘导师 12 人。教师中享有国务院政府特殊津贴专家 1 人，享有河北省特殊津贴专家 3 人，河北省有突出贡献中青年专家 1 人，河北省"三三三"二层次人才 1 人、三层次人才 5 人，河北省教学名师 3 人，校级教学名师 4 人。学院建有"环境工程国家级实验教学示范中心"和"河北科技大学—华北制药集团有限责任公司工程实践教育中心"2 个国家级教学平台。近年来，完成国家特色专业、专业综合改革试点、卓越计划等国家级教学质量工程建设项目 6 项，《环境保护与可持续发展》为教育部课程思政示范课程，共建《环境监测》为国家级精品资源共享课程，拥有省级精品课程 6 门、省级一流课程 3 门、省级教学团队 1 个。建有"挥发性有机物与恶臭污染防治技术国家地方联合工程研究中心（河北）"和"国家环境保护制药废水污染控制工程技术中心"2个国家级科研平台，以及"河北省环境污染综合防控协同创新中心""河北省污染防治生物技术重点实验室"等8个省级科研平台。

澳大利亚联邦大学（Federation University Australia，简称 FedUni）是澳大利亚政府公立大学，现有2万余名学生，2014年由世界名校莫纳什大学吉普斯兰校区与澳大利亚最为悠久的大学之一巴拉瑞特大学（1870年建校）合并而成，连年被澳大利亚"优秀大学指南"评为"教学质量优秀五星级"大学，毕业生就业率和毕业生满意度在澳洲名列前茅。开展合作办学的专业隶属创新、科学与可持续发展学院，学院开展的专业包括工程、科学、信息技术和商业等多个领域，为学生们提供了包括学士、硕士和博士等多种学历课程。在国际上，学院以培养出具备专业知识和最新技能的毕业生而享有盛誉。科研目标是产出新知识，以此对地区、国家乃至国际带来贡献，为行业和社会增加价值。在最新的澳大利亚卓越研究（ERA）评估中，学校80%展开的研究领域被评为达到或高于世界标准。其中创新、科学与可持续发展学院的应用数学、环境科学、土木工程领域获得了最高五星级评级。其"环境科学管理中心"是世界著名的科研中心，该中心所管理的占地28000公顷的"南雅站"（Nanya Station）是澳大利亚国家重点自然保护遗产，是研究地球生物多样性和生态保护的重要科研基地。其科研人员得到中国科学院和中澳科研基金会（ACSRF）的基金支持，共同参与中国政府"长江流域盆地水资源"的重大科研课题。"环境科学管理中心"主任 Peter Gell 教授是国际最具影响力的环保治理专家之一，是世界著名环保组织 PAGES（"国际生物圈计划和未来的地球"）的发起者和领军人物。其倡导发起了"拉姆萨尔国际公约"，推动了亚洲科学家"穿越第三极"项目，对研究青藏高原人和环境的影响产生了决定性作用。

三　项目管理

(一) 制定了完善的联合培养管理规章制度

双方共同设立"项目联合管理委员会",并发挥其领导和监督作用。河北科技大学出台了《中外合作办学管理办法》,建立了由国际处牵头,教务处、学生处、财务处、环境学院等多部门联动的校内协调运转机制。在项目管理机制的有效领导和监管下,建立了面向广大师生的良好沟通反馈机制,为师生提供有效的管理和优质的服务。

(二) 河北科技大学环工学院针对本项目成立中澳合作办公室

具体从事项目办学管理工作,保障项目相关部门协同合作,顺畅沟通。主要包括:按照教育部有关规定和中外合作办学项目协议,与外方商定人才培养方案及相关教学大纲;教学计划安排;资料归档;外教聘用等工作。中澳合作办公室与学校相关职能部门密切合作,保证项目教学及学生管理工作正常有序运行。组建由中外教师构成的教学督导组,对教学过程的各个环节进行监督评价。

(三) 澳大利亚联邦大学针对本项目设有管理项目小组与澳中合作办公室

就项目师资派出、教学进展、学生活动等日常管理工作进行定期沟通和协调。双方建立了直接有效的沟通渠道,在遇到重要事宜时,双方第一时间共同研究解决。中澳两校"项目联合管理委员会"每学期至少召开一次会议,对项目的重大事务进行具体沟通、探讨和决策。环境科学专业双方项目负责人,每月就项目进展过程中出现的问题,以及下阶段的规划设计进行沟通协商。中澳双方环境科学系建立了直接有效的沟通渠道,并逐渐形成了顺畅的合作机制。澳方学院领导每学期末对澳方讲授课程的成绩及教师反馈进行统计分析,通报中方,并对相关学生发出表扬信、警告信等。澳大利亚联邦大学每 3 年派遣专业审计人员到学校对本项目运行情况全面审计和评价。

（四）河北科技大学官方网站设有"开放办学"专栏，国际合作处及环工学院设有"合作办学"专栏

面向全社会公开项目信息和相关政策，包括办学层次和类别、专业设置、课程内容、招生规模、收费标准、合作院校信息、中外合作办学法律法规等，让学生和家长能够全方位了解本项目；公开本项目各办公电话，使学生与项目负责人、管理人员随时保持联系，遇有问题能够及时解决；河北科技大学配备项目专职辅导员，负责学生日常管理及学生意见建议采集与解决处理工作，定期将学生的表现反馈家长。

项目注重收集来自内部和外部各方的评价结果，对专业培养目标、毕业要求和教学活动实施持续改进。每学期至少组织1次专业教学工作会议，集中交流研讨，汇集问题，结合学生座谈会意见、教师反馈意见、学生评教意见、督导专家意见、往届毕业生调查意见、用人单位对毕业生的反馈评价结果，教学督导委员会协同专业负责人和授课教师，针对评价内容进行总结归纳以改进后续教学。

四 教学运行

（一）师资队伍

项目现有中方专职教师21人，其中教授10人，副教授5人，博士17人，博士后4人，硕士生导师16人。教育部环境科学与工程教指委委员1名，河北省高校环境与安全类教指委主任委员1名，河北省政府特殊津贴专家1名，河北省教学名师1名，具有国外教育或进修经历的12名。近年来，环境科学系教师承担了国家自然科学基金、省自然科学基金、省科技支撑计划等课题20余项，发表论文80多篇，科研成果获省部级科技进步一等奖1项、二等奖2项、三等奖7项，授权发明专利25项。

澳方环境科学系有专职教师16名，教授4名，副教授6名。其学科带头人Peter Gell教授是国际最具影响力的环保治理专家之一，是世界著名环保组织PAGES（"国际生物圈计划和未来的地球"）的

二 河北科技大学与澳大利亚联邦大学合作举办环境科学专业本科项目分析报告

发起者和领军人物,参与了中国政府的"长江流域盆地水资源"等重大科研课题,与中国科学院合作开展了大气和水污染方面的大型环境科研项目。

河北科技大学每年投入专项经费加大教师和管理人员的培训力度,提升教学和管理水平。如:2014年,组织10名骨干教师赴英国曼彻斯特大学"城市环境污染防治技术培训班"参训。2016年6月、2017年8月和2019年7月累计近20名骨干教师赴澳大利亚联邦大学进行课程培训。

(二) 课程设置

首先,确定注重综合能力培养的培养方案。河北科技大学环境科学专业既有的人才培养目标侧重"小生态"环境污染防治的应用技术,而外方课程侧重"大生态"质量管理和生态修复。通过研究中外教育、教学体系,确定了综合型人才培养目标和培养要求,结合中外双方特色办学经验,编制注重综合能力培养的培养方案。项目紧扣国内外环保产业特点,依据全球环保产业发展趋势,教授学生国外先进生态环境相关理论的同时,使学生能够吸取传统环境污染防治精髓,并掌握国外生态质量管理方面先进的方法和理念,使学生具备国际化视野和融合性创新思维能力、多文化沟通能力,从而更好地适应我国生态环境对相关人才的需求,能在环境监测、环境影响评价、环境规划与管理、环境治理、环境咨询、环境科学教研等领域工作的国际化高素质应用型人才。

其次,建立注重国际化知识能力培养的创新课程体系。依据确定的培养目标,结合合作办学双方办学特色,优化课程设置和课程教学内容。在课程设置方面,根据国际化和综合性的培养要求,项目明确界定了课程性质、课程模块和知识平台以及各课程的学时和学分,制定了科学合理、清晰明确的公共必修课、专业基础课、专业核心课、专业选修课及实践教学课程,编制了教学大纲和授课计划表。引进的外方课程占该项目全部课程的比例为35.29%;专业核心课程的门数占项目核心课程门数的比例为75.00%;外方教师承担的专业核心课程的门数占项目全部课程门数的比例为35.29%；外方教师承担的专业核心课程的学时数占项目全部学时数的比例为34.32%。

最后，将外方先进课程引入培养过程，提升学生国际化视野。外方先进课程直接引入培养过程，在澳方教师授课时，配备中方教师助课，协助完成澳方教师完成授课、结课考试、成绩登录等环节工作，保障教师高效、顺利地完成教学任务，使学生能够系统有效地学习澳方先进的专业知识。此外，还非常注重积极引进外方先进教育理念，提高学生的专业自学能力，拓宽学生的国际学术视野。培养学生国外先进环境生态相关理论的同时，使学生不仅能够吸取传统环境污染防治精髓，还掌握国外生态质量管理、生态修复方面先进的方法和理念，使学生具备国际化视野和融合性创新思维能力、多文化沟通能力，从而达到我国生态环境领域对高素质国际化应用型人才的需求。

(三) 教学质量监管

建立了中外融合的评价考核和监控机制。明确目标，细化责任，构建贯穿于整个教学过程的精细化管理制度，参考国外大学机制，建立科学、合理的管理、评价、考核、监控、奖惩制度。严格执行学校教学质量监控，通过采取学生评教、名师听课、讲课比赛、期中教学检查、师生座谈等方式，全程实施教学监控，并对出现的问题及时处理调整。

澳大利亚联邦大学设置了教师资格培训考核制度，对中澳联合办学项目的中方授课教师开展专项培训，建立了导师制度和听课制度，由教学科研经验丰富的老教师担任青年教师的指导老师，根据青年教师的知识结构、将要承担的教学任务以及科研兴趣，制定具体的培养方案，根据教学效果，对存在的问题加以指导。通过培训，使中方教师熟悉澳方教学模式和教学方法，有利于对中方课程内容进行优化。

五 办学成效

党的十八大将生态文明建设纳入"五位一体"总体布局，二十大报告指出，要统筹产业结构调整、污染治理、生态保护、应对气候变化，协同推进降碳、减污、扩绿、增长。本项目针对京津冀生态建设要求和河北主导产业化工制药行业环保人才需求现状，制定了特色培养方案，为生态文明建设培养国际化人才。

经过对此项目毕业生用人单位的跟踪调查分析，环境生态行业用人单位评价学校学生，在掌握国际环境科学发展趋势、了解中澳两国环保产业及文化和创新思维能力等方面，明显优于同专业国内普通学生。

项目学生在全国各知名赛事中多次获奖，毕业学生受到用人单位的普遍青睐。目前本项目已有2015级至2023级九届学生，其中有2019—2023届共五届455名毕业生。项目学生毕业深造率在40%以上，就业专业相关性在70%以上。项目五届455名本科毕业生中，累计80余名项目学生赴外参加访学交流，59名学生被曼彻斯特大学、悉尼大学、香港科技大学等国境外知名院校录取攻读硕士，132名学生考取国内天津大学、山东大学等硕士研究生，其中9人已经在南开大学、中国科学院攻读博士学位。近三年，项目学生76人次获省级以上赛事大奖，9人次发表核心、SCI等高水平论文，项目专业教师发表近30篇核心、EI、SCI等高水平论文。

依托合作办学项目，双方在教学上互补和融合的实现，促进科研合作，共同建立科研平台。依托国家级环境科学与工程实验教学示范中心，引进外方先进经验建立特色实习基地。教学在注重应用型导向，突出实践教学环节的基础上，结合澳方环境管理及生态恢复的专业优势，建立了白洋淀水生态调查实习基地、嶂石岩旅游生态环境影响实习基地等特色实习基地。获批河北省引智项目、百人计划共2项，提高了国内和国际影响力。中澳双方共同建立河北省环境污染综合防控协同创新中心，于2013年12月通过河北省教育厅、河北省财政厅的认定。中心按照"一个中心、五个平台"的整体构架建设，深化高校、院所和企业之间的合作，发挥协同创新优势，进行协同攻关。力争在前沿环境污染防控技术研究与基础理论研究领域占据一席之地，抢占一批环境设备和技术研发制高点；加强源头创新以及将前沿环境技术与基础研究成果尽快转化为污染防治的产品、技术形成重大成果；构建协同创新模式和机制，凝聚一流的学术队伍，建立高水平人才培养模式和机制。项目开办以来，20余人次教师赴外进行培训交流。2019年，双方共同举办健康水系和生态可持续城市国际学术研讨会。教学科研深度合作，将最新科研成果引入课堂，让学生参与科研，提升了教育教学水平。2019年教学研究成果"环境类复合型国际化人才中外合作培养模式的创新与实践"获河北省教学成果奖三等奖；2021年环境科学专业中外合作办学教学团队获"河北省本科院校优秀教学团队"称号。

六 办学特色

（一）项目人才培养定位准确，实现国内外优势学科和优质教育资源的"强强联合"

环境学科是河北科技大学历史悠久的重点学科之一，于1977年开始招收本科生，是我国最早设置的七个环境类专业之一，为历届教育部环境科学与工程专业教学指导委员会成员单位，是其中唯一的一所地方院校。澳大利亚联邦大学环境科学专业在教学科研和实践应用方面，居于国际领先地位，在全球环境科学管理及生态恢复领域的研究享有国际声誉。本项目的合作，实现了国内外优势学科和优质教育资源的"强强联合"。

（一）建立了基于环境类综合型国际化人才的培养模式和课程体系

确定了综合型人才培养目标和培养要求，制定了注重综合能力培养的特色培养方案，既保留了河北科技大学环境科学专业既有的人才培养目标侧重"小生态"环境污染防治应用技术优势，也吸收

二 河北科技大学与澳大利亚联邦大学合作举办环境科学专业本科项目分析报告

了外方侧重"大生态"质量管理和生态修复的优势，确定了综合型人才培养目标和培养要求，形成了注重综合能力培养的培养方案，建立了注重国际化知识能力培养的创新课程体系，将外方先进课程引入培养过程，较大程度地提升了学生国际化视野。通过对本项目环境科学专业合作办学专业382名在校生问卷统计，84%的学生认为课程设置科学合理，79%的学生认为对自己的语言能力提升和国际视野等产生了积极影响。

（三）基于中外混合教学团队合作模式，构建了中外融合的国际化教学团队

组建由中外教师组成的教学团队，建立高校沟通交流机制，提升中外双方教师教学能力和科研合作水平，20余人次教师赴外进行培训交流。依托河北科技大学原有的国家级环境科学与工程实验教学示范中心，引进外方先进经验建立了特色实习基地，结合澳方环境管理及生态恢复的专业优势，建立了白洋淀水生态调查实习基地、嶂石岩旅游生态环境影响实习基地等特色实习基地。中澳双方共同建立河北省环境污染综合防控协同创新中心，于2013年12月通过河北省教育厅、河北省财政厅的认定。中心按照"一个中心、五个平台"的整体构架建设，深化高校、院所和企业之间的合作，发挥协同创新优势，进行协同攻关。通过对本项目环境科学专业合作办学专业382名在校生问卷统计，93%的学生对外教授课的感受满意，其中认为非常满意的达到58%。

（四）基于Moodle教学系统的混合教学方法，构建特色教学模式

Moodle教学管理系统，是澳大利亚联邦大学开发的具有组织、跟踪、评估、发送、呈现、管理学习内容和学习活动，促进教学、学习者之间交互等一系列功能的计算机（网络）系统。本项目将Moodle教学系统引入河北科技大学，实现了教学管理的系统化规范化，注重多样化的评价和实施，做到教学过程中信息的及时反馈。利用Moodle教学系统，充分促进了混合教学模式的开展，真正实现

课上：大课讲授、小课交流、专题讨论、课上作业；课下：大作业、学习组讨论、课程资料组织等。通过对本项目环境科学专业合作办学专业382名在校生问卷统计，93%的学生认为充分引进了外方优质的教学理念、管理方法、教学资源。

（五）中外深度融合，优化资源，构建完善的实践教育平台

将澳大利亚联邦大学先进实践教学经验引入实践平台建设，让外方教师深度参与实践平台建设，依托河北科技大学学科优势和区位优势，搭建了基于校内科研平台、校内实验教学平台、校内现场教学平台和校外实践教学平台的"3+1"的实践教学平台，通过基础实验、设计性实验、创新性实验、科技创新课题等环节，提高学生的动手能力，培养学生的工程实践能力和创新能力。外方教师深度参与实践教学，实施大实验，将资料收集、方案设计、实验准备、现场样品采集、实验室检测、数据分析、综合实验报告等内容纳入实践教学，提升学生综合实践能力。

暑期实践课程的设置使学生亲身感受国外优质实践教学资源。河北科技大学联合澳大利亚联邦大学利用澳方优质实验教学资源和野外实践教学平台，为学生设置了丰富多彩的暑期赴澳洲的实践课程，既提升了学生的英语水平，提高学习兴趣，又增强了专业知识，让学生亲身感受国外先进的实践教学条件和教学内容，充分开拓了学生的国际化视野。

七 党建情况

学校高度重视中外合作办学党建工作，坚持以习近平新时代中国特色社会主义思想为指导，教育引导广大师生党员增强"四个意识"，坚定"四个自信"，做到"两个维护"。师生党员党组织关系均隶属于环境科学与工程学院党委。本项目按照专业分别设置教工和学生2个党支部。现有教工党员7人，归属于环境科学系党支部；项目学生党员归属于环境科学专业学生党支部。

学校坚决把"立德树人"的根本任务贯彻到中外合作办学项目

二 河北科技大学与澳大利亚联邦大学合作举办环境科学专业本科项目分析报告 / 187

中,项目教工不忘"为党育人,为国育才"的教育初心和使命,致力于培养具有国际化视野,通晓国际规则,跨语言沟通能力较强的社会主义建设者和接班人。本项目严格落实党组织的政治生活,分别以教工党支部、学生党支部为单位展开,广大党员规范开展"三会一课",例行开展"两学一做",定期开好组织生活会。学生党员每两周集中开展一次政治理论学习并将学习情况及时落实到"小红本"(学生党员成长记录册)的记录中。借助新媒体技术手段,利用"环工多看点"微信平台、"科大环工红色家园"QQ群等开展线上学习交流,在项目日常管理、教育教学、学习生活等方面彰显党组织的引领和示范,增强对项目学生的社会主义核心价值观教育,帮助学生在接受国际化教育的过程中保持爱国主义情操。

选派政治过硬、熟悉党务工作、具有管理经验的党员辅导员,专门负责中外合作办学项目学生思想宣传、政策学习、教育培训等工作,加强对其日常教育的管理监督。自2017年起在该项目推行实施"专业班主任制度",定期组织项目学生与专业班主任见面交流,既保证学生身心健康与学习工作的顺利开展,体现人文关怀,更对大学生思想政治教育引导起到加强和改进的作用。

八 努力改进方向

加强基础设施建设,加强营造国际化氛围。进一步加大投入,营造良好学习氛围,为学生提供更加国际化的学习条件和校园环境。优化英语教学效果,提升学生英语应用能力。学生的英语适应外教课堂教学能力还有较大差距,还应下大力气进一步提高学生在学术英语、英语写作等方面的能力,为掌握运用国际专业知识技能做好准备。进一步健全评价体系。参照国际做法逐步完善人才培养质量社会评价机制,在不断发现问题、改善提高的过程中,大力提高中外合作办学人才培养质量。积极推进科研国际交流与合作。谋划科研合作,与海外高水平大学和科研机构开展实质性国际科研合作,共建国际科研合作平台,申报国际科研合作项目。促进国际型队伍建设。继续组织、资助专任教师赴国（境）外交流、访问、培训等，提高教师队伍的教学、科研能力。

九 项目部分毕业生反馈

1. 李孝通，2015级入学，中澳合作办学环境科学项目首届毕业生，目前博士就读于中国科学院生态环境研究中心。

个人感言："相信不仅是我，很多中澳合作办学的同学在入学之前都会满怀期待、憧憬和好奇，不仅是对于期待已久的大学生活，更多的是对于即将面对合作办学这一'新鲜'的培养模式。从开学伊始的开学典礼、学院安排的专业介绍，让我对合作办学项目有了初步的认识。但让我真正对合作办学有全面体验的是暑期夏令营项目。在为期两周的交流里，我们在澳大利亚联邦大学校园内学习和生活，切身参与到澳方相关课程中，特别是极具澳方特色的实践课程，极大地扩展了我们专业视野和知识面。同时，这也是一次难得的体会澳大利亚当地人文风情的机会。在参观交流的过程中，不知不觉锻炼了我的英语听说和表达能力。更重要的是，这对于刚开始进入大学的我来说，改变了我原本对于大学学习和生活的刻板印象，也让我对环境这个专业有了最重要的初步印象。环境专业并不单单是治理污染，作为交叉性极强的学科，涵盖动植物保护、生态修复、环境规划管理等相关内容，并且和当地的产业类型、经济发展密切相关。这段宝贵的交流经历也促使我本科毕业后选择在环境领域继续学习。"

"中澳合作项目的课程安排也极具特色，澳方专业课不仅由澳方老师到校线下授课，还配有两位经验丰富的助教老师。不同于国内传统的授课模式，澳方专业课不依赖课本，老师上课所用的课件根据前沿科学问题不断更新。此外，澳方课采取的是'授课'+'讨论'的教学方式，每一专题后都有相应的作业和练习。大多时候，我们对于老师布置的题目十分陌生，不局限于环境问题，涵盖地学、统计学、生物学、大气科学等等。往往需要以小组形式进行讨论、

二 河北科技大学与澳大利亚联邦大学合作举办环境科学专业本科项目分析报告

查阅相关文献的方式来解决问题。而最令人'头痛'和'苦不堪言'的是最后的英文的课程汇报和提问，评阅标准从PPT的制作、内容表达、语言流畅度、肢体动作、提问回答等多方面进行考察，一个令人满意的课程汇报往往需要大量准备工作。此外，老师给出的题目大多是当前的热点和前沿话题，这极大地锻炼了我对科学问题的思考和理解能力。此外，英文文献的查询和阅读、汇总、PPT制作和语言表达等多方面能力也因此有了显著提升。中澳合作项目的课程对我的锻炼不仅仅简单地体现在短暂的能力锻炼和技能培养，更多的是对我此后科研和学习生活的帮助。研究生阶段的学习和工作给我的体会是，在自己研究领域深挖的同时，也要广泛融合学科交叉的优势，解决实际困难，拔高研究工作的水平。因此，面对陌生的技术、理论和研究方向成为科研生活的常态。澳方课程就像是在本科进行的科研工作预演，提前帮助我熟悉了工作流程，激发了科研兴趣。"

2. 项目2015级学生滕志楠，2019年本科毕业后继续在河北科技大学环境工程专业就读硕士研究生。2022年6月毕业后，通过了河北省2022年定向选调生招录，赴唐山市丰润区工业和信息化局工作，目前于唐山市丰润区沙流河镇潘家庄村进行基层锻炼。

个人感言："增长专业本领，开拓国际视野。中澳合作办学项目既能学习到国内的基础课程和专业课程，又能学习澳方老师纯英文授课的澳方专业课程，能深刻感受到双方学校领导和教师对本专业学生学习内容的高度把握。增强学习能力，丰富工作生活。在大学四年的学习工作生活中，让我养成了良好的学习和工作习惯，这对我考取研究生和选调生起到了确定性的作用，并让我在研究生和工作期间都受益匪浅。"

3. 项目2017级学生林泽，2021年获评"河北省优秀毕业生"，现在澳大利亚的悉尼大学攻读双专业硕士。

个人感言："感受深刻的是项目中澳双方联合授课，融合了中国教育和澳洲教育的双重优势。澳方老师的授课不仅对我英语学习大有助益,在思想层次和授课方式上也有了新的认知,为之后赴澳洲留学生涯做了良好的前期铺垫。同时,本科期间学校为学生们提供了宝贵的国外交流机会,学生在澳方学习、调研、社交。国内外教育和思想上的接轨,为正处于三观形成阶段的学生开阔了视野。在此过程中,我们学习并适应独立调配时间、任务,探索两种教育模式的最佳平衡,锻炼了独立自主意识,促使'价值观'形成。"

4. 项目 2018 级学生孙亦旸,2022 年考取天津大学硕士研究生。

个人感言:"中澳合作办学让我接触到了不同教育体系和文化背景下的教学理念和方法。通过对比学习,我开始深刻理解到教育不只是知识传授,更包含了培养学生的批判性思维、创造力和领导能力等方面。这种多元化的教学理念启发了我对于教育的新认识,使我更有动力去探索和拓展自己的学术视野。"

5. 项目 2018 级学生郎子炎,现为香港理工大学硕士研究生。

个人感言:"中澳合作办学项目的本科生活是我人生中宝贵的一段经历。我有幸能够在这个跨国合作的教育平台上接受全方位的学习和培养,在这里,我不仅学到了知识,还培养了自己的综合能力,增进了国际视野,更重要的是,我找到了自己在这个多元化社会中的定位,更让我对未来充满信心。这段学习经历将成为我人生中一笔宝贵的财富,让我在未来的道路上更加坚定和自信。"

三 河北科技大学与韩国诚信女子大学合作举办服装与服饰设计专业本科项目分析报告

河北科技大学与韩国诚信女子大学（Sungshin Women's University, Korea）合作举办的服装与服饰设计专业本科教育项目（批准证书编号：MOE13KR2A20131409N）于2013年获教育部批准设立，同年开始招生。

一 办学基本情况

该项目的招生纳入国家统一招生计划，每年计划招生100人，现已招生十一届，以服装与服饰设计（中外合作办学）代码（130505H）招生。项目采用4+0单学位的办学模式，即学生在河北科技大学学习四年，完成中韩双方共同制定的培养方案，达到颁发学位条件，即授予河北科技大学本科毕业证书、学士学位证书。项目招生11年以来，录取分数逐步向好趋稳，目前分差10余分，部分学生入学成绩甚至超过了非合作办学学生成绩，办学成效得到社会和学生及家长的认可和欢迎，生源质量得到保障和提升。项目收费标准从2013级至2021级为18000元/生·年，2022级起为27000元/生·年。项目分别于2017年、2022年顺利通过教育部中外合作办学项目评估。

二 合作双方院校学科专业概况

河北科技大学纺织服装学院自1981年起招收本科专业，是河北省内唯一培养纺织工程、服装设计与工程、轻化工程和服装与服饰设计专业本科及以上高级人才的高等教育基地。经过几十年的建设和发展，学院形成了以服装为结合点，前导性纺织学科与后续性轻化工程学科相结合、近机类学科与近化学类学科相交叉、工程类与艺术类学科相融合的"大纺织"学科体系，涵盖了纺织服装行业的全过程。其中，服装与服饰设计专业于1988年开始招生，经过三十多年的发展和积淀，在国内同类专业中形成了较为鲜明的办学特色。列入"河北省品牌特色专业""河北省本科高等教育创新高地专业"，拥有"艺术设计学（服装）"硕士学位授予权。2019年河北科技大学服装与服饰设计专业入选首批国家级一流本科专业建设点，同年，全国200多所开设此专业的本科院校仅有9所入选国家一流专业。

韩国诚信女子大学1936年建校，是一所具有近90年办学历史的韩国著名综合性大学。2023QS世界大学排名第591位。学校位于首尔中心区，学生人均可利用空间和面积排名韩国高校首位。诚信女子大学学科专业设置齐全，现有13个本科学院，开设有49个本科专业，5所研究生院及博士生院。服装设计、美术、音乐、师范、护理、传媒等学科专业在韩国高校中名列前茅。诚信女子大学坚持开放办学，广泛开展国际交流与合作，与世界57个国家275所高等院校和科研机构建立了紧密的合作关系。学校招收来自中国、美国、法国、德国、俄罗斯、丹麦、日本、蒙古、越南等28个国家的近700名国际学生来校就读。2023年连续九次被评为韩国教育部"教育国际化力量认证"优秀认证单位，韩国仅有九所高校入选，学校国际化办学水平得到充分肯定。2016年5月学校成功入选了韩国教育部有史以来最大的高等教育财政资助项目"结合未来产业促进教育发展卓越高校工程"（简称"PRIME事业"）。2022年入选了韩国

三 河北科技大学与韩国诚信女子大学合作举办服装与服饰设计专业本科项目分析报告

教育部"大学创新工程"。2023年入选了韩国教育部"韩国型网络公开课（K 慕课）"优秀高校。学校综合排名连年创新高，在韩国420多所高校中根据2023QS世界大学排名，位列韩国女子大学第2位，首尔所在高校第13位，全韩高校第24位。韩国诚信女子大学服装产业系建立于1963年，是韩国培养服装产业各领域高级人才的重要基地，具有服装设计专业博士学位授予权。目前在读本科生368人，在读硕士博士研究生138名，已培养出379名硕士、博士研究生。

三 项目管理

河北科技大学中韩合作办学服装与服饰设计项目由纺织服装学院、国际合作处、招生就业处、教务处、学生处、财务处等多个单位分工协同管理。纺织服装学院是项目具体管理运行单位，成立了由院长主管的中外合作办学项目管理办公室，管理人员由具有海外学习经历、外语能力强的教师担任。韩国诚信女子大学为项目专门设置了管理项目小组和韩中合作办学办公室，共同参与支持项目运行。双方派出相关人员参加项目联合管理委员会，共同处理合作办学过程中的重大事项和项目的监管协调工作。双方主管校领导及管理运行部门定期举行工作会议，就项目各层面的问题进行沟通和协调。项目财务由河北科技大学财务处统一管理，严格执行年度审计制度和非营利性原则，专款专用。

四 项目教育教学运行情况

（一）培养定位及目标

本项目坚持以习近平新时代中国特色社会主义思想铸魂育人，全面贯彻党的教育方针，落实立德树人根本任务，科学合理地引进和利用韩方的优质教育资源，实现教学理念上的优势互补和相互融合，培养德智体美劳全面发展的社会主义事业建设者和接班人。

中韩双方发挥各自优势，坚持以国际视野引领融合性创新思维能力培养；挖掘专业特色，注重应用导向，加强实践教学，进行个性化培养；将双方文化思想融入国际化专业知识，做到科技、艺术、理论知识的有机融合，以培养学生适应国际服装行业发展需要，具有扎实的专业基础知识和基本技能，掌握全球时尚行业流行趋势，具有较强的创新实践能力、韩语运用能力，以及较强的艺术创造性、市场意识、服装产品开发等综合能力，能胜任服装与服饰艺术设计、服装品牌商品开发设计、服装市场营销和服装终端市场形象推广，也能从事相关设计技术管理、服装贸易、流行信息及市场情报分析、专业教育培训等工作的高素质国际化复合型应用人才。

（二）课程安排

本项目人才培养方案的制定严格按照党和国家教育方针贯彻落实，依据相关文件的要求，进一步加强内涵建设，提质增效，提升教育教学水平，全面提高人才培养质量。遵循德育为先、智育为重、体育为基、美育为要、劳动为本的育人方向，推进"五育并举"，切实贯彻落实"三全育人"。遵循高等教育教学规律和人才成长规律，更新教育教学观念，深化教育教学改革。充分体现河北科技大学"立足地方，服务基层"的服务面向定位和"通识素养宽厚、专业基础扎实、实践创新能力强"的应用型高级专门人才培养定位。加大创新创业教育与通识教育、专业教育相互融合的力度。加强对实验、实习、实训、课程设计、社会实践、毕业设计（论文）及课外科技活动等实践教学环节的整体规范和优化设计。紧扣河北科技大学办学定位，明确专业应用型人才培养定位与内涵发展特色，培养学生的国际化视野和意识、国际交流沟通能力、国际人才竞争力。

河北科技大学与韩国诚信女子大学共同制定培养方案及教学大纲，引进韩国诚信女子大学原版教材及先进教育教学理念，课程实行中、韩双语教学或韩语教学。双方商讨确定的2021版培养方案中，引进的外方课程占本项目全部课程的比例为43.33%，引进的专业核心课程门数占该项目核心课程门数的比例为81.25%，其中，外方教师承担的专业核心课程门数占全部课程门数的比例为

三 河北科技大学与韩国诚信女子大学合作举办服装与服饰设计专业本科项目分析报告

43.33%；外方教师承担的专业核心课程学时数占全部学时数的比例为35.45%。所占比例达到教育部中外合作办学有关要求，最大程度实现引进外方优势专业课程，并与中方课程做好内容的衔接与互补。从本项目397名参与问卷调查的学生反馈意见看，95%的学生认为引进了外方优质的教学理念、管理方法、教学资源等。

在办学运行中，由于中韩双方教育体制、教学要求、授课方式、授课内容等方面有着明显差异，本项目每年都会组织中韩学科专业团队教师召开多次教学研讨会，完善修订教学大纲、教案等内容，并将讲义、课程档案等更加统一、规范化，教学内容也吸收了相关领域的最新研究成果，优化课程内容，努力实现中韩双方课程的有效对接。在课堂教学中，为保障韩方教师授课效果，为韩方教师课程配备一对一中方助教，对韩方教师授课进行全程全方位保障，优质、顺利地完成各项教学任务。

（三）师资建设

本项目开展后，河北科技大学严格执行教师培训制度，强化中方教师教学能力提升，通过对专业教师的培训、学习、交流和引进，提高了教师的教学能力和科研能力，拓展了教师的时尚国际视野，师资队伍建设水平得到较大提升，特别是教师的国际化视野得到明显拓展，教学创新能力得到较大提高，目前已经形成了一支由中韩双方教师组成的力量雄厚的国际化师资队伍。

自项目开办以来，韩国诚信女子大学先后委派了17名韩籍教授承担项目韩方专业核心课程，均采用韩语授课，使用韩方原版教材。河北科技大学在配备专职韩语教师基础上，累计聘请了7名韩籍教师为项目学生加强韩语学习。学校及学院全方位考核评价师资水平，对教师师德师风、教学课堂情况、教学材料等进行审查，坚持党委把方向、管大局方针，引导教师牢记"立德树人"初心，严把师德师风准则，制订了多项规章制度。要求外籍教师在日常教学中必须严格遵守中国法律、法规、宗教政策、风俗习惯等，将师德师风作为外籍评聘的重要指标，实行师德"一票否决制"。韩方选派的专业教师一直全年长驻河北科技大学教师公寓，经常和中方教师一起讨论授课内容，共同组织教研活动，共同探讨跨文化背景下的教学理念、方法、技术、评价与提升，在教学理念和教学方式等多方面深度融合，互促提升，取得了显著成效。韩方选派的专业教师崔恩庆教授已经连续长驻在河北科技大学任教 9 年，因为教学严谨成绩优异，受到学生欢迎与好评。从本项目 397 名参与问卷调查的学生反馈意见看，92% 的学生对韩国外教的教学态度、教学方法、教学方式、课堂氛围、教学信息化工具使用熟练度等教学质量表示满意。

本项目开办以来，为加强国际化师资队伍建设，河北科技大学先后从韩国仁川大学、韩国诚信女子大学引进服装专业博士 2 名，委托培养服装专业博士 3 名，从香港理工大学、韩国仁川大学、江南大学、浙江理工大学等国内外知名学府引进硕士研究生 6 名。目前，本项目中方师资学历结构、学缘结构、职称结构、年龄结构合理，教学经验丰富，依托项目专业教师定期开展国内外交流与学习，目前本项目所有专业教师已经全部实现赴韩国、日本、意大利等国的交流与学习，为提高教学质量和培养高水平国际化服装服饰设计人才提供了师资保障。

（四）教材使用

根据河北科技大学教材选用相关规定，河北科技大学结合本项目特点，制定了引进课程教材选用标准：第一，引进韩国诚信女子大学的课程必修课采用原版外文教材或讲义；第二，河北科技大学开设课程优先选用近三年出版的"教育部面向 21 世纪课程教材"等高水平教学资源；第三，明确规定教材选用的申请和审核制度，严格监督选用程序。该标准的制定使教材选用管理更加规范，保障了课程建设的质量，对教学水平的提高起到了积极的促进作用。

（五）教学监控管理

项目建立了综合全面的教学评价和反馈体系。每学期都组织学生进行教学质量评价，对韩方教师的评价也纳入其中，并将结果及时反馈给外教本人和外方学校。通过学生评教，督促教师以评教结

三 河北科技大学与韩国诚信女子大学合作举办服装与服饰设计专业本科项目分析报告

果为导向,查找课堂教学中存在的问题和不足,努力提升教学水平。此外还开展同行评价,开展双方教师的自评与互评,组织专业教师互相听课,对课程进行全方位评价,通过自评与同行互评的方式,加强相互之间的学习与交流,提高教师教学质量。学院还成立了中外合作办学教学督导组,开展专家评教。学校人才培养质量评价中心、教务处、纺织服装学院联合建立了校、院两级教学督导专家委员会,每学期都对教学质量进行综合评价,从专业角度评价教师的教学水平与能力,促进教师教学水平的提高;每学期开展集中教学检查,定期召开教学信息反馈座谈会。中韩教师代表和学生代表针对教与学两方面存在的问题进行交流,确保问题发现及时、分析透彻、及时改进,以不断提高教学质量。多年来,项目教师一直与学生教学相长,特别是韩方教师不但教学业务水平高,教学态度一丝不苟,而且非常尊重学生,把学生放在教学工作的中心位置,受到了学生一致好评,中方教师也从中学习借鉴了以学生为中心的教学理念,加强教学创新,教学水平得到了显著提升,获批了河北省教育教学改革立项"服装与服饰设计专业中外合作办学人才培养模式改革与实践""基于提升创新创业能力的国际化应用型服装人才培养模式探索与实践"等项目2项。

在完善课程审查监督机制的基础上,学院建立了奖励与问责一体化激励机制。教学质量评价结果与中方教师评优、职称晋升等紧密相关;韩方教师的评价结果由中方学校国际处与纺织服装学院及时反馈韩方国际处和服装系,教学评价结果作为韩方教师是否继续聘用的重要依据,也是韩方评定外派教师薪资、职称晋级的重要依据。除此之外,学校、学院组织开展精品开放课程、教学优秀课程、示范课程、课程思政示范课评选等多种形式的教学评比活动,以激励教师不断提升教学质量。2020至2021年,《服装作品集》(韩方外教课程)、《女装结构设计》等课程获评河北科技大学校级优秀课程,《纺织品图案设计》获评河北科技大学校级专创融合示范课程。

建立规范、详细的教学实施流程和制度。项目教学实施过程中,从教学任务的下达,到各项教学资料的上交归档,学院均制定了严格的管理办法,每个环节都有相应的规章制度。项目每学期都开展"三期"检查。检查内容涉及教学资料、教学文件的数量、质量、形式等。通过"三期"检查,不断加强教学工作内涵建设和规范化管理。课程考核结束后,中韩双方任课教师均需提交课程总体成绩分析报告,总结教学过程中的收获与经验,分析存在的问题与不足。对于不及格率较高的课程,要写出具体情况说明,剖析产生问题的原因,并提出改进措施。

五 办学特色成效

(一)依托中外合作办学项目的持续发展,河北科技大学服装与服饰设计专业办学实力稳步上升,办学特色亮点突出,成功入选了首批国家级一流本科专业建设点

本项目以区域特色专业和国际化发展为依托。截至目前,本项目已累计招收11届学生,共计1080人。其中240余名项目学生赴韩攻读双学位,180余名项目学生赴韩进行暑期课程游学交流,20余人次中方服装系教师赴韩访问培训、参加学术活动。项目已毕业的七届学生,考研率平均15%,高于国内同类院校同专业学生(艺术类);就业率达到90%以上,其中有部分学生在韩国企业、国内知名服装企业工作,受到了企业、学生和家长的高度认可和好评。

自项目成立以来,河北科技大学持续投入与改造教学软硬件设施,教学环境及软硬件设施与国际接轨。对教学环境、作品橱窗和专业实验室进行了持续升级改造,并有计划地增加服装实训和教学设备,引进服装3DCLO服装虚拟软件、服装陈列虚拟仿真系统、pop流行资讯网站等先进专业软件,购置数码印花、数码刺绣、数码拼布等先进教学设备,改造升级印染实验室、服装立体裁剪实验室、服装缝制工艺实训室,扩大实训室规模,建设完成7间多媒体专业教室、两间专业智慧教室。

自项目开设以来,河北科技大学注重项目师资队伍建设,先后

三 河北科技大学与韩国诚信女子大学合作举办服装与服饰设计专业本科项目分析报告

聘请专业外教17名，引进中方专业教师5名，实验室教师3名。项目开展以来，严格执行教师培训制度，每年选派骨干教师前往韩国诚信女子大学或国际知名院校进行交流学习，两校还开展博士联合培养，已经有3名教师取得博士学位。通过对专业教师的培训、学习、交流和引进，目前已经形成了一支由中韩双方教师组成的力量雄厚的国际化教育队伍，为项目人才培养提供了保障。

依托项目办学的持续发展，河北科技大学服装与服饰设计专业办学实力稳步上升，办学特色亮点突出，于2019年入选首批国家级一流本科专业建设点，2022软科中国大学专业排名中获评A层次专业。"服装与服饰设计专业国际化人才培养体系研究与实践"获得2019年度中国纺织工业联合会教学成果奖三等奖。

（二）人才培养定位准确，注重国际化应用型导向

本项目充分体现"通识素养宽厚、专业基础扎实、实践创新能力强"的应用型国际化专业人才的培养定位。教学内容与市场所需应用型人才需求紧密结合。双方优势课程有机融合，教学方式灵活多样。从本项目397名参与问卷调查的学生反馈意见看，91%的学生认为中外合作办学项目的教学质量表示满意，其中表示非常满意的达到53%。

以就业需求为导向，确定课程体系。为适应经济与社会发展对服装服饰人才的需要，近年来不断对就业岗位和专业需求进行调查，根据国际化、应用型人才的培养目标，结合服装设计专业的特点，进行培养方案的持续改进。以就业出口为导向，确定三大课程体系群，并确立了核心课程，更加贴近市场需求，体现培养高素质应用型人才的培养目标。

实现了中韩双方优势课程的有机融合，达到了教学理念上的优势互补和相互贯通。该项目人才培养定位准确，致力于培养具有国际化视野，能独立进行服装设计创作构思和产品策划，能从事流行时装设计、流行趋势分析、服装市场营销的国际化复合型设计与商业人才。通过引进韩国以学生为中心的先进教学理念和优质教育资

源，以国际时尚流行趋势引领融合性创新思维能力培养，区别于国内同类传统专业。中韩双方共同制定培养方案和课程大纲，韩方优质课程占本项目核心课程的比例达到81.25%。通过对韩方派遣教师实施跟课、录课、交流等方式，双方实现了在教学理念上的优势互补和相互融合。

加强学生韩语能力的培养和训练。为提高学生的韩语水平，学校配备韩语专职教师2人，韩国语言外教2人。在一、二年级，每学期安排80学时韩语课，两年共计320学时，在听、说、读、写等方面全面深入提高韩语零基础的项目学生韩语能力。此外，学校与韩国诚信女子大学合作建立了石家庄世宗学堂。在培养方案中韩语教学之余，利用韩语文化体验活动等，为学生提高韩语应用能力提供了强有力的补充。石家庄世宗学堂因办学成效突出，合作方韩国诚信女子大学于2022年荣获世宗财团颁发的"功劳奖"。

教学注重应用型导向，加强实践教学。本专业的特点决定了相关课程及其专业必须不断加强实践环节，以体现其特有的优势和特色：致力于"艺工结合，相互融合"，注重应用型导向，拓展国际化视野，突出实践教学环节，专业课程实行小班授课、加强实践教学。

（三）挖掘专业特色，突出个性化教育，给学生搭建专业实践平台，丰富课程形式，强化学生创新实践能力培养

突出个性化教育环节，根据专业特点，个性化教育与大赛结合，提高学生的创新和动手能力。注重学生综合职业素质和创新能力的培养，鼓励并引导学生直接参与教师的纵横向课题，积极参加各级各类学科竞赛及专业竞赛，提升服装与服饰设计专业学生的创新实践能力，为学生搭建展示平台，不定期举办中韩服装与服饰设计专业展演，挖掘专业特色，与课程结合举办专业大赛。近年来，在"互联网+"大学生创新创业大赛、大学生创新创业训练项目、中国高校纺织品设计大赛、中国国际面料设计大赛、中国时尚女装设计大赛等专业赛事中获奖200余项。

给学生搭建专业展示平台，丰富课程形式。与韩国诚信女子大

三　河北科技大学与韩国诚信女子大学合作举办服装与服饰设计专业本科项目分析报告 / 201

学在中国国际大学生时装周（北京）定期联合举办毕业作品展演。中国国际大学生时装周是中国国内时装院校宣传和推广教学成果最权威的平台，目前，项目分别于2013年5月、2017年5月、2019年5月、2021年5月、2023年5月在中国国际大学生时装周举办毕业作品展演，中韩服装与服饰设计专业毕业作品展现了合作办学项目教育教学成果，受到中国服装设计协会观摩嘉宾和业界的高度评价，提高了河北科技大学服装与服饰设计专业在业界的影响力。

深入挖掘服装与服饰设计专业特色，结合专业课程举办"牧星湖杯"纺织品暨花样设计大赛、服装创意大赛等校内赛事，为学生提供展示自我的平台，培养学生创新精神和实践能力。鼓励支持学生参加国内外专业赛事与实习实践，以学促赛，以赛养学，深入产业、学工结合。加大创新创业教育与专通识教育、专业教育相互融合的力度。加强对实验、实习、实训、课程设计、社会实践、毕业设计（论文）及课外科技活动等实践教学环节的整体规范和优化设计。仅2022年项目学生在国青杯艺术设计大赛、中国好创意视觉传达组国赛、"红绿蓝"杯第十三届中国高校纺织品设计大赛、中国大学生服装设计大赛等赛事中获得13项大奖，受到企业媒体的关注肯定。

（四）合作办学赋能国际科研合作

基于10年合作办学基础，河北科技大学与韩国诚信女子大学合作成立了"中韩服饰文化与设计研究中心"，中心以河北科技大学和韩国诚信女子大学为主体，整合中韩两国资源，吸纳中韩知名服装设计机构、国内外各类服装企业，组建国际研究设计团队，以弘扬与传播中国与韩国服饰文化，促进服装行业国际交流与发展，引领服装行业的发展和潮流为目标，以服务国际及区域经济发展和文化建设为使命，以成立国际服装设计研发团队，筹建学术性和科普性结合的服饰博物馆等方式内容，主要通过举办高水平国际学术论坛、服装设计大赛、服装动静态展演等活动，深入开展学术交流及专业互动，推动中韩双方服饰文化的交融与传播，促进服装行业国际交流与合作，实现互惠共赢。

六 党建工作

项目始终坚持党的全面领导，坚持社会主义办学方向，培养社会主义事业的建设者和接班人。积极落实全面从严治党要求，深入贯彻全国高校思想政治工作会议精神，切实加强中韩合作办学项目的党组织建设工作。项目累计申请入党学生362人，积极分子110余人，累计发展党员人数80余人。

在中外合作办学过程中，学院坚持党的建设同步谋划、党的组织同步设置、党的工作同步开展。坚持党对合作办学的全面领导，确保正确办学方向。党组织负责人担任合作办学项目管委会的当然成员。学院党委定期召开中外合作办学项目党建工作座谈会，探索和创新符合实际的有效做法，切实推进问题解决，推动中外合作办学党建工作质量的提升。

学校党委根据中韩合作办学项目办学规模、人数等设置和优化调整党组织设置，进一步保障党建工作和业务工作的整体推进，以及党组织政治核心和战斗堡垒作用的充分发挥。

成立了学生党支部与教师党支部，将项目师生的组织工作纳入学院党委、党支部的统一管理。积极发挥党组织的政治核心和监督保证作用，做办学方向的引领者、思想政治工作的领导者和师生权益的维护者。积极引导项目教师，特别是党员教师在日常教学、学科建设、科学研究、服务社会等一线发挥模范带头作用。

积极吸收项目优秀学生成为入党积极分子。强化培养与监督，充分发挥集体智慧，增强工作的成效。组织项目师生党员、积极分子开展生动活泼的组织活动，加强理想信念教育与专业教育相结合，引导项目师生正确认识时代责任和历史使命，将党员的先进性与学业工作的引领性紧密结合，发挥好先锋模范作用。

七 改进方向

(一) 进一步优化和提高生源质量

目前项目学生录取分数线略低于本校相同专业普通本科生录取分数线。为提升项目整体水平及学生培养质量，近年来，学校采取了多项措施，优化、提高生源质量。一方面，扩大生源范围。2013年项目运行以来，每年均在河北省招收100人，2022年学校首次在吉林省投放招生计划5人，学生质量较好。学校将按计划逐步增加山东、山西等省的招生计划。另一方面，通过改变高考分数中专业课与文化课占比，完善分数构成和录取方法，2020年将最初的通过文化课省控线后按专业排名录取的方式，改为以30%文化课+70%专业课综合成绩的录取方式，2023年继续调整比例，改为50%文化课+50%专业课综合成绩的录取方式，以促进学生学习能力和综合素质的提升。

(二) 采取措施，进一步提升韩语水平

项目学生入学韩语零基础，韩语学习和交流有一定的困难，韩语水平有待提高，尤其是听、说能力和韩语的实际运用能力。项目运行以来，高度重视项目学生的韩语学习，多举措提高学生的韩语水平。一方面，在培养方案中加大韩语课时量，聘请韩语外教，营造语言环境，切实提高学生的听说能力和韩语实际应用能力。另一方面，大力鼓励和支持学生参加韩国"世宗学堂"学习，开展韩语学习的第二课堂，全面提升韩语水平。并采取多种形式的效措施，包括开展形式多样的韩语竞赛、韩语之星评选等活动，继续搭建平台，激发学生学习韩语的兴趣和动力。

(三) 深化合作，拓展合作领域，继续发挥项目辐射作用

学校将根据人才培养与学生发展需要、产业与市场需求，并结合双方专业特色及优势课程资源，继续与韩方积极加强协商，进一步调整优化项目培养方案，加大对韩方优质课程资源的引入力度。依托中外合作办学项目，继续开拓合作领域，在人才国际联合培养、

学术交流、科研合作、人文交流等方面深化合作，丰富成果，发挥好合作办学的辐射作用。

八 项目部分毕业生反馈和感言

1. 刘景，2013级中韩服装与服饰设计专业学生。在河北科技大学完成本科学习阶段后，硕士博士阶段赴韩国诚信女子大学学习，成绩优异，毕业后被聘到母校河北科技大学中韩服装与服饰设计专业任教。

个人感言："在河北科技大学的学习生涯，是我人生中一个充满挑战与机遇的阶段，母校给我提供的优秀的平台，为我的发展提供了多种可能性，激发了我的学习热情。本科毕业后，我决定继续深造，就读于韩国诚信女子大学，顺利完成了硕士和博士学业，这段经历为我未来的职业发展打下了坚实的基础。通过在中韩两国学习，使我熟练掌握韩语，跨文化沟通能力使我更具国际竞争力，全球视野使我能够更好地应对不同的挑战。现在，我回到母校河北科技大学工作，在这里，我将学到的知识和经验分享给项目学生，为项目学生服务，为中韩合作办学项目的不断发展贡献自己的一点力量，我深感荣幸，也倍感珍惜。"

2. 魏启迪，2013级中韩服装与服饰设计专业学生。本科毕业于河北科技大学，硕士毕业于北京服装学院，现就职于河北科技大学担任辅导员。

个人感言："有幸成为河北科技大学中韩合作办学第一届学生，这段经历非常宝贵。中韩合作办学项目为我提供了专业平台，还培养了我在跨文化环境中沟通和合作的能力。随着本科的顺利毕业，我选择深造于北京服装学院，如今，我怀揣着对中韩合作办学项目的感激之情，回到母校河北科技大学，担任辅导员的职务。在这个角色中，我有幸与年轻的学子们一同成长，为他们提供学业和生活上的指导。在职业发展的道路上，我深感中韩合作办学项目为我提供了独特的优势，使我能够更好地适应国际化的职场。这个项目为我奠定了坚实的基础，成为我事业成功的重要支撑。感谢这段宝贵的经历，我将继续努力，为学子们提供更好的辅导和支持。"

3. 宋广晖，中韩服装与服饰设计专业 2014 级学生。毕业后自主创业，创立"而无文化传媒有限公司"，现任公司设计总监。2016 年经学校选拔参军入伍，连获多项"优秀士兵""保障标兵"等荣誉。退伍返校后边学习边自主创业，从事空间设计、商业空间策划等行业。得益于合作办学项目国际化视野及创新能力的培养，运用所学设计知识自主创业，目前经营状况良好，公司孵化线下艺术空间连续六个月本地抖音、小红书等新媒体平台好评、数量榜第一名。

4. 马娜，中韩服装与服饰设计专业 2015 级学生。现在读韩国延世大学服装专业博士研究生。依托本项目大三大四阶段赴韩国诚信女子大学攻读双学位，在韩学习期间，每个学期都获得奖学金。合作办学项目提供了继续深造的优秀平台，2019 年获得了延世大学、成均馆大学、汉阳大学等多所韩国著名大学研究生录取通知书和奖学金。最终以全额奖学金就读于延世大学服装专业，并于 2020 年成功申请硕博连读。2020 年 9 月，参与韩国教育财团 bk21plus 工程计划，被选拔为创新优秀培养人才。

5. 胡博伟，中韩服装与服饰设计专业 2015 级学生。目前韩国建国大学服装专业博士在读。本科毕业后考入建国大学攻读服装专业硕士，并于 2021 年考入建国大学攻读服装专业博士学位，在校期间成绩优异并获得奖学金。博士期间以第一作者发表 SCI 期刊论文。2023 年 12 月，以诚信女子大学中韩形象交流大使身份荣登韩国影响力最大的新闻媒体《朝鲜日报》。

6. 何璐延，中韩服装与服饰设计专业 2016 级学生。2021 年毕业后考取英国格拉斯哥艺术学院（The Glasgow School of Art，简称 GSA）时尚与面料设计专业硕士研究生。

个人感言："得益于被中韩服装与服饰设计专业项目录取，我有幸申请了赴韩国诚信女子大学暑假交流学习，从而坚定了选择出国进行专业学习的决心。在这个过程中我深刻体会到通往成功的道路都会有荆棘，但只要义无反顾的走下去都会到达。"

7. 杨楠，中韩服装与服饰设计专业2016级学生。本科期间赴韩国诚信女子大学交流攻读双学位，毕业后被韩国诚信女子大学研究生院录取。在校期间获得河北科技大学一等、二等奖学金、优秀三好学生，以及诚信女子大学优秀奖学金。

个人感言："我非常喜欢服装设计这个专业，所以一直坚持走专业路线。参与项目不久，就确定了考研的目标。幸运的是，我在大学一年级，争取到了赴韩国诚信女子大学访问参加项目首届赴韩交流学生的毕业作品展，受到极大触动，更加坚定了我攻读专业硕士的决心。一路努力过来，我很庆幸找到自己喜欢的学校和专业，一切都变得充满动力。"

8. 杨娅文，中韩服装与服饰设计专业2017级学生。本科毕业于河北科技大学，硕士毕业于韩国汉阳大学，现就职于北京兰玉服饰有限公司。

个人感言："通过本项目的学习，对我的职业生涯产生了深远的影响。中韩合作办学项目不仅让我学习了一门新的语言，同时，也是通过项目体验了解到韩国，让我坚定了要继续深造的想法。本科毕业后，我申请了汉阳大学的珠宝与时装设计专业，这又成为我一生中重要的经历。毕业后让我深刻感受到了母校对我的影响，河北科技大学是我的起点，合作办学的老师们是我成长道路上的引导者。非常感谢母校中韩合作办学项目提供了这样一个丰富多彩的学习平台，使我在专业、学术、生活、人际交往等领域得到了全面的锻炼。"

四　河北科技大学与韩国祥明大学合作举办产品设计专业本科项目、工业设计工程专业硕士研究生项目分析报告

河北科技大学与韩国祥明大学合作举办的工业设计工程专业硕士研究生教育项目（批准书编号：MOE13KR1A20131470N）于2013年获教育部批准设立，2014年起开始招生，为我省首个硕士层次中外合作办学项目。两校合作举办的产品设计业本科教育项目（批准书编号：MOE13KR2A201983N），于2019年获教育部批准设立，2020年起开始招生。

一　项目基本情况

产品设计专业本科项目（专业代码130504H）每年计划招生100人，本科项目采用4+0单学位的培养模式。本科项目招生4年以来，录取分数稳中有升，录取最大分差20分左右。本科项目2020级至2021级为20000元/生·年，2022级起为30000元/生·年。

工业设计工程专业硕士项目（专业代码085507H）每年招生60人，硕士项目采用2+1双学位培养模式。硕士项目招生生源非常充足，录取成绩稳定。硕士项目2014级至2022级为23000元/生·年，2023级起为34500元/生·年。项目财务由河北科技大学财务

处统一管理，严格执行年度审计制度和非营利性原则，专款专项专用。

项目秉持区域性、应用型、国际化的办学特色定位，以职业发展和社会需求为导向，立德树人为根本任务，服务于区域经济建设和社会文化发展。聚焦"京津冀协同发展""雄安新区"建设以及河北制造业转型升级等国家战略对人才的需要，依托河北科技大学产教融合、河北省工业设计中心、河北科技大学绿色设计发展研究院、快速制造国家工程中心——河北示范中心等人才培养平台，形成教学、实践、服务与转化多位一体的跨学科培养体系。积极探索绿色设计引领下的区域制造业转型升级，提供快速应变市场需求能力的设计创新服务。硕士项目在2018年教育部中外合作办学评估中成绩合格，办学效果良好。

二 中韩双方学科专业简介

河北科技大学是河北省最早开设工业设计工程专业（创建于1999年）的高等院校之一，2013年由"工业设计"改为"产品设计"专业。艺术学院现有教职工65人，专业教师53名，其中教授6人，副教授22人，硕士生导师32人，博士10名（其中博士后1名）。经过40年的建设发展，现设有视觉传达设计、环境设计、产品设计、美术学和绘画5个本科专业。2003年建立设计艺术学硕士点，现拥有艺术学一级学科硕士学位授权点、交叉学科设计学硕士学位授权点、美术与书法、设计专业学位授权点、工业设计工程专业授权点。近年来，项目师生获得了多项国内外重大专业设计竞赛奖项，其中包括德国"红点至尊奖"、日本"G-MARK"奖、红星奖、河北省工业设计奖等。2018年，工业设计工程专业被河北省教育厅评为"河北省高等学校工业设计重点建设专业"。学校设有"河北科技大学工业设计中心""绿色设计研究院""河北省重点快速成型加工试验中心"等研究机构。在多年教学与设计实践中，逐步形成了学科间互相支持、理论与实践相结合的学科特色，在省内具有较强社会影响力,在全国千余所高等院校中被中国设计师协会评为百家知名设计艺术院校之一,学科优势明显。

韩国祥明大学前身是1937年建立的祥明高等专科学院,1965年改名为女子师范学院,1986年改为祥明女子大学,1996年更名为祥明大学,是韩国国际化程度较高的知名综合性大学。2020年及2021年QS亚洲大学排名亚洲地区高校500强。被评选为产业链接教育特色领军大学(3年)与"高水平教学大学"(4年),在中央日报大学评价中被评选为以教育为中心的优秀大学。祥明大学已与300余个海外院校建立联系合作。为了适应时代的变化,培养创意型综合人才,打破学科之间的界限,开发融合教学科目,全面扩大融合专业课程,运营人文、ICT及艺术等相接轨的融合课程。工业设计学科表现突出,在韩国设计类教育发展史中,占据重要地位。祥明大学注重打造经济技术融合型创意设计人才培养基地与STAR型创意人才基地,构建创作经济技术融合型基础设施,培养创新人才。学校追求全球知识信息社会要求的尖端文化设计与创意性应用、综合设计的全球领导化教育,以设计的综合观点和思想为基础,注重发挥设计领导的多功能作用。

三　项目管理

为保证中外合作办学的各项工作得到圆满落实,及时沟通协调解决双方在合作过程中遇到的各种问题和困难,合作双方派出相关人员组成项目联合管理委员会,全面负责合作办学过程中的重大事项和项目的监管协调工作。

该项目在河北科技大学由国际合作处、研究生院、教务处、学生处、财务处、艺术学院等多个单位分工协同管理。艺术学院是项目具体管理运行单位,成立了由院长主管的中外合作办学项目管理办公室。双方派出相关人员组成项目联合管理委员会,全面处理合作办学过程中的重大事项和项目的监管协调工作。联合管理委员会负责沟通协调的主要事项有:外方教师的评聘及签证相关资料的提供；双方校领导及相关管理人员、课程教师、学生的互访，交流等；双方学生的学分互认事宜以及双学位颁发的具体条件等问题。职责包括制订和修改项目管理章程和规章制度、制定发展规划、审批工作计划、审核预算与决算、决定项目的终止等办学重大事宜。项目财务由河北科技大学财务处统一管理，严格执行年度审计制度和非营利性原则，专款专用。

四 项目教育教学运行

（一）培养目标

产品设计专业本科项目培养目标：本专业培养德智体美劳全面发展，拥有国际视野和社会责任感，能够运用韩语，掌握产品设计与开发理论方法与国际前沿知识技能，适应产业与区域经济社会发展需求，能够从事产品设计及相关工作的国际化高素质应用型人才。

本专业学生按知识、能力、素质三个方面需要达到以下目标：

1. 具有良好的身心素质与品德修养，践行社会主义核心价值观，具有强烈的社会责任感和职业道德。

2. 夯实专业基础知识和技能，掌握专业相关知识，具有国际化视野，不断拓展知识的广度和深度，养成自主学习和终身学习的习惯，能够构建系统的知识体系并持续更新完善。

3. 具有良好的创新精神、团队协作能力和解决复杂问题的能力。

工业设计工程专业研究生项目培养目标：培养德智体美劳全面发展，拥有国际视野和社会责任感，具有发现问题能力、设计创意能力、审美能力、动手能力和实际产品开发创新能力，能够熟练运用韩语，具备产品设计、环境设计、包装设计和服装设计能力，从事设计推广、产品开发、设计研究与应用的高级国际化复合型专业人才。

（二）师资队伍

项目师资学科背景结构合理，专任教师知识结构涉及工学、艺术学等学科，职称结构合理，具有高级职称的教师占比达50%，其中正高职称 6 名，副高职称 25 名，90% 以上任课教师年龄低于 55 岁，长期从事一线产品研发和生产，同时具有丰富的教学经验和科研经验。项目将资源建设与资源使用相统筹，实现在资源建设中培养教师队伍，在资源使用中锻炼教师队伍，坚持外部引进高素质博士任教和内部鼓励现任教师学历提升，实施跨学科引进与培养相结合策略，努力提升师资素质，优化队伍结构。学院选派五名专业教师攻读韩方博士学位，同时引进一名韩国祥明大学博士。韩方派出 4 名专业教师常驻河北科技大学进行授课，教师均为博士学历的教授，业务能力与授课经验水平较高。

（三）课程设置

项目紧紧围绕京津冀区域经济协同发展需要，结合"河北工业 2025""美丽乡村建设"及"河北省关于支持工业设计发展的若干政策措施"，发挥韩方学科专业特色优势，满足在装备制造、环境设计、服装设计和文化旅游用品等行业对于高层次、复合型、国际化人才的需求，制定项目培养方案课程体系。

课程体系建设，以专业应用为导向、职业需求为目标、综合素养和应用能力提升为核心。如课程实施"互（动）融（合）型 + 接力型"教学模式，以产学研结合为路径，加强专业性、实践性、创造性并重的课程体系建设。专业课程建设依托学科人才资源优势，推动高质量科研在教学中的转化，开展专题性研讨与学术交流互补的史论课程教学体系建设，创办"艺术大讲堂"聚焦学术前沿，推进文创设计开发研究，助力区域性文化传承与创新。实践性课程建设以社会服务课题为媒介、理论与实践结合为方向，借力综合性大学的平台优势，建设高水平科研平台——"河北科技大学绿色设计发展研究院"、技术转化平台——"河北省工业设计中心"和十余个企业实践平台，实现了设计方法教学的实践性回归，响应"河北工业 2025"区域制造业发展升级战略。创造性课程建设以"知识 + 能力 + 创新"为宗旨，跨学科实践创新激发问题导向，强化实践教学创造性产出的普及与推广，推进设计创新的应用性转化，服务区域经济发展与生态文明建设。

本科项目引进韩方课程16门,外方教师授课总课时数占项目总课时数44.87%,专业核心课程均由韩方教师授课。硕士项目引进韩方课程5门,韩方教师担负的专业核心课程的教学时数占项目总课时数的41.67%,采用中韩双导师制。从参与本项目调查问卷414名学生反馈情况看,90%的学生认为充分引进了外方优质的教学理念、管理方法、教学资源等。

(四)教学质量监管

项目建立了以河北科技大学教学管理体系为主体、主管副校长、教务处、研究生院、国际处、艺术学院协同负责的合作机制,确保合作办学项目教学效果与办学成效。在中外合作办学过程中,艺术学院管理人员非常关注反馈信息的收集,在具体的教学过程中,采取多种方式获得全面有效的教学反馈信息。一是建立教学督导制度,聘请有经验、认真负责的教师采取不定期随堂听课的方法检查教学质量,及时与任课教师和学生进行交流,了解教学运行中存在的问题并及时反馈信息;二是加强教学考核,了解教学大纲和教学计划的执行及完成情况;三是召开学生座谈会,聘请学生担任班级教务信息员,了解学生对课程安排、教学内容、教学方式、教学水平、教学效果的认可情况从而更有效地组织和改进教学行为;四是通过QQ群、电话、电子邮件,搭建信息交流和反馈平台,在网络的互动和平等交流中,学生更乐于真实反映情况和自由发表意见,管理人员也可以实时对学生进行指导和帮助;五是开展各种评教活动,通过评分结果了解教师的教学状态、学生对教师的满意程度;六是跟踪学生毕业后的去向和发展,和用人单位进行定期沟通和交流,了解用人单位对毕业生质量的评价以及社会对人才知识结构的要求,从而优化中外合作办学的培养目标,完善人才培养方式,培养符合区域经济文化发展需要的各类人才。从参与本项目调查问卷414名学生反馈情况看,84%的学生对外教的教学质量感到满意(包括教学态度、教学方法、教学方式、课堂氛围、教学信息化工具使用熟练度等）；82%的学生对所在中外合作办学项目的教学质量感到满意。

（五）学业评价机制

1. 重视形成性评价

根据人才培养目标类型与方向，采用不同评价方式。例如对于实践类课程，在对学生进行学业评价时增加实操训练，注重考查学生的实践应用能力。对于理论类课程，关注学生的批判性与创新性思维，注重对学生的文献阅读量以及课程论文质量进行考核，以此拓宽学生的国际视野，提升学生的综合素质。此外，在对学生进行评价时，可以提高小组合作成绩与主题汇报成绩的占比，培养学生的团队协作能力和语言表达能力，还可以从社会调查与实践等多方面对学生进行考查，关注学生的跨文化交际能力以及国际竞争力。

2. 注重多元评价

除教师评价外，中外合作办学项目还关注学生自我评价，培养学生的参与意识和主体意识，引导学生自我认知、自我监控和自我完善，激活人才培养评价工作的内生动力。在条件允许情况下企业指导教师以及专家教授参与到学生学业评价过程中，跳出校内评价的主体范围，使评价更为全面客观。通过联动教师、学生和社会人员，形成互联互通的多元评价主体，为合作办学学生提供学业指导及就业交流。

3. 及时做好评价反馈

一方面注重反馈的"时效"，及时向学生反馈学业总体情况，比如在日常课堂教学过程中，对学生的课堂问答、主题汇报以及小组作业等都进行及时评价，帮助学生了解当前的学习状况以及与学习目标之间的差距，不断提高学生的自我认识。另一方面鼓励中外教师与学生积极沟通交流，了解学生的学习状态和学习需求，根据不同学生的学习情况及时提供有针对性的指导建议，引导学生对学习过程与结果进行反思。

五　办学成效

（一）思想政治教育成效

认真学习习近平新时代中国特色社会主义思想，深入领会习近平总书记系列重要讲话精神和党中央治国理政新理念新思想新战略；学习领会全国教育大会、全国高校思想政治工作会议精神，落实立德树人根本任务，不断提升思想政治教育工作质量，努力培养社会主义合格建设者和可靠接班人。

强化学术诚信、科学道德，深化课程思政。在评奖评优中，突出学术诚信，强化诚信要求；在社会实践中，加强主体诚信价值观教育，弘扬科学道德精神。在考核考试、论文发表、就业实习、奖助贷补等过程中做好诚信评估。

突出河北科技大学的"四实"（实习、实践、实验、实训）成功做法，充分发挥校内校外基地作用。一是引导项目学生积极参加院党委坚持八年的"发挥专业优势，画'中国梦'到最基层"社会实践活动；二是组织项目学生积极参加各种专业赛事和展览，如"龙腾之星"——全球大学生绿色设计大赛、河北省研究生艺术创意大赛、大广赛、未来设计师全国高校数字艺术设计大赛、米兰设计周中国高校设计学科师生优秀作品展等。通过扎实工作，在学生思想政治教育方面取得明显进展和成效。

（二）学生竞赛业绩成效

教育引导项目学生积极参加校内外各项专业赛事和展览，如学校每年一次的"研究生科技节"、"研究生学术节"等，加强学生们之间的学术交流、提升学生专业能力和实践能力，学生综合素质明显提高。学生获奖近百项，如在2019—2023届"龙腾之星"——全球大学生绿色设计大赛中，获金奖5项、银奖12项、铜奖15项，在2019—2023年连续两届河北省研究生艺术创意大赛中，获一等奖2项、二等奖5项、三等奖8项等；发表专业相关核心论文及作品50余篇；实用新型和外观专利30余项。

（三）整合外方教育资源，加强合作交流的深度与广度。

制定本土化和国际化相结合的人才培养模式。结合河北省及京津冀区域的实际情况，制定了本土化和国际化相结合的人才培养模式，做到不盲目照搬其他模式，因地制宜地探索出一条有自己特色的适合地方区域的国际化人才培养之路。

加强合作办学的深度与广度。合作办学不是一味地引进外方资源，还需要走出国门。学院加大交流与合作的力度；增派赴韩留学生的数量、加大交流教师进行交流访学的机会，这些举措在一定程度也促进了本硕两个合作办学项目稳健发展。

（四）师资队伍建设

1. 高层次人才引进

加大高层次人才引进力度，力求使教师队伍建设不断适应合作办学特色和人才培养的需要。打通学院专业教师与行业人才的合作通道。一方面聘请行业领域专家和技能人才作为短期授课教师，与高校老师共同发力，深度合作，为学生提供特色实践指导与最新行业动态，帮助学生从多个角度了解行业的发展现状、发展成就、主要任务以及潜在问题等内容，使学生对行业能够有清晰全面的了解。另一方面定期选派优秀青年教师、骨干教师前往企业挂职、锻炼，推动教师定期到企业实践这一措施常态化、制度化、标准化、规范化，不断加强教师技能培养。通过申报校企合作项目、开展教学经验交流会等形式，造就一支综合素质高、教学能力强、科研能力强、创新创业实践能力强的国际化、多元化师资队伍，为培养学生理论联系实际的能力奠定坚实的基础。

2. 规范外籍教师聘任制度

学院中外合作办学项目完善了外教聘用管理措施，切实保证外籍教师队伍的稳定性。学校在与外教签订正式聘用合同之前，由中韩双方共同考察外籍教师的工作态度和工作表现。在正式签订劳动合同时，明晰外籍教师来河北科技大学最低服务期限、权利义务等条款，要求其按照河北科技大学的教学日历安排进行授课，避免陷入"短期教师""飞行教师"的困境，对外籍教师的招聘工作进行制度化规范管理。学院改善条件，为外教配备生活便利的校园外教公寓和办公设施，方便其教学科研及参加学生活动等等。配备专门中方教师作为联络员，关心外教的生活，从情感交流等多方面创造良好的人文环境。

六 办学特色

（一）立足优势专业，培养国际化专业人才

培养具有国际视野、国际竞争力的复合型人才是开展国际交流合作的重要任务，也是其开展国际合作交流的特色。建设国际化的课程有利于培养学生国际化的思维、拓展其国际视野。产品设计专业项目（本科）与工业设计工程专业项目（硕士研究生）均是应用型学科，面向社会培养专技型人才，学院建设国际化课程体系时，结合地区和学院自身专业特色的基础上，引进国外优秀教材和课程标准，同时参考跨国企业需求人才的标准，在进行课程资源整合，建设有院校自身特色的国际化课程体系。项目培养方案充分融合了双方优势课程，国内外大学携手联动，使项目学生掌握专业国际前沿知识，在专业学习中增加国际化元素。

（二）交流合作目标明确、延伸效应好

项目每一项工作目标明确、具有很好的延伸效应，充分发挥了资源的价值。比如强化韩语学习为国际交流和合作提供了保障，不仅为人才培养做好顶层设计，也为国际化师资培养的各项举措提供储备。学院注重对国际交流与合作领域各相关工作的制度建设，建立了课程标准化、师资队伍多元化、互访交流经常化、学生赴韩学习规模化等一整套长效机制。

（三）务求实效，扎实推进，合作稳步拓展

从硕士项目联合培养开始，双方合作领域不断拓展，在两校工业设计工程专业硕士研究生项目良好办学成效基础上，成功申办了产品设计专业本科教育项目。两个项目既有相对独立性，又具有连

四 河北科技大学与韩国祥明大学合作举办产品设计专业本科项目、
工业设计工程专业硕士研究生项目分析报告 / 217

贯性整体性，能够较好完成本、硕专业培养体系的衔接，有助于深化两校合作、促进产业人才培养，彰显国际化特色，构建中外融合的人才培养体系，促进合作稳步拓展。

（四）强化实践教学，突出产业属性

本项目积极与企业共建实训基地、推动"实践项目进课堂"、在日常教学中做到"请进来，走出去"，把企业、公司的高级设计师和技术人员请到课堂和实验室进行实际指导，加大实践比重，为学生提供尽早尽快全面接触产业实操的机会，切实提高设计实践能力，成为企业需求的国际化人才。

（五）搭建跨学科合作平台，提升师生综合素质

充分利用学校多学科的资源优势，实现跨学科培养。利用学校现有的大学生创新创业中心、工程训练中心、快速制造国家工程中心、河北省工业设计中心、河北科技大学绿色设计研究院等18个省部级科技创新平台，加强艺工学科交叉融合，为项目学生在艺术设计与工程实践方面提供了有力的保障。项目专业团队师生与本校机械、信息、经管等专业师生加强紧密合作，积极参与跨学科综合性产品开发项目。在教学实践项目中，充分利用河北科技大学特色工科教学平台资源优势，实现资源共享，有效提升了学生培养质量。

七　党建情况

坚持党对合作办学的全面领导。严格按照党建工作要求，设置党组织，开展党建工作，强化项目师生教育培养。加强意识形态教育，确保和谐稳定。一是教育引导项目学生关心关注热点焦点问题和社会舆情，有效应对风险；二是加强人文关怀，培育学生理性平和、乐观向上的健康心态，做好学生心理危机干预工作，保证"校—院—班"三级工作网络正常运行，建立学生心理健康档案，确保学生心理安全；三是畅通信息渠道，充分发挥学生组织的作用，尽最大可能满足学生合理诉求。

落实"三会一课"制度，加强学生党组织建设。大力推进党建

规范与特色创新,一是在党员中广泛深入开展群众路线教育实践活动、推进"两学一做"学习教育常态化制度化;二是实施三期"党课实践活动",如三年来立项 15 个,参与研究生党员 80 多人次。同时,不断加强党员发展工作,把好政治关,建立"一帮一"制度,实现"发展一个、带动一片"效果,教育引导学生树立正确入党观,保证党员质量、保持党员先进性。培养学生爱国、爱党、爱校的深厚情感与责任意识,使其成为具有浓厚家国情怀、新锐设计理念、过硬专业技能的国际化专业人才。

八 努力方向

(一) 突出合作办学的国际化特色

进一步增进教学理念、教学内容衔接与融合。课程设置与教学安排,进一步凸显合作办学的理念、风格、技法,使学生的设计水平达到国际化专业水平。加强中韩双方教师交流,加大教学研讨、学术交流的互动频率与深度,进一步改善教学效果,优化育人成效。

(二) 加强师资队伍力量的建设提升

1. 加强中方师资队伍建设

合作办学项目中方教师队伍中,艺术类教师博士学位比例还不多。采用"结对授课"的方法,加强中韩双方教师的交流和互动;选派中方专业教师赴国外亲身体验合作方的教学模式,学习教学方法,积累教学经验,充实专业课的教学内容,提高专业教师的整体水平,开阔中韩合作办学专业教师的国际化视野。

2. 帮助外籍教师提高"中国化"水平

外籍教师的授课方式和中国传统的授课方式存在着一些差异。因此,如何能让学生尽快地适应外籍教师的授课方式是问题的关键。学院在引进外籍教师的时候,可以优先选择那些有中国经历的或者有一定中文基础和中文知识背景的外籍教师;为了强化他们对中国文化的理解,可以以他们为对象针对性地展开中国文化的培训活动,可以就中国的政治、经济、文化等主题开展一系列的讲座。

（三）加强外籍教师在专业水平及从业资格方面的监管

项目聘请了一定数量的外籍教师和专业教授，外籍教师分别在美国、德国、韩国获取博士学位。通过他们可以带来外方课堂教学模式和教育管理模式。因此，加大监管外籍教师的从业资格，严把外籍教师的教学质量关，在一定程度上对于提高中外合作办学教学质量，培养高标准的国际化人才起到重要作用。

（四）完善人才培养模式，提升学生韩语学习能力

在中外合作办学人才培养模式下，韩语课程的讲授必不可少，而现实情况下，学生的韩语能力有限，学生在入学后，多数难以接受这种全韩文的授课方式。因此学院在完善人才培养模式时，要下大力气加大韩语能力的培养，从大一开始制定相关的培养方案，提升学生韩文学习能力，为下一步的韩语课程学习打下基础，也为将来出国继续学习做好准备。

九 项目学生代表反馈

（一）工业设计工程专业硕士项目

1. 2014级硕士研究生高慧乐，研究生期间赴韩国祥明大学交流攻读双学位，毕业后被韩国首尔大学录取，继续攻读博士学位，现就职于苏州大学。读硕期间，参与了企业项目如磁控车设计（北京艾德沃公司）、石家庄市路牌设计（河北省公共资源部）、展厅与展示柜设计（河北省税务局）、智能代步电梯设计研发（安道利佳智能科技股份公司）、保护罗布泊野生骆驼LOGO设计（中国保护野骆驼科学探索联盟）、防空警报器设计与研发（河北高达电子科技有限公司）等项目；跟随导师进行了专业项目研究，如生物识别技术的智能设备研发与B2C市场开发、Young Creative Team Ideas Found 青年创客团队创意发掘、LG电子产学研合项目、新商务用UX无人驾驶汽车综合内饰研发、无人驾驶汽车研发项目等。极大提升了专业实践能力，并获得2017年产品创新设计晨星奖（一等奖）、2016年全国工业设计大赛（二等奖）、2015年河北省工业设计大赛金奖等

奖项。博士期间获得了首尔大学全额奖学金、2018年Red Dot Award红点奖（Best of the Best/至尊奖）、2017年Spark Design Awards美国星火奖（金奖/星火奖）等。发表EI、Scopus、韩国核心KCI、日本J–STAGE等论文7篇；国际会议报告10项；申请国内外专利7项。

2. 2014级硕士研究生李振戡，研究生期间赴韩国祥明大学交流攻读双学位，毕业后被韩国弘益大学录取，继续攻读博士学位，现就职于南京艺术学院。读研期间多次参加导师的研究项目，积极开展学术研究工作，在课程学习中，积极完善设计作品，在众多设计竞赛中屡次获得好成绩。读硕期间两次获得艺术学院一等研究生学业奖学金，其中2016年以专业第一名身份获得一等研究生学业奖学金。完成国内相关课程学习后，前往韩国祥明大学设计学院继续深造。在韩国祥明大学期间，学习之余参观了韩国的设计企业与韩国高校设计展，了解韩国的设计产业发展现状，开阔视野，扩宽思维。在完成相应的韩国语等级、学分和学位论文后，获得了韩国祥明大学硕士研究生学位。同年进入韩国弘益大学攻读博士学位课程。

在韩国弘益大学期间，攻读交通工具设计专业，并积极参加导师研究室的科研项目，为日后积累科研项目经验。其导师毕业于弘益大学和首尔国立大学，分别获得硕士和博士学位。曾就任于韩国起亚汽车中央技术研究所主任研究员和起亚汽车北美研究所首席设计师等职务。在汽车设计界工作十余年，有着非常丰富的汽车设计经验。攻读博士期间，李振戡也经常跟随导师去企业实习，积累实际项目研发经验。在参与韩国现代汽车与弘益大学的产学项目中，李振戡所在设计团队的最终提案被现代汽车内部领导给予高度评价。

3. 2015级硕士研究生王少琛，研究生期间赴韩国祥明大学交流攻读双学位，毕业后被韩国汉阳大学录取，继续攻读博士学位，现就职于南通大学。韩国设计学会会员、韩国室内设计学会会员、韩国文化空间建筑学会会员、仁川产业设计协会会员。发表国际学术论文4篇，研究方向为品牌商业空间设计、公共空间设计等。就读项目期间，最大的感受就是充实，零基础学习韩语，同时还要兼顾专业课程，项目期间还选择赴韩攻读双学位，体会了韩国的设计教育、校园文化、产业发展，参加了韩国的学术专业活动与设计作品的展览，这一年是成长非常迅速的一年。得益于项目学习经历，获得了四所学校的博士入学资格，最终选择韩国汉阳大学。完成学业后，回国入职南通大学，进行专业教学科研工作，开始新的发展。

4. 2020 级硕士研究生张远昊，研究生期间曾任河北科技大学研究生学生会主席、河北科技大学艺术学院科研办公室助理、研究生 15 班班长，毕业后就职于河北省地矿局国土资源勘查中心。读研期间获得国家级奖学金以及两次一等学业奖学金，以第一作者身份发表核心期刊论文两篇，外观专利两项。入学以来积极参加各项比赛，其中两次获得中英国际创意大赛铜奖、英国生态设计大赛铜奖、全国数字艺术设计大赛一等奖、全国大学生广告艺术大赛一等奖、香港当代设计大赛铜奖，2021 龙腾之星绿色设计大赛分别获得银奖与铜奖、获得第二届研究生学术节三等奖两项、第四届研究生学术节三等奖、河北省大学生机器人大赛三等奖、中国大学生机械工程创新创意大赛三等奖。在校期间荣获河北省三好学生、河北省优秀毕业生、校级优秀共青团员、校级优秀共青团干部、校级优秀研究生、校级优秀研究生干部称号。

5. 2020 级硕士研究生赵仲意，中国工业设计协会会员，现就职于山东省济南市九艺教育集团，担任高级合伙人兼工业设计项目负责人。读研期间，2021 到 2022 学年，2022 到 2023 学年成绩连续班级第一（1/56），在学院老师的指导下，2021 年荣获德国 IF 设计新秀奖，第二届河北科技大学研究生学术节三等奖，第三、四届河北科技大学研究生学术节一等奖，2021 年河北省研究生艺术创意大赛三等奖，2022 年河北省研究生艺术创意大赛一等奖，2021 年河北省大学生工业设计创新大赛二等奖（两项）、三等奖（两项），第二、三、四届龙腾之星全球大学生绿色设计大赛铜奖，2021 年山东省大学生工业设计大赛二等奖，2021 年山东省"泰山设计杯"文化创意设计大赛大学生新锐奖，2021 年山东省大学生科技文化节三等奖，

2021年米兰设计周—中国高校优秀师生作品展省级二等奖，国家级三等奖，2023年米兰设计周中国高校优秀师生作品展省级一等奖，国家级三等奖，并参与众多项目，如一次性采血针项目（企业项目）。在比赛和项目过程中极大提升了自己的专业技能，整合了整体的设计思维。在校期间，参与河北省在读硕士研究生创新能力资助项目一项，申请外观专利一项。

（二）产品设计专业本科项目

1. 2020级本科生闫泽锦同学，认为学校产品设计本科项目与工业设计工程硕士项目具有良好的衔接性，为深造发展搭建了平台。通过项目学习，不仅具有中国式设计思路同时具备韩国的设计理念，使学生的产品设计更加具有国际化的包容性和特色。学院安排韩语中教与外教共同承担项目学生韩语教学，提高项目学生韩语能力。

2. 2020级本科生李昀竹同学，通过项目中的韩方课程参与了品牌logo、软件界面、家装、展厅、特色产品、灯光布局等设计。从人群分析、客户喜好，到当今国际流行趋势与审美，外教将韩国的流行元素与趋势灵感渗透到教学中，使学生思想多元化，设计作品国际化，增强产品的竞争力与优势。

3. 2020级本科生白子宇同学，本科期间在中方以及韩方老师的指导下曾获2021年大学生创新创业训练计划项目河北省创新创业大赛省级立项，2021年龙腾之星·第三届全球大学生绿色设计大赛优秀奖，2022年第三届"铸剑杯"文化创意大赛国家级二等奖，2023年第16届全国3D大赛年度竞赛河北省特等奖，2022年第四届香港当代艺术设计奖银奖。并参与众多实际项目，如喜内品牌洗衣液项目设计（企业项目），在老师的指导以及良好的学习氛围中不断提升自身专业水平，开拓设计思维，在此环境下积极参与了各类比赛与项目。中外合作办学提供了一个难得的学习和成长机会，在与韩国教授的交流和学习中，不仅提高了韩语沟通能力，了解了不同国家的文化，还学到了许多国际前沿的设计理念，开拓了国际设计视野。

五 河北科技大学与新西兰怀卡托大学合作举办金属材料工程专业本科项目分析报告

河北科技大学与新西兰怀卡托大学合作举办的金属材料工程专业本科教育项目（批准书编号：MOE13NZ2A20141602N），于2014年获教育部批准设立，2015年起开始招生。2021年入选国家一流专业建设点，2023年通过了教育部工程教育专业认证，获批国家级一流课程2门。

一 项目基本情况

项目专业代码是080405H，培养模式是"4+0"单学位，即学生在河北科技大学学习四年，完成中新双方共同制定的培养方案，达到颁发学位条件，即授予河北科技大学本科毕业证书、学士学位证书。每年计划招生90人，项目招生9年以来，录取分数逐步向好趋稳，办学成效得到认可，生源质量得到保障。收费标准为2015级至2021级17000元/生·年，2022级起为25500元/生·年。2019年项目通过了教育部中外合作办学的合格性评估，2023年获评河北省首批本科示范性合作办学项目，办学效果良好。

截至2023年，项目已招生9届751名学生。项目累计36人选择2.5+1.5模式到新西兰怀卡托大学学习，有31人获得河北科大学和怀卡托大学双学位，其中9人选择在新西兰攻读硕士，3人成功申请到全额博士奖学金攻读博士学位。项目累计有49名学生赴新西兰、英国、澳大利亚、加拿大、香港等国境外知名高校攻读硕士学位，10余名学生攻读博士学位。

本项目以河北科技大学金属材料工程专业国家专业综合改革试点、国家特色专业和国家一流专业建设为依托，引入怀卡托大学先进的教学理念和教学方法，依靠河北钢铁生产基地和数量庞大的金属材料产业集群企业，立足京津冀区域经济发展，辐射全中国，以培养具有鲜明特色的钢铁行业国际化应用型专业人才为目标，培养新工科和工程教育背景下金属材料工程中外合作办学专业国际化应用型人才，为航空航天、交通运输、能源电力等金属材料行业培养高素质工程应用型人才。

二 项目中新合作双方学科专业实现优势互补

金属材料工程专业为河北科技大学优势专业，2007年被遴选为国家特色专业建设点和河北省品牌特色专业、河北省冶金材料教育创新高地，2008年"金属材料工程教学团队"被评为国家级优秀教学团队。2012年金属材料工程专业被批准为国家级专业综合改革试点，2015年开始招生第一届中新合作办学学生。通过中外合作办学项目实施，专业建设和人才培养过程中引入国外先进理念，近年来取得了显著成效，课程建设方面，获批国家级一流课程2门，省级一流课程3门，省级精品课程2门，省级思政示范课程2门，获批研究生课程思政示范中心，河北省先进金属材料产业学院，金属材料工程专业2021年入选国家一流专业建设点，2023年通过了教育部工程教育专业认证。该专业拥有国家级优秀教学团队，日本工程院外籍院士1人，享受国务院政府特殊津贴专家1人，国家"百千万人才工程"1人、教育部"新世纪优秀人才支持计划"1人，全国优秀教师3人，河北省省管优秀专家1人、河北省优秀专业技术拔尖人才1人、河北省有突出贡献中青年专家1人、河北省"三三三"人才工程一层次人才1人、河北省教学名师1人，河北省材料类教指委委员1人，省级青年拔尖人才1人。金属材料工程专业现有专职教师28人，其中教授8人，副教授8人，博士27人，博士后3人，博士生导师2人，硕士生导师23人，具有海外留学经历12人。专业教师具有坚实的理论知识和较强工程实践能力，主要开展先进钢铁及有色金属材料的组织及性能调控，航空及高铁等关键零部件的服役行为评价，新能源材料的研究与开发等方面的工作。专业自1977年招收第一届本科生以来已涌现出中国科学院陈光院士、日本工程院巨英东院士、全国优秀教师毛磊教授，以及中广核铀业发展有限公司董事长周振兴教授等一大批学术和工程界领军人才。本项目2015级首届优秀毕业生翟钰涛、马敬男获全额奖学金，在新西兰怀卡托大学攻读博士学位。

新西兰怀卡托大学建于1963年，是新西兰政府资助的8所公立大学之一。学校位于北岛哈密尔顿市，占地60多公顷，现有13000余名学生，其中包括来自100多个国家的2000多名国际学生，设有四大学部及一个学院。大学开设从预科学习至博士学位的课程。学校拥有现代化的教育设施和计算机设备，其教学质量和研究水平均享有国际声誉，2023年QS世界大学排名第250位，新西兰第4名，怀卡托大学排名位于全球前1%，被誉为南半球"哈佛"。新西兰怀卡托大学的自然科学与工程学院的材料工程学科，其在最近一届新西兰教育部与高教署发起的PBRF学科排名中名列第一，自然科学与工程学院的工程学学士荣誉学位获得了新西兰专业工程师学会的完全认证，学术人员从事着包括先进复合材料、纳米材料、合成材料等在内的多项国际尖端领域研究。

三　中新双方全力合作确保项目教育教学高效运行

（一）统筹"引进来，走出去"，建设中外融合发展的国际化师资队伍

项目构建了由"中方教师+新方教师"的专业核心课程与外语

课程建设团队。中方专业课程教师18名；新方教师一般包含常驻河北科技大学3名教师和其他短期教师，承担13门专业课程和学术英语课程的教学。项目开办以来累计有4名外籍英文教师、6名外籍专业教师常驻河北科技大学授课。学院针对每门外教承担的课程，安排具有博士学位、英语水平较高的2名专业骨干教师全程跟踪助课，在助课过程中近距离学习了新方先进的教学理念和教学方法，加强中外教师间的沟通交流和融合创新，助课教师的英文水平和教学能力得到了较大提升。通过对本项目224名参与问卷调查学生的反馈意见看，82%的学生对外教的教学质量感到满意，包括教学态度、教学方法、教学方式、课堂氛围、教学信息化工具使用熟练度等；74%的学生认为在师资水平上该项目与学校其他常规教学活动相比有优势。

坚持中外合作办学经费专款专用，改善办学条件，特别注重提高国际化师资队伍建设，学院定期选派专业骨干教师和管理人员赴新西兰怀卡托大学、英国曼彻斯特大学、英国索菲尔德大学、加拿大渥太华大学等世界著名高校参加教学与管理的培训学习。同时，在合作办学项目支持下，河北科技大学材料学院每年选派专业教师进行中外合作办学教学研究、教师教学能力提升研修和创新能力研讨，形成具备创新创业实践能力的"双师型"教师队伍，推动新工科背景下本科生创新创业能力的提升。近年来送出培养41人次骨干教师赴日本、新西兰等国访问交流。中外合作办学教师的交流培训显著提高了教师的专业素养和英文水平，开拓了国际化视野，教师积极进行教学改革探索创新实践。此外，依托合作办学项目，还引进了日本工程院外籍院士1名，提升了学科建设水平，由金属材料工程系朱立光教授牵头的材料科学与工程教师团队在2023年获批河北省高校黄大年式教师团队。

（二）国际化全英文+本土化双语教学模式

外籍教师共开设全英文专业核心课程10门，教学理念、教学模式和考核方式完全按照新西兰怀卡托大学的模式进行，做到和国际

五 河北科技大学与新西兰怀卡托大学合作举办金属材料工程专业本科项目分析报告

接轨。国际化的课程结构上更注重课程内容之间的横向关系，注重学科之间的交叉融合。由外方教师承担的专业核心课程占该项目核心课程的比例为85.71%，怀卡托大学教师担负的专业核心课程的门数占全部课程门数的比例为36.36%，怀卡托大学教师担负的专业核心课程的教学时数占全部教学时数的比例为34.38%。注重专业知识的补充和更新，重视创新意识和创造能力的培养。考试形式灵活多样，思考式或论文式、应用式的考试都融入考试体系之中，将过程性考核真正融入到教学过程之中，重视实践性的考核。每门外教课程均包括小测和作业各2—4次，小测和正式考试完全相同，过程性考核占最终成绩的40%—60%，改变了传统单一的期末考核方式，激发了学生平时学习的动力。在课程内容上，充分关注学科领域的最新发展，使学生熟悉不同的思维方式。充分发挥学生个体的潜能、主动性、创造性，形成鲜明的个性，以学生为中心，体现了个性化培养、创造性人才培养的教育思想。通过对本项目224名参与问卷调查学生的反馈意见看，85%的学生认为中外合作办学充分引进了外方优质的教学理念、管理方法、教学资源。

中方教师通过给外教助课，吸收和引入了外籍教师先进的教学理念和教学方法，对专业课程进行了改进和更新。河北科技大学教师开设了《表面工程》《腐蚀与防护》《材料现代研究方法》等双语课程，采用英文原版教材，辅以优质中文教材，制作了中英文课件，进行中英文双语授课。充分利用信息化教学手段和现代教学方法，基于互联网技术建设在线课程，使教学内容、教学模式与信息技术深度融合，利用网络课程平台，实现网上互动式学习，强化学生自主学习能力；在教学过程中，改变单一的传统教学方法，推进互动式、讨论式、研究式教学方法，通过科学新颖的教学方法的实施与推广，提高学生自主学习和知识创新能力。《表面工程》双语课程获河北科技大学混合式一流课程和第二届教学创新大赛三等奖。

（三）双监督双反馈确保教学质量，促进个性化人才培养

建立了教学过程与教学质量的双监督和双反馈机制。新西兰怀

卡托大学定期来校检查项目实施情况，河北科技大学对教学过程设有校、院、系三级教学管理体制，教学督导员巡课督导，所有引进课程参加学生评教。双方不断加强交流沟通，形成质量监管长效机制。学院定期召开项目学情分析座谈会，从中方教师、外方教师、助课教师、学生等多角度掌握项目教学运行情况，及时发现问题予以改进。

引进吸收，实施以"学生为中心"的工程化、个性化、创新化和国际化的多元化人才培养模式，提高人才培养质量，实现传统优势专业的转型升级，提高办学层次。为了提高合作班学生国际视野和自身综合素质，建立了"开源书院"制度，为合作办学学生聘请具有国外经历和国际视野的教师作为国际成长导师，积极创造条件，鼓励学生参加创新创业教育活动。

在加强实践教学方面，建立了校内实验、科研和校外实践三级平台，实施专业基础实验、材料综合实验、个性化教育、创新创业"四位一体"的创新实践教学体系。构建多方向、多层次、多环节的虚拟仿真实验教学体系，以产学研基地为依托，深度结合教师科研项目、生产实际案例，构建了校企结合实践平台。与中国一拖、河冶科技等20余家企业建立了良好的校企合作关系，建设了9个实践基地。构建"一中心、三结合"教学改革模式，即"以学生为中心，开放办学和工程认证相结合，虚拟仿真与实际操作相结合，校内实验和企业实践相结合"，加强教学过程的实践性，强化学生学习过程考核，实现理论教学与实践教学的有机衔接，线上学习和课堂教学优势互补。项目在该模式的构建与实施中完成了2个省级教研项目和2个校级教研项目，获得了河北省教学成果奖三等奖1项。国家级、省级、校级和院级"四级"双创训练体系培养学生自主实践及发散思维能力，成立创新创业团队、小组和工作室，以科研课题、工程应用为基础，开展科研训练、大学生创新、创业项目等各类竞赛，学生的工程实践能力、团队合作能力和协同创新能力显著提升。

四 提高办学成效，赋能学科专业建设和科研能力提升

通过近10年的努力探索，在专业与学科建设、教学科研、学生竞赛等方面有着显著的发展，项目逐渐凝练形成了办学特色：

（一）中新融合促进金属材料工程专业高质量发展

将合作办学项目的经验引入到其他专业，如将金属材料工程中外合作办学专业优质课程《工程基础实验》引入到其他专业，切实提高学生的思考能力和动手能力。非合作办学专业的培养方案和课程设置中也借鉴了中外合作办学项目经验，课程目标审核和达成评价学习了外教课程，在一流专业申报和专业认证中起到了至关重要的作用。金属材料工程专业2019年获批国家一流专业建设点，2023年顺利通过教育部工程教育专业认证，获批河北省先进金属材料现代产业学院。专业的高质量发展又促进了合作办学顺利开展，2023年，本项目获批河北省首批唯一本科示范性中外合作办学项目，标志着专业建设迈上了崭新的台阶。此外，在材料科学与工程学院国家特色专业建设点、河北省品牌特色专业、河北省冶金材料教育创新高地、国家级专业综合改革试点批准设立等项目上，均发挥了重要的促进作用。

（二）加强教师互访交流，实现教学科研双丰收

项目运行以来，累计有20余人次教师到新西兰怀卡托大学进行交流学习，怀卡托大学每年也都派人到河北科技大学学术访问，3名外籍教师常驻学校，与中方教师共同指导学生本科毕业论文，中方教师学习了新西兰先进的教学理念和教学方法，在专业课程上进行了教学创新改革，专业教师的教学水平和能力大大提升。依托中新合作办学项目，河北科技大学与新西兰怀卡托大学于2018年和2021年共同举办了两届工程创新合作论坛，共话"新能源与新材料"、"先进金属材料及成形技术领域发展"等国际前沿问题，为与会各国学者提供了交流平台，促进了国内外专家的学术交流和合作，极大地开拓了教师的国际化视野，标志着两校从教学合作拓展科研

合作。创新合作论坛在新华网，河北新闻网、燕赵都市报、中国新闻网、中国教育电视台等媒体多次报道，河北科技大学与怀卡托大学联合科技攻关项目在河北日报和河北新闻网报道，社会影响力持续增加。

本项目开拓了双方教师的科研视野，科研水平持续提高，特别是英文论文写作水平显著提升，双方合作发表科研论文。近三年获得科技部重大专项1项、国家国防基础科研项目2项、国家自然科学基金面上项目及其他省部级项目38项，发表学术论文212篇，授权专利45件，获河北省科技进步奖7项，在材料顶刊Advanced science、Acta materialia发表高水平学术论文，强有力支撑了河北科技大学材料科学学科进入了ESI排名前1%。

在取得科研水平提升的同时，也实现了科研反哺教学，专业教师结合自己的研究方向和科研课题，将其融入课程教学之中，深入浅出地介绍金属材料领域新技术、新工艺、新方法，丰富教学内容，增强学生专业自信心和兴趣，并将创新的成果应用于教学，指导学生获得中国大学生材料热处理创新创业大赛等奖项。专业教师积极进行教学研究，立项省级、校级教研项目多项，并积极撰写发表教研论文，获河北省教学成果奖5项。借鉴合作办学项目先进的教学理念和教学方法，在课程建设方面实现了国家一流课程的突破，《低碳型超高功率电弧炉炼钢虚拟仿真实验》获第二批国家级虚拟仿真实验教学一流课程。《材料科学基础》获河北省课程思政示范课程、河北省线上线下一流课程，《开放式综合热处理虚拟仿真实验》获批省级虚拟仿真课程。金属材料工程教研室2022年获河北省优秀基层教学组织。金属材料工程中外合作办学教学团队2022年获河北科技大学优秀教学团队。材料科学与工程教师团队2023年获河北省高校黄大年式教师团队。

（三）强化学生个性化培养，出国考研竞赛结硕果

本项目坚持以学生为中心，建立了个人成长导师制，聘请具有国外学习经历的博士教师担任项目学生成长导师，每名教师指导6

五　河北科技大学与新西兰怀卡托大学合作举办金属材料工程专业本科项目分析报告

位学生，有针对性地关心指导学生职业生涯与学业发展。每班均配备1名博士班主任，定期邀请学生与家长代表座谈，形成家校联动、协同育人的合力。鼓励学生进入学院创新创业团队，团队老师指导学生参与科研项目，鼓励学生参加各类比赛。在教育部高等学校材料类专业教学指导委员会主办的全国大学生金相技能大赛、材料热处理创新创业赛、全国大学生电子商务"创新、创意及创业"大赛、全国英语阅读大赛、全国大学生数学网络竞赛、中国国际飞行器设计挑战赛、互联网+创新创业大赛、机器人大赛、全国飞行器限时载运空投项目、中国大学生机械工程创新创意大赛、全国三维数字化创新设计大赛等各类赛事累计获得奖项100余项。获中国机械工程学会"见习材料热处理工程师"职业资格认证证书累计达300余人。

中外合作办学提高了学生的英语应用技能和综合水平，拓展了学生的国际化视野，提升了学生的培养质量和培养效果，在考研、申请国外研究生offer、就业等方面起到了重要作用。考研率逐年攀升，2022届研究生录取率再创新高，达61.7%，进入天津大学、北京科技大学、东北大学等985、211高校攻读硕士学位。项目开办以来，每年均有10名以上的学生进入国外著名学府如英国曼彻斯特大学、加拿大滑铁卢大学、澳大利亚悉尼大学等高校继续深造。目前有12名毕业生正在攻读国外知名大学博士学位，在读博士生马敬男在新西兰怀卡托大学硕士毕业时在 *Journal of alloy and compound* 发表高水平论文。国内就业方面，毕业生在航空、航天、船舶、汽车、钢铁冶金、机械装备制造、材料贸易等领域从事科学研究、技术开发、工艺和设备设计、生产与经营管理等工作，就业单位不乏中航上大高温合金材料股份有限公司、国家能源集团（北京）、中国航发北京航空材料研究院、中信戴卡股份有限公司、中国电力建设集团等知名企业，人才培养质量赢得社会广泛认可。

（四）以开放办学和行业学会为依托，助力京津冀协同发展

河北省作为中国乃至全世界的钢铁生产基地，金属材料的后加

工、深加工和精加工的产业集群企业数量庞大。以河北省钢铁龙头企业河钢集团和敬业集团为例，随着国际化进程以及全球经济一体化进程不断加快，企业对金属材料工程国际化应用型专业人才需求日趋增强。河北科技大学金属材料工程合作办学专业毕业生具有国际化视野，可在金属材料领域从事科学研究、技术开发、工艺设计等方面从事国际合作工作，为河北省钢铁行业国际化的发展做出重要贡献。

中国机械工程学会河北省热处理专业委员会挂靠在河北科技大学，金属材料工程专业教师在学会中担任理事长、总干事等重要职务，与京津冀乃至全国多家知名企业建立了良好的合作关系，充分利用自身在金属材料热处理、新材料制备等方面的优势，与中航上大、钛金科技、河钢集团等相关企业建立科研合作，为京津冀协同发展添砖加瓦。

五 坚持党建引领，筑牢意识形态阵地

全面贯彻落实党的二十大精神，以习近平新时代中国特色社会主义思想为指导，坚持"立德树人，德育为先"，认真把握意识形态领域工作领导权。不断加强党的政治建设、思想建设、组织建设、作风建设、纪律建设、制度建设，凡项目中的重大事项均由项目所在的河北科技大学材料学院党委集体讨论决策，确保中外合作办学党建工作健康发展。项目坚持党的全面领导，学院党委设立金属材料工程专业学生党支部，合作办学项目学生党员和入党积极分子统一纳入同一支部管理，并选聘有专业背景的博士党员担任辅导员，任命政治素养较高的硕士辅导员担任学生党支部书记。党支部严格执行"三会一课"制度，做到"两学一做"常态化；组织开展主题辩论演讲比赛，"聆听红色故事，感受革命力量"和"让青春在奉献中闪光"等主题党日活动。每年评选优秀共产党员、先进基层党支部，集体学习先锋模范事迹，发挥党员模范作用，充分发挥支部战斗堡垒作用。

学院为每门外教授课课程配备 2 名中方博士党员教师，负责外教的全程助课，确保中外合作办学课堂纪律，保障外教授课不涉及意识形态问题，确保社会主义办学方向。在办学过程中，注重不断凝练"材料强国"育人理念，深挖专业课思政元素，培养学生的专业自信和家国情怀。从 2015 年开始学院探索"目标导向引领"书院制教育管理新模式，开展"开源书院"建设，充分实施"三全育人"。中新合作金属材料工程专业学生从大一开始，按照 1∶6 的比例选聘优秀教师担任导师，营造中外合作办学思想政治教育良好氛围，帮助学生树立正确的世界观、人生观和价值观。为每个班级配备大学生党员班主任；抓好新媒体阵营，利用"易班"手机 APP，开展党的理论知识方针政策的学习培训，通过"材子家园"微信公众号弘扬社会主义核心价值观，营造成长成才的良好氛围。

六 深耕细作，项目合作继续深入开展

（一）加强教师队伍建设，学科建设再上新台阶

百年大计，教育为本；教育大计，教师为本。为此，加大资助力度，每年委派教师出国培训，鼓励和支持在职青年教师到国内外知名高校访学交流及短期培训，以增强创新能力，提高教学、科研水平，教学研究能力水平快速提升。积极进行课程研究和课程建设，申报《材料科学基础》国家级一流课程，为河北科技大学材料学科建设贡献力量。

（二）引才引智，实现高水平国际科研合作成果的突破

合作项目的高效运行提升了中新双方的科研实力，两校的综合能力均得到了很大的提升。新西兰怀卡托大学 2023 年 QS 世界排名跃居第 250 名，刷新了历史最新位次。科睿唯安（Clarivate）《基本科学指标数据库》（ESI）数据 2023 年 7 月最新 ESI 排名显示，河北科技大学材料科学学科首次进入 ESI 全球排名前 1%，标志着该学科进入国际高水平学科行列。

河北科技大学与新西兰怀卡托大学 Fei Yang 教授合作申报的

"低成本短流程钛合金近净成形技术开发与应用"获2024年河北省科技厅的外专引才引智项目，标志着两校的科研合作进入到实质合作阶段。学校、学院将继续依托合作办学项目，努力开拓合作领域与项目，继续引进外籍院士，承办国际交流会议，实现高水平国际合作科研成果的突破。

七　项目学生代表反馈

1. 项目2015级首届学生翟钰涛，现全额奖学金在新西兰怀卡托大学攻读博士学位，受邀在第二届中新工程创新合作论坛做报告。

个人感言："中外合作办学模式为我提供了出国学习提升自我的机会，体验国内外学习文化的差异，充分感受到办学理念的独特，提供了国外先进教育资源，突破自我的舒适圈，拓宽了国际视野。与非合作办学相比，项目的全英文教学快速提升了我的口语和阅读能力，为赴怀卡托大学学习做好了准备，可以实现无缝衔接。独立处理问题、适应环境与抗压的能力得到快速提升。"

2. 项目2015级首届学生马敬男，现全额奖学金在新西兰怀卡托大学攻读博士学位，已在 *Journal of alloy and compound* 等期刊发表多篇高水平学术论文。

个人感言："在中外合作办学项目中获益颇深，快速成长。项目外教课程引入国外的教学模式，课程设置与众不同，课程考核方式十分严格，除结课考试成绩外，日常作业、课堂表现、小测等都会计入最后成绩中。由一开始的不适应和恐惧，到适应，到得心应手，与中新双方学校和老师们的帮助是分不开的，受国外的教学方式启发很大，培养了对材料专业的兴趣。真真实实地得到了办学模式的恩惠，借助项目选择了出国留学并继续学习研究材料专业，找到了适合自己的发展方向。"

3. 周永赞，项目专业2017级学生，目前在加拿大滑铁卢大学纳米科技专业攻读博士学位。

个人感言："从大学到现在，其实每一个选择每一次机遇都很关键，同时也感谢老师和朋友的教导和陪伴。以下我主要从几个重要的人生阶段来讲述我的故事。首先特别庆幸能选择河北科技大学中新办学这个专业，使我很早地接触到了纯正的英式教育和优质的外语教学，拥有了较为超前的国际视野，为接下来的发展打下了坚实的基础。在这里遇到了改变我人生轨迹的机遇，学校的助力和支持使我获益匪浅。学校对于中外办学和国际交流的重视，给我们带来了多个优质的出国交流的机会。我于大二下半学期获得了欧盟伊拉斯谟项目公派交流的机会，远赴罗马尼亚和来自欧盟各国的20几位外国友人一起学习生活了半年之久。这次的经历其实对我来讲是一次蜕变，一颗种子在我心中生根发芽，世界很大我想去看看……在硕博期间，本科的积累和出国留学经历其实很大程度上决定了我未来的发展方向，正如有句话说，底层面积决定了上层高度，感谢母校的栽培使我拥有了可以选择的资本。我很幸运被加拿大滑铁卢大学纳米科技专业录取并开始攻读研究型硕士。因为拥有在本科期间打下的较好的语言基础并且早早适应了英式教育的模式，所以在研究生开始阶段还是比较轻松地跟上了队伍。实验室和宿舍的两点一线的生活以及繁重的科研任务充斥着我的硕士，每每回忆，总让我想起的是那充实而快乐的感觉。热爱是一切创造力的源泉，对于科研的喜爱和追求促使我继续向上，所以目前我继续在滑铁卢大学攻读博士学位。"

4. 项目2017级学生郭欣睿，香港理工大学民航与航天方向硕士毕业。本科毕业时获得悉尼大学、新南威尔士大学、昆士兰大学、莫纳什大学等4所澳大利亚以及香港中文大学、香港理工大学、香港城市大学的硕士offer。

个人感言："选择攻读该项目是人生关键的转折点。专业课讲得深入浅出，高数课帮助打好基础，造车'project'简单又很有趣；外教课纯英语的授课氛围，听说读写全方位的培养使我很好地适应香港的学习环境，与来自墨西哥的导师和俄罗斯、法国的朋友无障碍地沟通交流。坚实的专业知识使我在优等生辈出的学校里获得材料腐蚀课程评级 A，项目扎实的英语与专业基础使我终身受益。"

5. 项目 2018 级学生刘思雨，东北大学在读硕士研究生。

个人感言："较非合作办学专业不同，项目紧跟专业国际发展，引入最新的原版教材。外教全英文授课，更注重通过案例教学、课堂讨论、演讲展示等方式启发学生的思维，丰富学生的知识，拓宽学生的思路，提高学生解决问题的能力。英语强化式学习，使我受益至今。通过项目提高了英语听说能力与专业词汇储备，有助于阅读外文文献，撰写外文论文。外方教师授课更倾向能力提高，必要时还借助图来帮助理解，而且按照学生理解接受的能力和专业知识构架，会分学期讲授不同难度的知识，循序渐进代入知识体系。"

6. 项目 2018 级学生冉雨畅，北京工业大学在读硕士生。

个人感言："外教授课令我印象最为深刻，不论是面授课还是疫情防控期间的线上课，外教都非常敬业认真，善于用面部表情、手势动作帮助学生理解课堂内容，用赞赏的话语鼓励学生，想方设法发挥学生的主体作用，使学生积极参与到课堂中来，课题的代入感非常强，互动频繁，注重小组团队合作，激发自信。外教对学生既要求严格，杜绝学术不端的行为发生，又很温柔友善，耐心帮助分析考试中出现的错误，纠正英语发音。逐渐敢于在课堂上用英文对话发表看法，轻松愉快地学习知识。外教频繁的阶段性小测可以帮助学生更牢固地掌握知识点。助课教师全程跟课，及时与外教沟通，并辅助讲解学生未能消化的知识，确保外方课程效果。英语听力和口语快速提高，对通过四六级考试和考研复试中的英文表达环节帮助非常大。"

7. 项目 2019 级学生甄诚，英国曼彻斯特大学在读研究生。

个人感言："项目办学质量优秀，教师认真负责，教学氛围积极融洽，同时办学理念新颖，知识丰富全面，为学生提供许多出国深造的机会。本校教师专业课的双语教学和怀大外教的纯英文授课，极大地提升了专业英语的水平，提前了解了国外授课教学的模式，锻炼了英语听力和英语阅读水平，拓宽了国际视野，能够真实体验到国外大学的教学模式。互帮互助的良师益友给予足够的关心和指导使其受益匪浅，便于更好地适应英文授课的环境，为出国读研深造打下很好的准备基础，开阔了思想和眼界。"

8. 项目 2019 级学生阮玉超，北京理工大学在读研究生。

个人感言："项目融合了中西方的教育理念，为学生提供了丰富多样的学习体验。首先，双语课程让我在母语和英语之间更加自如地切换，在母语中巩固了专业知识的学习，同时在英语环境下提升了语言水平。其次，外教课程提供了更直接、更深入的国际化教育机会，接触到了国际一流的教育资源和前沿知识。外教的教学风格和学科理念对其学术观念和方法产生了积极影响，使其更具国际化的学术眼界，也极大地锻炼了英语学习能力。在项目中感受到了中外文化的碰撞与融合，不仅在学业上取得了丰硕的成果，更在跨文化交流、团队协作和全球视野等方面取得了显著的个人成长。项目学习经历必将成为我未来职业发展的宝贵财富。"

六 河北科技大学中外合作办学党的建设分析报告

中外合作办学是落实党的教育对外开放政策的重要体现，凝结体现了人才培养、科学研究、社会服务、文化传承创新、国际交流合作等五大高校重要使命，是高校开展国际化教育的重要形式。高校中外合作办学已成为大学生接受优质国际教育的重要渠道，为对外开放和区域经济社会发展提供了国际化的人才支撑。河北科技大学现有非独立法人中外合作办学机构1个——澳联大信息工程学院，项目5个（本科层次4个、硕士层次1个）。学校坚决按照《中国共产党章程》《中国共产党普通高等学校基层组织工作条例》《中共中央关于加强党的政治建设的意见》《党支部工作条例》《关于做好新时期教育对外开放工作的若干意见》《关于加强高校中外合作办学党的建设工作的通知》和党内相关规定开展中外合作办学党的建设工作，在探索实践中，创新形式，丰富内容，提高党的建设工作与中外合作办学的适应性与契合度，着力培养理想信念坚定、具有深厚爱国主义情怀和开阔国际视野的复合型专业人才。以一流的党建和思想政治工作为引领，始终为推进中外合作办学高质量发展提供坚强的政治组织保障。

一 指导思想

习近平总书记在全国教育大会上指出，加强党对教育工作的全面领导，是办好教育的根本保证。中外合作办学的党建工作必须始终坚持正确的政治方向，坚持中国共产党的领导，贯彻执行党和国家的各项方针政策，积极推进中国特色社会主义事业的发展。高校中外合作办学由于是与国（境）外大学合作举办的高等教育新形式，其党建工作具有特殊性，必须更加重视。

首先，高校中外合作办学必须坚持社会主义办学方向，坚持以习近平新时代中国特色社会主义思想为指导，坚持党对高校教育工作的全面领导，这是新时代高校中外合作办学的根本遵循，也是经我国高等教育发展的历史经验证明的必然选择，更是确保中外合作办学高质量发展的基础。

其次，落实立德树人根本任务，培养德智体美劳全面发展的社会主义建设者和接班人。严格贯彻落实《关于加强高校中外合作办学党的建设工作的通知》。完善组织架构和工作机制，提高党组织的凝聚力和战斗力。加强对党员的培养教育和管理工作，不断提高党员的政治素质和业务水平。注重发挥学生党员的先锋模范作用，带动全体学生共同进步。

第三，充分认识中外合作办学的特殊性、党建在中外合作办学中的重要性，强化思想引领，加强马克思主义理论教育和思想政治工作，引导学生树立正确的世界观、人生观和价值观。高校通过中外合作办学，培养具有竞争力的国际化人才，从而加快建设教育强国、科技强国、人才强国，实现为党育人、为国育才，提高我国高等教育的国际竞争力。

二 目标要求

学校党委履行党建工作主体责任，全面加强中外合作办学党的建设工作。根据中外合作办学党建工作面临的新形势、新问题、新要求，以实现党的领导、党的组织和党的工作全方位有效覆盖为基础，进一步优化中外合作办学基层党组织设置；以服务师生为导向，进一步强化组织功能，建设学习型、服务型、创新型党组织；以创新活动内容方式为抓手，进一步增强党组织工作实效；以发挥作用为目标，强化制度建设，充分发挥党组织促进中外合作办学规范健康、高质量发展的作用，不断提高中外合作办学党组织建设工作水平。学校党委将党的建设与思想政治工作作为一切工作的生命线贯穿于学校教育教学与管理服务的始终。坚持党对高校中外合作办学意识形态与思想政治教育工作的全面领导，层层落实工作责任制，建立健全高校中外合作办学意识形态风险的预防和化解机制。做好新时代中外合作办学工作，必须以习近平新时代中国特色社会主义思想为指引，将加强党的全面领导作为根本保障，将内涵发展和质量建设作为生命线，将引进一流资源、坚持示范引领、加强宏观调控、做好顶层设计、强化分类指导作为抓手，将增强科研服务、制度创新、供给能力作为有力支撑和新增长点。

三　重点举措

高校在中外合作办学党的建设与思想政治教育工作实践中，注重将党的建设与育人工作相结合，把思想政治教育贯穿教育教学培养的全过程，统筹多方教育管理服务的资源，构建全方位系统化的党建育人体系。注重队伍建设，培育"专家型"党建工作队伍。创新工作手段，丰富工作形式，提升思政课程与课程思政的协同育人实效。发挥文化育人作用，引导学生理解当代中国，培养学生的爱国主义情感、集体主义观念和社会主义道德情操，帮助学生树立正确的世界观、人生观和价值观。

（一）选优配强党组织班子，切实加强党组织建设

坚持党的建设同步谋划、党的组织同步设置、党的工作同步开展，建立健全强化党的建设工作机制，在中外合作办学商洽和筹备期间，将党建工作要求作为申请设立中外合作办学机构、项目的必备条件，就设立党的组织、开展党的工作与外方充分协商沟通、取得一致意见，并将相关内容写入协议文件中。保证中外合作办学党组织负责人在中外合作办学管理机构中的决策作用。

建立健全党的组织体系和工作机制，包括教职工党支部和学生党支部等，确保党的领导覆盖到各个层面和各个环节。充分发挥中外合作办学党组织的战斗堡垒作用，坚持依法依规管理、规范优化办学。认真落实学校《关于进一步加强基层党组织建设的实施意见》《关于进一步加强党支部建设的实施办法》《教师党支部建设标准（试行）》《学生党支部建设标准（试行）》等规定，科学规范中外合作办学师生党支部设置。中外合作办学所属基层党委，按中外合作办学专业、年级等设置教职工党支部与学生党支部。党员人数少的，建立师生联合党支部，或与其他相近专业、教学系部联合组建党支部，并纳入党委统一管理。选拔政治素质过硬、党务业务精通、具有教育管理经验、善于协调沟通的党员干部，担任中外合作办学党组织书记与党组织班子成员。中外合作办学机构、项目党组织负责人任机构或项目管理委员会当然成员，在机构项目运行管理工作中发挥重要决策作用，实现党对中外合作办学师生引领、机构项目运行管理等全方位无死角的覆盖。

（二）从严从实抓好师生党员发展、教育和管理

始终把政治标准放在首位，坚持全面教育、重点培养、择优发展、保证质量，从中外合作办学新生入学开始，就注重加强党的知识教育和思想引导，不断壮大入党积极分子队伍，把入党积极分子、发展对象、预备党员等环节的教育引导工作做实。加强入党积极分子、发展对象的培养和考察，严格发展党员的标准和程序，严把政治关和入党动机关，确保发展党员质量，打造一支政治强、业务精、敢担当、作风正的高素质党员队伍。严格按照"成熟一个，发展一个"的党建工作基本要求，在保证发展质量前提下，创新原有传统党员发展模式，建立与之相适应的党员发展机制，勇于打破传统工作定势，坚持"早启动、早筛选、早发展"。

开展具有针对性的教育管理。在党日活动、组织生活、党课培训、青年马克思主义培训班等学习、培训和交流中，注重培养学生的爱国主义精神、民族自豪感，开阔国际视野，引导学生树立正确

的世界观、人生观和价值观。同时，通过政治理论学习、师德师风教育、国际形势政策分析等内容的学习培训，提高教师的思想政治素质、国际化意识、教育教学水平。加强中外合作办学学生党员队伍建设，包括建立健全学生党员教育管理机制、为学生提供更好的服务和指导。通过强化学生党员队伍建设，提高学生党员的政治素质和业务水平。注重思想引领，把社会主义核心价值观融入国际化教育教学之中。结合中外合作办学特殊性，强化学生对中西方不同理念、文化、制度的认识与理解，在全面客观深入的感知基础上，坚定"四个自信"。对于出国交流学生，更要进一步强化爱国教育与意识形态工作，指派专人有针对性地进行帮助指导，及时处理学生在国（境）外学习期间的困难与问题，使学生感受到来自祖国、母校的关心和温暖。

充分发挥学校党委职能部门和合作办学运行管理学院等在党建育人体系中的合力作用，明确职能分工，强化合作联动，积极探索构建中外合作办学党建育人的协同机制。推进党建引领育人体系建设，开展党建育人活动，通过对课程体系、师资队伍建设、党团活动教育等多方面联动发挥党建引领作用，多部门齐抓共管，协同开展党建育人工作。

（三）充分发挥思政课程与课程思政的同向育人合力

加强中外合作办学思政课程建设，积极培育和践行社会主义核心价值观，推进习近平新时代中国特色社会主义思想进教材、进课堂、进头脑。将中外合作办学思政课程讲出专业味道，与中外合作办学特殊的培养模式相结合，通过有针对性进行中西方制度、文化、理念、专业行业发展形势的对比分析，增强学生对中国特色社会主义的道路自信、理论自信、制度自信、文化自信。在强化思政课程建设的同时，将专业课程讲出思政情怀，优化课程思政成效。针对中外合作办学实际情况与培养目标，探索适合合作办学学生期待的思政课程与课程思政，实现其同向同行，协同育人的合力作用。

（四）强化党建工作考核，促进党建工作水平提升

将中外合作办学党建工作纳入对所在学院党委党建工作考核内容。健全中外合作办学基层党组织自我评价、组织考核和群众评议相结合的考核评价机制，形成加强党组织全面建设的考核评价体系。认真落实党组织书记抓基层党建工作述职评议考核工作要求，认真总结年度工作，查找工作短板和不足，并督促完成整改完善。建立完善的党员考核评价机制和激励机制，激发党员的积极性和主动性。

（五）创新工作方式方法，提高党建成效

党组织开展工作和组织活动要适应中外合作办学实际，在坚持组织生活要求的基础上，积极探索务实有效、吸引力强的活动内容和方式。充分运用互联网、手机等新兴媒体平台开展宣传教育引领，如利用网络平台传播正能量，通过"三微一端"相结合的方式，唱好主旋律，提升思想政治教育吸引力，为做好学校党的建设工作创造良好的网络氛围环境。借助新媒体技术优势，积极营造独特的校园文化氛围。充分发挥中外合作办学优势，积极汲取中外文化精华、摈弃糟粕，建设独具特色的校园文化，发挥特有育人功能，引导学生从中西文化冲突中找到自己的精神支柱，建立保持、传承和发扬国家民族优秀文化的自觉意识，强化自身的责任感、使命感，同时加强对学生的社会主义核心价值观教育，引导他们形成正确的人生观、世界观和价值观。

四 河北科技大学中外合作办学党建工作实例

坚持党对中外合作办学的全面领导，建立健全中外合作办学党建工作机制，强化意识形态工作责任，不断提高中外合作办学质量，是高校开展中外合作办学，推进国际化教育的重要使命。河北科技大学通过坚持党对中外合作办学的引领，在确保社会主义办学方向与"为党育人、为国育才"的办学目标下，强化合作办学党组织建设与思想政治教育工作队伍建设，扎实推进党建与思想政治教育工作，丰富形式内容，细化方式方法，积极吸收优秀的合作办学学生

加入党组织，为区域经济社会发展与国家建设输出爱党爱国、全面发展的高质量国际化专业人才。

（一）澳联大信息工程学院党建情况

澳联大信息工程学院是由河北科技大学与澳大利亚联邦大学合作举办的非独立法人中外合作办学机构，于2019年5月获批，同年9月份第一届学生入学，每年招生规模200人。河北科技大学在与澳大利亚联邦大学协商申请合作办学机构过程中，就明确提出加强机构的党组织建设，机构的党组织负责人是联合管理委员会的当然成员，并获得澳方的充分理解和支持，在双方签署的协议之中做了明确规定。学院获教育部批准设立后，学校立即着手组建学院党组织，成立了澳联大信息工程学院直属党支部，任用党性强有着丰富基层党建经验的同志为支部书记，同时选聘1名优秀的科级党员干部担任专职组织员，专门负责学生组织发展工作。选聘3名年轻的党员教师担任团委书记、辅导员，负责学院学生思想政治工作。学院直属党支部坚持"家国情怀，国际视野"宗旨，牢牢掌握中外合作办学的主动权，旗帜鲜明地强化党组织的政治核心地位，持续强化政治建设、思想建设、组织建设和作风纪律建设，把思政工作和师德学风教育贯穿于学院日常工作中。努力提高党组织在合作办学意识形态工作中的领导力、组织力和引领力。为更好地发挥党建的引领作用，按照《中华人民共和国中外合作办学条例》《中华人民共和国中外合作办学条例实施办法》《关于加强高校中外合作办学党的建设工作的通知》，学院运行之初就建立了中外联络协商机制，所有重要事项均经学院党组织决策，涉及外方事项经党组织决策扩大会议商讨后再与外方沟通，经联合管理委员会确定达成共识。2023年学院迎来了首届184名毕业生，在校生达763人。截至2023年底，在校生中发展党员33人、发展比例为4.3%，确定入党积极分子154人，递交入党申请书194人（除已发展党员和入党积极分子）。随着党员人数增多，2023年3月澳联大直属党支部升级党总支。目前，建有3个党支部，其中1个教工党支部和2个学生党支部。教工党支部按照"双带头人"标准，由党性强业务精的教师担任。两个学生党支部，分别为计算机、软件专业党支部，信息管理、电子信息专业党支部，支部书记分别由辅导员担任。学院党团组织在严格执行发展学生为共青团员和中共党员的相关程序规定的基础上，还制定了学院关于发展共青团员和中共党员的具体条件和管理办法，公开发展条件、程序与名额，促进学院党建工作制度化、规范化，切实保证新发展团员、党员的质量，保持党组织的先进性和纯洁性，激发学生党员的先锋模范作用。

学院坚持开展有温度、重体验的党建引领工作，讲好中国故事，传播好中国声音。组织学院师生与外方教师一起参观河北博物院、正定新区等感受中国河北的历史文化与发展现状，感受中国方案与中国速度。学院师生与外方教师共度中国传统节日，体会中华传统文化。邀请外方教师参与学院迎新、开学典礼、毕业典礼等重要活动，与学生、家长面对面交流，感知中国百姓的生活状态与教育理念。以最真实、直接的方式，促进中外文化交流与理解互信，同时坚定中方师生的"四个自信"。学院特聘马克思主义学院优秀教师担任德育班主任，将"课程思政"融入中外合作办学机构学生教育各个环节。由学生信息员负责加强学院师生课上与课下意识形态与舆情信息反馈；由中方助教负责做好外方教师助课，并对外教使用教材、授课内容和课上情况进行审核与跟踪；由教学工作管理人员负责提前做好外方试卷（试题库）等资源的审核。多管齐下，确保教学环节不出现意识形态与舆情问题。学院整合资源搭建党建共享平台，加强意识形态阵地管理，逐步形成具有特色的学院宣传工作和舆情监控机制。建立学院中英文网站，打造"河北科技大学澳联大信息工程学院"公众号，累计发布推文400余篇，阅读量近9万人次，夯实意识形态与思想政治教育阵地建设。学院开展"学党史，强信念，跟党走""传承红色基因，践行初心使命""传承传统文化，厚植家国情怀""用英语讲好中国故事"等系列专题活动，筑牢理想信念之魂，夯实教育引领之基。

（二）环境科学专业本科教育项目

河北科技大学与澳大利亚联邦大学合作举办环境科学专业本科教育项目。该项目由环境科学与工程学院负责管理运行，其党建工作纳入学院党建工作之中统筹进行。按照《关于加强高校中外合作办学党的建设工作的通知》，中外双方明确学院党委书记是项目联合管理委员会当然成员。学院党委对项目党建工作坚持"三同步"。成立意识形态工作领导小组和意识形态领域突发事件应急处置小组，定期研判、分析和处置意识形态工作新情况、新问题，积极探索中外合作办学党建、意识形态工作的新模式。学院设有1名专职组织员，负责党务工作，严格按照不低于1：200的比例设置专职学生辅导员，确保项目学生党建与思想政治教育的管理队伍稳定。项目已培养毕业生459人，在校生382人。截至2023年年底，在校生中发展党员29人、发展比例为5.76%，较非合作办学同专业的党员发展比例持平，确定入党积极分子74人，递交入党申请书152人（除已发展党员和入党积极分子）。

学院党委要求每位学生党员每学期要向党组织、全体同学做出三个承诺：一个学期内能完成的明确目标；做出宣扬正能量的行动表率；为集体（含宿舍、班级、学院）干一件公众认可的实事。此项活动以党支部为单元，学期初各支部委员会负责对党员的三个承诺进行摸底、登统，并在一学期中进行跟踪、指导，在期末进行汇报总结。通过对合作办学项目党员学生加强过程培养教育，使其真正发挥先锋模范作用，对于发现的不足和薄弱环节，支部、党委会及时给予针对性的关注帮扶，以此强化中外合作办学党建工作成效以期实现更好的教育效果。学院党委结合项目学生党员发展出现的新情况和新问题，修订《学生党员发展条件》《学生党员考核标准》等文件。进一步完善学生党员成长记录册（学生昵称为"小红本"。学院党委为每一位学生党员在入党之日起颁发专属自己的"小红本"。每个月内，学生党员要及时将理论学习、工作感悟、组织生活、作风纪律、发挥先锋模范作用等方面的收获体会记录在册；学院党委定期收取批阅，及时直接了解学生党员思想表现，并给予指导鼓励，直至学生党员毕业。）

为加强教师党员对学生的影响和促进作用，学院大力推进党员精准教育以及长效性教育。通过师生支部对接、设立博士党员班主任、推行创新创业成长导师等方式，积极搭建师生沟通交流的平台，增进师生情感，使学生在政治思想、专业学习、个人成长、未来规划等多方面得到优秀青年党员教师的启发与指导。加强课程思政作用，《环境保护与可持续发展》获评教育部课程思政示范课程，思政工作案例"创新'四个融入'，深耕生态文明教育"获评第二十届河北省高校思想政治创新案例一等奖。

学院发挥新媒体优势，优化网络思政的教育效果。打造"环工多看点"品牌思政教育新媒体，推送党建与思想政治教育内容和成果。学院设立中澳合作办学项目团队，负责项目运行管理。学院党委对项目运行过程中意识形态工作高度重视，为澳方老师配备了专职助教，负责外方课程内容、资料的审核以及授课过程的协助与互动。学院认真开展出国（境）学习交流师生的教育包联工作，加强研判与管理服务。

（三）金属材料工程专业本科教育项目

河北科技大学与新西兰怀卡托大学合作举办金属材料工程专业本科教育项目，该项目由材料科学与工程学院负责管理运行，严格执行《关于加强高校中外合作办学党的建设工作的通知》，材料学院党委注重选拔政治过硬、业务能力强、具有教育管理经验、善于协调沟通的党员干部，组建中外合作办学项目管理运行团队。凡项目中的重大事项均由学院党委集体讨论决策，确保项目党建工作健康发展。学院严格按照不低于1∶200的比例设置专职辅导员，确保项目学生党建与思想政治教育的管理队伍稳定。项目已培养毕业生390人，在校生336人。截至2023年年底，在校生中发展党员24人、发展比例为7.14%，较非合作办学同专业的党员发展比例持平，确定入党积极分子140人，递交入党申请书157人（除已发展党员和入党积极分子）。

根据中外合作办学学生实际情况，材料学院党委专门设立了金属材料工程专业学生党支部，选用政治素养高的硕士辅导员老师担任学生党支部书记。此外，学院党委精选专业优势强的优秀博士党员教师担任班主任，负责中外合作办学学生的答疑解惑。在外方教师讲授的课程学习过程中，还为每门外方课程配备2名中方博士党员教师，负责外教的全程助课，并进行授课内容与过程的审核监管，确保外方教师、课程不出现意识形态、宗教信仰等方面的问题。

为进一步规范党员培养机制，材料学院党委建立了"初、中、高三级党校"制度。严格按照《党员工作细则》，制定了《材料学院党委发展党员工作实施方案》，规范党员发展程序，严把入党积极分子思想政治关和党员责任义务关。在党员教育过程中，打造"聆听红色故事，感受革命力量""让青春在奉献中闪光"等系列主题党日活动。为加强意识形态建设工作，学院党委实施了"领导班子成员三联系制度"，切实做好中外合作办学党建与意识形态工作。

为加强理想信念教育，学院党委坚持"材料强国"育人理念，瞄准材料学科"卡脖子"技术，树立学生为实现材料强国而努力奋斗的远大目标。深挖专业课课程思政元素，培养学生家国情怀与"四个自信"。《材料科学基础》获河北省课程思政示范课程，河北科技大学课程思政三等奖。

（四）服装与服饰设计专业本科教育项目

河北科技大学与韩国诚信女子大学合作举办服装与服饰设计专业本科教育项目。该项目由纺织服装学院负责管理运行。按照《关于加强高校中外合作办学党的建设工作的通知》，学院党委坚持党建与思想政治工作贯穿于中韩合作办学项目运行和发展建设中。深刻把握新时代的新任务，推动中韩合作办学项目高质量发展，努力实现党建群团工作、基层治理体系建设、项目建设和发展规划等工作有机融合。学院设有1名专职组织员，负责党组织发展工作，严格按照不低于1∶200的比例设置专职辅导员，确保项目学生党建与思想政治教育的管理队伍稳定。项目已培养毕业生635人，目前在校生399人。截至2023年年底，在校生中发展党员23人、发展比例为5.76%，较非合作办学同专业的党员发展比例持平，确定入党积极分子109人，递交入党申请书180人（除已发展党员和入党积极分子）。

纺织学院党委高度重视项目管理干部、辅导员教师、党员班主任和心理咨询教师为主体的党建与思想政治教育工作队伍建设。选拔政治立场坚定、保障有力、能力突出的教师负责项目学生党建与思想政治工作。通过辅导员教师工作坊交流、职业资格培训等方式，结合中外合作办学项目的特殊性，提高队伍能力水平，开展有针对性的教育引导。深入挖掘课程思政元素，将课程思政与专业教育深度融合。探索沉浸式专业教学实践，引导项目学生切身感受专业发展和科技创新成果，全面掌握专业国际前沿知识技能。通过"以赛促学"，参加国际性行业领域赛事活动，彰显合作办学特色优势，受到师生、家长、业界与媒体的充分肯定，强化了项目学生专业认知与文化自信。依托中韩合作办学项目，获批校级课程思政示范课2门。

（五）产品设计专业本科教育项目与工业设计工程专业硕士研究生教育项目

河北科技大学与韩国祥明大学合作举办了产品设计专业本科教育项目与工业设计工程专业硕士研究生教育项目。两个项目由艺术学院负责管理运行。学院党委非常重视中韩合作办学党建工作，坚持把其作为党建工作述职、评议、考核和党务公开的重要内容。做好项目党员发展工作，严格标准，把好入口关。加强项目党员教育管理，指派政治素养高、业务能力强的党员教师负责与项目入党积极分子、党员对接，点对点进行培养考察。学院设有1名专职组织员，负责党组织发展，严格按照不低于1∶200的比例设置专职辅导员，确保项目学生党建与思想政治教育的管理队伍稳定。两个项目已培养毕业生304人，在校生598人。截至2023年年底，在校生中发展党员 74 人、发展比例为 12.37%，较非合作办学同专业的党员发展比例持平，确定入党积极分子 55 人，递交入党申请书 217 人（除已发展党员和入党积极分子）。

在加强党员教育管理方面，学院通过思想汇报红色邮箱、思想动态微信群、红色 QQ 等方式，加强思想政治教育与党建引领。聚合思政资源，打造三全育人"大融合"格局。成立课程思政建设工作领导小组，加强组织领导，鼓励专业教师积极投入课程思政建设，深化课程思政"五位一体"的人才培养模式改革，即"理论讲授+名师讲座+作品赏析+艺术创作+社会实践"。"中外合作办学模式下产品设计专业课程思政体系建设研究与实践"获批河北省高等教育教学改革研究与实践项目。建立"一帮一"制度，实现"发展一个，带动一片"效果。创新做好"一院一特""一院一优"项目，结合学科专业特点、项目优势与学生实际，形成学院特色，建设精品课程，培育了 4 支具有思想性、政治性、影响力强的课程思政教学团队。学院党委还以中外合作办学产品设计专业作为试点，开展师生党支部对接，实现了党建与业务工作的紧密结合，真正实现了"主体抓牢、主业抓实"的要求。

参考文献

著作类

《毛泽东文集》第七卷，人民出版社1999年版。

《邓小平文选》第三卷，人民出版社1993年版。

《习近平谈治国理政》，外文出版社2014年版。

《习近平谈治国理政》第二卷，外文出版社2017年版。

《习近平谈治国理政》第三卷，外文出版社2020年版。

《习近平谈治国理政》第四卷，外文出版社2022年版。

于增富、江波、朱小玉：《教育国际交流合作史》，海南出版社2001年版。

栗高燕：《中外合作办学的历史变迁》，大象出版社2020年版。

陈大立：《中外合作办学法律问题研究》，厦门大学出版社2014年版。

沈国权：《思想政治教育环境论》，复旦大学出版社2002年版。

林金辉：《中外合作办学学科建设人才培养与改革咨询》，厦门大学出版社2021年版。

林金辉、刘志平：《高等教育中外合作办学研究》，广东高等教育出版社2010年版。

林金辉：《中外合作办学的政策目标及其实现条件》，厦门大学出版社2019年版。

林金辉：《中外合作办学与国际化人才培养》，厦门大学出版社2015年版。

林金辉：《中外合作办学：提质增效、服务大局、增强能力》，厦门大学出版社 2017 年版。

林金辉：《中外合作办学发展报告》（2010～2015），厦门大学出版社 2016 年版。

林金辉：《中外合作办学与高等教育改革》，厦门大学出版社 2018 年版。

林金辉、刘梦今、都继微：《新时代的中外合作办学》，厦门大学出版社 2019 年版。

吴遵民：《终身教育研究手册》，上海教育出版社 2019 年版。

邓军、旷永青、赵铁：《高校思想政治工作质量提升理论与实践文化育人卷》，广西师范大学出版社 2019 年版。

赵彦志：《中外合作办学质量保障体系研究》，东北财经大学出版社 2015 年版。

鲁道夫·斯塔文哈根：《多元化世界的教育》，教育科学出版社 1996 年版。

华长慧、孙珂：《高水平中外合作大学研究——理论建构与实践探索》，高等教育研究 2018 年版。

李盛兵：《跨国高等教育人才培养模式研究》，人民出版社 2010 年版。

叶林：《跨国学位项目的质量保障》，浙江大学出版社 2012 年版。

邓演平：《学生思想政治教育论》，湖南大学出版社 2010 年版。

冯刚：《改革开放以来高校思想政治教育发展史》，人民出版社 2018 年版。

[美] 伯顿·R. 克拉克：《高等教育系统——学术组织的跨国研究》王承绪等译，杭州大学出版社 1994 年版。

王剑波：《跨国高等教育与中外合作办学》，山东教育出版社 2012 年版。

李爱萍：《美国国际教育：历史、理论与政策》，云南大学出版社 2005 年版。

梁绿琦、姜闻虹:《国际化教育的理论与探索》,中国社会科学出版社 2005 年版。

[加拿大] 简·奈特:《激流中的高等教育——国际化变革与发展》,刘东风、陈巧云译,北京大学出版社 2011 年版。

华长慧、孙珂:《高水平中外合作大学研究:理论建构与实践探索》,高等教育出版社 2018 年版。

李志民:《世界主要国家科研与学术体系概览》,清华大学出版社 2020 年版。

田正平等:《中外教育交流史》,广东教育出版社 2004 年版。

于富增等:《教育国际交流与合作史》,海南出版社 2001 年版。

何东昌等:《中华人民共和国教育史》,海南出版社 2007 年版。

沈志华:《苏联专家在中国（1948—1960）》,中国国际广播出版社 2003 年版。

程良龙:《中外合作办学历史·政策·现状》,北京交通大学出版社 2014 年版。

田光哲、张春林:《职业与就业政策指导》,中国劳动和社会保障出版社 2003 年版。

[美] 塞缪尔·亨廷顿:《文明的冲突与世界秩序的重建》,周琪等译,新华出版社 1999 年版。

祖晓梅:《跨文化交际》,外语教学与研究出版社 2015 年版。

[美] 布鲁贝克:《高等教育哲学》,王承绪、郑继伟、张维平等译,浙江教育出版社 2001 年版。

[德] 雅斯贝尔斯:《大学之理念》,邱立波译,上海人民出版社 2007 年版。

期刊论文类

Jane Knight & Hans de Wit:《高等教育国际化的策略——历史与概念的考察》,《外国高等教育资料》2000 年第 1 期。

马安娜:《后疫情时期中外合作办学涉外法治课程在线教学质量保障

初探》,《甘肃教育研究》2021 年第 1 期。

［德］芭芭拉·M.柯姆:《大学生国际流动对人力发展和全球理解的贡献》,程化琴译,陈洪捷校,《北京大学教育评论》2005 年第 1 期。

别敦荣:《"双一流"建设与大学管理改革》,《中国高教研究》2018 年第 9 期。

薄云、陈武元:《高校境外办学特点、趋势与推进策略》,《中国高等教育》2019 年第 9 期。

才宇舟:《国际化人才培养模式的构建:以中外合作办学机构为例》,《沈阳师范大学学报》(社会科学版)2014 年第 3 期。

曹清清、魏芬、单彦广:《高等工程教育教师国际化教学能力提升:世界一流大学的经验与启示》,《改革与开放》2018 年第 17 期。

陈超、郝兴财:《"五推五强"——中外合作办学背景下的高校共青团工作新模式研究》,《教育现代化》2020 年第 9 期。

陈春花、尹俊、刘霄、席酉民:《共生协同的大学教育模式——基于西交利物浦大学的案例分析》,《大学与学科》2021 年第 2 期。

陈慧玲:《高校中外合作办学项目学生跨文化适应研究》,《湖南科技学院学报》2019 年第 8 期。

陈慧荣:《中外合作办学学科结构与产业结构的平衡性研究》,《高校教育管理》2019 年第 1 期。

陈璐:《中外合作办学模式下韩语课程的优化路径:以信阳师范学院国际教育学院为例》,《公关世界》2021 年第 12 期。

陈玮嘉:《中外合作办学全英文课程教学质量提升的策略》,《新课程研究》2019 年第 11 期。

陈小丽:《新时代地方高校海外留学生党建工作探索》,《学理论》2019 年第 10 期。

陈晓清:《日本大学的高等教育国际化新战略——"大学的世界展开力强化事业"战略的启动、运作与成效》,《清华大学教育研究》2019 年第 2 期。

陈歆：《跨文化视角下中外合作办学中文化认同的内涵与构建》，《轻工科技》2015年第11期。

陈亚军、杨新涅、苏志刚：《基于中外合作办学的实践教学体系研究与应用》，《实验技术与管理》2019年第1期。

陈瑜、秦卫星、唐宏敏：《依托中外合作办学项目的师资国际化建设初探》，《教育教学论坛》2019年第12期。

陈宇、郭世飞：《论高等教育中外合作办学辐射作用》，《中国高等教育》2018年第22期。

陈宗春：《推进高校师资队伍国际化建设的几点思考》，《扬州大学学报》（高教研究版）2015年第5期。

程良龙、邵晓琰：《系统论视角下高等教育中外合作办学课程体系的构建》，《黑龙江高教研究》2017年第7期。

程星晶：《中外合作办学项目课程体系建设的探索与实践》，《课程教育研究》2019年第48期。

程茵、孔杰、黄拳章：《"双一流"建设背景下中外合作办学创新发展的路径分析》，《科学咨询（科技·管理）》2021年第7期。

崔春、曹佩红：《高校中外合作办学经费筹措困境及破解策略》，《延边大学学报》（社会科学版）2013年第5期。

代萍：《高校中外合作办学优质教育资源引进现状研究》，硕士学位论文，武汉工程大学，2016年。

戴圣鹏：《论文化冲突产生的原因及其化解途径》，《广东社会科学》2020年第4期。

董超、蒋静：《中外合作办学人才培养模式如何改革创新》，《文教资料》2020年第23期。

董俊峰、倪杰：《我国高校中外合作办学的新走向》，《江苏高教》2020年第11期。

董良峰：《高校中外合作办学项目跨文化沟通管理研究》，硕士学位论文，山东大学，2010年。

董秀华：《跨境教育的能力建设与我国中外合作办学问题研究》，

《清华大学教育研究》2007 年第 10 期。

杜佳明：《高校中外合作办学项目模式下留学生跨文化适应影响因素研究》，硕士学位论文，东北财经大学，2018 年。

杜江月：《高等教育中外合作办学引进优质教育资源的研究》，《浙江师范大学》2015 年。

杜燕锋：《美国高校海外分校：历程、现状与趋势》，《外国教育研究》2016 年第 4 期。

杜占元：《面向 2030 的教育改革与发展》，《教育研究》2016 年第 11 期。

段丽华：《新业态下地方高校人才培养机制探析》，《高等教育研究》2016 年第 12 期。

段世飞、刘宝存：《联合国教科文组织参与全球高等教育治理的目标、维度与权力博弈》，《高校教育管理》2019 年第 2 期。

樊鹏、李忠云：《高等教育中外合作办学机构的经营战略》，《教育与职业》2012 年第 26 期。

范广兴：《辽宁高等教育国际化发展的特征与策略》，《辽宁教育行政学院学报》2013 年第 1 期。

方旭：《MOOC 学习行为影响因素研究》，《开放教育研究》2015 年第 3 期。

方跃平、宗钰：《红色文化育人功能简论》，《学校党建与思想教育》2021 年第 11 期。

方蒸蒸：《全球化进程中美国学校教育的意识形态问题研究》，博士学位论文，南京师范大学，2014 年。

方宗祥：《论中外合作办学背景下大学生的民族精神教育》，《黑河学刊》2014 年第 3 期。

高兰兰、金光勇、吴春婷等：《中外合作办学项目课程体系建设的探索与实践》，《课程教育研究》2015 年第 32 期。

高兰兰、吴春婷、金光勇、于淼：《中外合作办学创新人才培养课程体系研究与实践》，《高教学刊》2022 年第 26 期。

高明:《我国中外合作办学存在的问题和对策》,《中国冶金教育》2009年第2期。

高怿能、黄斐、饶小飞:《高校学生跨文化适应能力影响因素实证研究——以上海某双一流高校中外合作办学为例》,《外语教育与翻译发展创新研究（10）》,四川西部文献编译研究中心编,2020年。

高永晨:《中国大学生跨文化交际能力测评体系的理论框架构建》,《外语界》2014年第4期。

高中桥、张贞云:《论高校留学生思想政治教育的有效开展》,《教育现代化》2019年第31期。

葛晓蕊:《中外合作办学项目内部质量保障体系的构建研究》,《商业会计》2016年第24期。

耿俣:《中外合作办学学生思政课教学体系和方法研究——以合肥学院机械工程系中德合作办学学生为例》,《长江丛刊》2019年第19期。

龚思怡、吕康娟:《中外合作办学机构核心能力建设：一个高校样本》,《国家教育行政学院学报》2017年第2期。

顾安祎:《中外合作办学中的跨文化冲突、融合及创新研究》,《新西部（下旬刊）》2019年第5期。

关庆:《中美高校考试制度比较研究》,《科技风》2020年第18期。

郭强:《"双一流"建设高校中外合作办学的路径反思》,《高校教育管理》2021年第5期。

郭强:《"一带一路"视域下的高等教育中外合作办学思考》,《高校教育管理》2017年第6期。

郭强、张舒、钟咏:《"双一流"建设高校中外合作办学的路径反思》,《高校教育管理》2021年第3期。

郭强、周南平:《本科层次中外合作办学：现状剖析与路径反思》,《学术论坛》2014年第10期。

郭昕:《高校中外合作办学项目质量提升研究》,《科教文汇（下旬刊)》2021 年第 1 期。

韩萌、张国伟：《战略联盟：世界一流大学群体发展的共生机制研究》，《教育研究》2017 年第 6 期。

何春、王志军、吕啸：《我国大学生 MOOCs 学习体验调查研究》，《中国远程教育》2014 年第 11 期。

何清：《中外合作办学项目中以培养学生跨文化交际意识和能力为目标的英语选修课程设置——以内蒙古师范大学国际交流学院 HND 项目为例》，《内蒙古师范大学学报》（教育科学版）2011 年第 5 期。

贺海珍：《中外合作办学项目英语教学改革实践探究——以榆林学院为例》，《榆林学院学报》2021 年第 4 期。

衡家栋、李晓晓、尉静茹：《高校中外合作办学项目学生的跨文化适应影响因素分析及应对措施》，《经营与管理》2018 年第 5 期。

侯立臣：《论中外合作办学条件下的学风建设》，《当代教育论坛》2006 年第 5 期。

胡蝶、王鹜：《中外合作办学模式下优质教育资源引进研究》，《魅力中国》2021 年第 28 期。

胡刃锋：《地方高校中外合作办学项目学生思想政治教育对策研究》，《当代教育实践与教学研究》2020 年第 11 期。

胡桃、沈莉：《国外创新创业教育模式对我国高校的启示》，《中国大学教学》2013 年第 2 期。

胡伟：《人工智能时代教师的角色困境及行动策略》，《现代大学教育》2019 年第 5 期。

胡文仲：《跨文化交际能力在外语教学中如何定位》，《外语界》2013 年第 6 期。

黄宝华、杨珂：《奥塔哥理工学院办学模式调研》，《高等继续教育学报》2016 年第 1 期。

黄倩、刘应征、奚立峰：《机械工程教育国际合作模式的探索和实践》，《高等工程教育研究》2014 年第 5 期。

黄涛：《中外合作办学高校创业教育浅议》，《合作经济与科技》2014年第17期。

黄文玮：《本科层次中外合作办学现状、问题与对策》，《沈阳大学学报》（社会科学版）2016年第6期。

吉莉：《国外优质职业教育资源的引进、转化及应用》，《烟台职业学院学报》2021年第1期。

马健生、田京：《高等教育国际化的主要特征——基于高等教育经济属性和文化属性的分析》，《比较教育研究》2017年第5期。

江新兴、王欣欣：《国际化人才培养模式探索》，《北京教育》（高教）2010年第9期。

蒋静：《后疫情时期中外合作办学外方课程在线教学质量提升探讨》，《南京工程学院学报》（社会科学版）2020年第4期。

蒋凯、夏红卫：《高校境外办学的瓶颈问题与应对策略》，《江苏高教》2019年第11期。

靳诺、徐志宏、王占仁等：《习近平总书记关于教育的重要论述研究笔谈》，《思想理论教育导刊》2020年第9期。

孔德亮、栾述文：《大学英语跨文化教学的模式构建——研究现状与理论思考》，《外语界》2012年第2期。

蓝劲松：《大学办学理念：东西方文化的比较》，《清华大学学报》（哲学社会科学版）2002年第6期。

黎纯阳：《中外合作办学中的跨文化冲突及路径选择》，《开封教育学院学报》2014年第5期。

李柏、龙湘平、张胜、赵强：《中外合作办学项目中留学生跨文化适应影响因素与对策研究》，《教育现代化》2019年第87期。

李贝、梁志扬：《国际化人才培养的影响因素及对策研究》，《北京教育》（高教版）2017年第5期。

李成明、张磊、王晓阳：《对国际化人才培养过程中若干问题的思考》，《中国高等教育》2013年第6期。

李福荣：《计算机专业中外合作办学教学探讨》，《教育研究》2010

年第3期。

李广海、于国强、史万兵：《高校外籍教师工作压力的来源、影响及其管理对策》，《现代教育管理》2015年第9期。

李海辉、高雪梅：《本科层次中外合作办学现状、问题与对策》，《黑龙江高教研究》2018年第3期。

李海燕、刘欣：《中外合作办学生物类专业本科生导师制的应用与初探》，《科技经济导刊》2020年第5期。

李化树、杨璐僖：《美国高校战略联盟建设及启示》，《西南交通大学学报》（社会科学版）2013年第5期。

李加洞：《中外合作办学的模式与特点研究》，《高教探索》2016年第10期。

李警、刘涛、王思阳等：《中外合作办学背景下学生党建与专业教育联动开展的思考》，《科学大众》（科学教育）2017年第6期。

李璐、石茂生：《论制定〈中外合作办学法〉的必要性与可行性》，《天津市教科院学报》2018年第5期。

李梅、赵璐：《多元共治下中外合作办学机构的质量保障体系——以西交利物浦大学为例》，《大学教育科学》2019年第2期。

李媚、朱志良、于瑞云：《国际化人才标准及高等教育国际化发展要求分析》，《计算机教育》2013年第22期。

李明清：《教育价值观视角下中外合作办学文化融合与创新研究》，《大学教育科学》2017年第4期。

李娜：《中外合作办学的校园文化建设问题研究》，《时代教育》2014年第9期。

李胜兵、王志强：《中外合作办学30年——基于11省市中外合作办学分析》，《华南师范大学学报》（社会科学版）2009年第2期。

李盛兵：《新中国成立70年高等教育国际化特征与趋势》，《北京教育》（高教）2019年第10期。

李盛兵、夏雪艳：《中外合作办学机构发展的历史、现状与未来》，《华南师范大学学报》（社会科学版）2015年第6期。

李淑艳：《我国高校境外办学：特点、问题与推进策略》，《高校教育管理》2019 年第 1 期。

李思雨、杨竣淇、邵乔伊、蒋静：《中外合作办学外方教师教学质量评价体系研究》，《江苏科技信息》2022 年第 5 期。

李维军、杨丽：《习近平关于思想政治教育重要论述的三重逻辑析论》，《现代教育管理》2020 年第 5 期。

李文娟、朱春奎：《中国在国际科技合作网络中的角色和地位演变——基于 2000—2015 年国际专利合作数据的实证研究》，《科技管理研究》2019 年第 3 期。

李晓华、刘静芳：《"一带一路"建设背景下西北地区高等教育中外合作办学研究：基于利益相关者视角》，《民族教育研究》2019 年第 6 期。

李晓辉：《中外合作办学领域大学生思想政治工作实践与思考》，《高等学刊》2019 年第 22 期。

李晓述：《关于完善中外合作办学法律体系的思考》，《河北法学》2010 年第 4 期。

李阳：《中外合作办学历史进程和基本经验——基于〈国家中长期教育改革和发展规划纲要（2010—2020 年）〉的思考》，《河北师范大学学报》（教育科学版）2021 年第 5 期。

李阳：《中外合作办学十年（2011—2020 年）：发展、成就与展望》，《河北师范大学学报》（教育科学版）2021 年第 3 期。

李阳：《中外合作办学项目质量发展研究》，《黑龙江高教研究》2016 年第 3 期。

李宗民：《河南高校中外合作办学现状与发展策略研究》，《世界教育信息》2019 年第 22 期。

李宗民、杜建慧：《基于成果导向的中外合作办学本科教学质量保障策略研究》，《河南教育》（高教）2018 年第 11 期。

林金辉：《新时代中外合作办学的新特点、新问题、新趋势》，《中国高教研究》2017 年第 12 期。

林金辉:《中外合作办学的规模、质量、效益及其相互关系》,《教育研究》2016年第7期。

林金辉:《中外合作办学的政策目标及其实现条件》,《教育研究》2018年第10期。

林金辉:《中外合作办学基本规律及其运用》,《江苏高教》2012年第1期。

林金辉:《中外合作办学中引进优质教育资源问题研究》,《教育研究》2012年第10期。

林金辉、凌鹊:《中外合作办学高质量发展:政策轨迹和政策供给》,《高校教育管理》2021年第6期。

林琳:《中外合作办学学生价值观教育研究》,硕士学位论文,沈阳航空航天大学,2016年。

林依彤、谢天豪、赫爽等:《中外合作办学高校创新创业教育工作的路径分析》,《才智》2017年第29期。

刘宝存、彭婵娟:《中华人民共和国成立以来我国来华留学政策的变迁研究——基于历史制度主义视角的分析》,《高校教育管理》2019年第6期。

刘宝存、张继桥:《改革开放四十年来华留学教育政策的演进与走向》,《西北师大学报(社会科学版)》2018年第6期。

刘承功:《高校深入推进课程思政的若干思考》,《思想理论教育》2018年第6期。

刘盾:《世界一流大学合作办学新解及对我国"一带一路"教育行动的启示——以"耶鲁—新加坡国立大学学院"为例》,《中国高教研究》2017年第7期。

刘尔思:《我国跨境教育的现状与监管体系构建的路径选择》,《教育研究》2010年第9期。

刘芳:《学生跨文化适应训练研究及对我国中外合作办学项目英语教学的启示》,《教育观察》2015年第4期。

刘林林:《战略人力资源管理视域下中外合作办学中外国智力管理创

新研究》,《科技视界》2021 年第 11 期。

刘敏:《英语跨文化交际目标的重新审视与教学实现》,《教育理论与实践》2018 年第 18 期。

刘敏:《中外合作办学特色校园文化建设研究报告——基于南京大学外语部国际化办学的实践》,《大学教育》2014 年第 4 期。

刘琪:《本科层次中外合作办学项目发展困境及对策》,《现代教育管理》,2018 年第 4 期。

刘献君:《学科交叉是建设世界一流学科的重要途径》,《高校教育管理》2020 年第 1 期。

刘秀玲、谭会萍、苗芳:《国际化人才培养系统的构建与实施》,《大连民族学院学报》2010 年第 4 期。

刘学、李强:《以党建促中外合作办学项目生学风建设研究》,《青年与社会》2019 年第 9 期。

刘扬、李晓燕、李名义等:《高校中外合作办学教学满意度评价研究》,《复旦教育论坛》2016 年第 4 期。

刘志杰:《中外合作办学院校课程思政建设的困境与对策研究》,《教育科学》2022 年第 5 期。

柳旭:《提升高校中外合作办学的教学质量探究》,《高教学刊》2020 年第 28 期。

龙妮娜:《大学生社会主义核心价值观教育联动协同机制研究》,《广西社会科学》2016 年第 6 期。

陆道坤:《课程思政推行中若干核心问题及解决思路——基于专业课程思政的探讨》,《思想理论教育》2018 年第 3 期。

吕林海:《解读高等教育国际化的本体内涵——基于概念、历史、原因及模型的辨析与思考》,《全球教育展望》2009 年第 10 期。

骆郁廷:《论思想政治教育学科核心竞争力》,《马克思主义理论学科研究》2019 年第 5 期。

孟凡华、周晶、董衍美:《由热眼向洋到走向世界——改革开放 40 年来职业教育国际交流与合作的历程、特征及展望》,《职业技术教育》2018年第21期。

孟中媛：《中外合作办学中的文化冲突与超越》，《中国高教研究》2008年第11期。

苗绘：《中外合作办学模式下大学生思想政治教育的困境及对策》，《长春工程学院学报》2015年第2期。

苗绘：《中外合作办学条件下大学生思想政治教育体系构建略论》，《学校党建与思想教育》2018年第4期。

金忠明：《关于中外合作办学运行机制的思考——从上海纽约大学为例》，《教育发展研究》2012年第7期。

莫玉婉：《中外合作办学的定位、现实与展望——对"中外合作办学与高水平大学建设"的思考》，《高校教育管理》2013年第5期。

莫玉婉、刘宝存：《我国高等教育国际化的发展历程与改革趋势》，《河北师范大学学报》（教育科学版）2020年第4期。

牟宗鑫：《地方高校中外合作办学大学生教育管理对策研究》，《传承》2016年第3期。

潘娜：《教育生态观视域下对国外优质教育资源的利用》，《教育与职业》2016年第15期。

潘奇：《研究生教育中外合作办学的探索与发展》，《中国高教研究》2011年第8期。

朴基石、李振宇：《地方高校中外合作办学中的问题及对策》，《教育理论与实践》2021年第24期。

祁小峰：《中外合作办学中外籍教师管理问题刍议》，《长春师范大学学报》（人文社会科学版）2014年第9期。

钱菲：《中外合作办学模式下高校思政课程体系建设初探》，《汉字文化》2020年第4期。

钱菲、应永宏：《建设"有温度的师德师风"——中外合作办学高校师德师风建设研究》，《高教学刊》2021年第21期。

钱悦菡：《中国矿业大学中外合作办学人才培养模式研究》，硕士学位论文，中国矿业大学，2018年。

乔鹤、徐晓丽：《国际组织全球教育治理的路径比较研究——基于核心素养框架的分析》，《比较教育研究》2019年第8期。

乔江艳、孙伟：《融合创新特色——对高等教育中外合作办学质量提升的若干思考》，《长春工业大学学报》（高教研究版）2014年第2期。

秦晓华、武耀廷：《海南自由贸易港中外合作办学意识形态风险及其防控》，《海南大学学报》（人文社会科学版）2022年第2期。

卿志军：《中外合作办学中师资队伍国际化建设的思考》，《西部学刊》2020年第7期。

邱延峻：《大学国际化的发展模式、演进历程与历史经验》，《西南交通大学学报》（社会科学版）2010年第2期。

邱延峻：《研究型大学国际化的历史演进及战略启示》，《中国高教研究》2009年第7期。

茹莉：《中外合作办学模式下高校院系党建工作研究》，《学校党建与思想教育》2019年第6期。

史万兵、杨慧：《高校外籍教师教学及管理现状实证研究——以辽宁省地缘高等院校为调研对象》，《现代教育管理》2013年第2期。

宋锦萍、李锋：《优质教育资源引进与创新型国际化人才培养》，《沈阳师范大学学报》（社会科学版）2016年第1期。

宋丽丽：《中外合作办学对新建地方本科院校特色化发展的启示》，《环球市场信息导报》2017年第38期。

孙大廷、孙伟忠：《美国高等教育国际化政策的文化输出取向——以"富布赖特计划"为例》，《黑龙江高教研究》2009年第5期。

孙国强、孙雪琳：《中外合作办学背景下如何引导大学生坚定文化自信》，《教育教学论坛》2020年第15期。

孙洪志、孙治平、石晓飞：《关于高等院校中外合作办学项目的几点思考》，《中国林业教育》2021年第2期。

孙进、燕环：《全球教育治理：概念·主体·机制》，《比较教育研究》2020年第2期。

孙英、梁涌、张也：《中外合作办学高校思政课建设略论》，《学校党建与思想教育》2020年第12期。

孙智慧：《中外合作办学项目人才培养模式对接策略研究》，《黑龙江高教研究》2015年第2期。

谈多娇：《双语教学：中国高等教育国际化的战略选择》，《教育研究》2012年第11期。

谭晓华：《中外合作办学模式下高校学生思想政治教育工作研究》，《教育教学论坛》2020年第34期。

谭瑜：《高校中外合作办学项目学生跨文化适应研究》，博士学位论文，中央民族大学，2013年

谭瑜、陶瑞：《高校中外合作办学项目学生跨文化适应状况及其影响因素》，《北方民族大学学报》（哲学社会科学版）2014年第6期。

谭贞：《中外合作办学政策的历史考察》，《郑州大学学报（哲学社会科学版）》2010年第4期。

唐桥：《走向融合：大学中外合办中的理念追求》，《大视野》2020年第6期。

唐振福：《我国高等教育中外合作办学质量保障体系建设研究》，《江苏高教》2013年第2期。

汪建华：《以教育评价改革牵引中外合作办学提质增效》，《上海教育评估研究》2021年第1期。

王静梅、申俊龙：《中外合作办学教学管理问题的探讨》，《吉林省教育学院学报旬刊》2008年第3期。

王璐、陈昌贵：《跨境合作办学监管机制构建》，《清华大学教育研究》2014年第4期。

王曼丽：《新发展阶段中外合作大学面临的挑战与思考》，《神州学人》2022年第5期。

王璞：《美国大学海外分校全球扩张历史和战略研究》，《比较教育研究》2017年第1期。

王卫平：《高等教育中外合作办学课程的依附现象研究》，《教育理论与实践》2013年第3期。

王元：《中外合作办学机构的跨文化管理研究》，硕士学位论文，中国海洋大学，2010年。

王珍：《中外合作办学模式下的国际化人才培养研究：兼评〈中外合作办学与国际化人才培养〉》，《中国高教研究》2017年第5期。

王志强：《新时代高等教育中外合作办学的历史变迁与未来展望》，《黑龙江高教研究》2019年第8期。

魏新强：《高校中外合作办学师资建设存在的问题与对策——以河南省的调查研究为例》，《河南社会科学》2012年第9期。

魏玉亭、高长完：《韩国高等教育国际化建设：动因、战略与挑战》，《比较教育研究》2019年第6期。

文雯、王嵩迪、常伶颖：《作为国家战略的高等教育国际化：一项多国比较研究》，《复旦教育论坛》2023年第1期。

闻敬：《融媒体视域下中外合作办学项目的学生党建创新研究》，《戏剧之家》2020年第17期。

巫晓洁、贾子懿：《中外合作办学思政课建设思考——以上海交通大学为例》，《高教学刊》2018年第19期。

吴坚、杨婧、钟玉洲：《中外合作办学政策发展分析》，《湖南师范大学教育科学学报》2010年第4期。

吴峻青、冯娅楠、杨朋等：《合作办学模式下中外方教学融合与改革创新》，《天津商务职业学院学报》2017年第1期。

吴莎、肖云川、杨智博：《中外合作办学模式下学生思想政治教育存在的问题与对策研究》，《河南教育》（高教）2019年第9期。

吴文英、赵梦琳、董晓梅：《跨文化适应视角下看来华外籍教师的管理——以北京工业大学为例》，《教育现代化》2019年第44期。

吴岩：《新工科：高等工程教育的未来——对高等教育未来的战略思考》，《高等工程教育研究》2018年第6期。

吴志先、杜仕菊：《跨文化视角下中外合作办学项目大学生教育管理对策》,《科技纵横》2017年第1期。

伍宸:《改革开放40年来我国高等教育国际化发展的变迁与展望》,《中国高教研究》2018年第12期。

伍宸、宋永华、赵倩:《"高水平中外合作办学"的理念与实践》,《中国高教研究》2017年第2期。

伍宸、宋永华、赵倩:《跨境合作办学中博雅教育创新研究——以耶鲁—新加坡国立大学学院为例》,《比较教育研究》2017年第5期。

夏蓓蓓:《中外合作办学中的教师短期境外培训——基于CIPP评价模型的案例研究》,《高教探索》2020年第8期。

夏玉荣、周桂生:《论高校国际化人才培养体系的有机构成》,《扬州大学学报》(高教研究版)2015年第3期。

马晓、朱齐文:《新媒体环境下中外合作办学大学生党建工作初探》,《科技资讯》2017年第23期。

肖军、王婷钰:《德国在阿拉伯国家海外办学模式研究》,《比较教育研究》2020年第1期。

谢健:《英国大学海外分校办学的风险规避机制研究及启示》,《高校教育管理》2019年第5期。

熊静漪:《中外合作办学课程体系设置研究》,《教学研究》2011年第5期。

熊钰:《增强网络思想政治教育传播实效的四个维度》,《思想政治教育研究》2020年第4期。

徐程:《基于中外合作办学模式的创新创业教育发展路径研究》,《经营管理者》2016年第13期。

徐程:《研究生层次中外合作办学人才培养模式改革探讨》,《高校教育管理》2013年第5期。

徐程:《中外合作办学研究生培养模式研究》,硕士学位论文,厦门大学,2014年。

徐海英:《中外合作办学项目学生管理工作探析》,《中国电力教育》

2013 年第 16 期。

徐剑：《合作办学背景下大学生党员培养困境及路径研究》，《课程教育研究》2018 年第 16 期。

徐琳、蔡永莲：《留学教育之变：后疫情时期高校教育国际化的发展思考与对策研究》，《中国高教研究》2021 年第 5 期。

徐小洲、阚阅、冯建超：《面向 2035：我国教育对外开放的战略构想》，《中国高教研究》2020 年第 2 期。

许培源、程钦良：《"一带一路"国际科技合作的经济增长效应》，《财经研究》2020 年第 5 期。

许颂嘉、李诗瑶、李志能、王伟、熊师坤、柯鹏：《基于 Moodle 的中外合作办学平台的应用与分析》，《现代计算机》（专业版）2018 年第 13 期。

许涛：《中国教育国际合作与交流新趋势》，《中国高等教育》2017 年第 8 期。

许蕴文：《中外合作办学的跨文化管理研究》，《太原城市职业技术学院学报》2016 年第 6 期。

许志伟：《高校中外合作办学管理模式探析》，《沈阳师范大学学报》（社会科学版）2016 年第 5 期。

薛二勇：《中外合作办学改革和发展的政策分析》，《中国高教研究》2017 年第 2 期。

薛卫洋：《对中外合作办学质量建设的思考》，《高校教育管理》2017 年第 6 期。

鄢晓：《我国高校境外办学的动因分析和对策建议》，《高校教育管理》2016 年第 3 期。

鄢晓：《中外合作办学引进国外优质教育资源的影响因素和基本原则》，《江苏高教》2014 年第 1 期。

鄢晓、林金辉：《营造培养高素质创新人才的良好校园文化》，《教学研究》2010 年第 6 期。

晏萍、史艳敏：《"双一流"建设中地方院校国际化人才培养路径思考》，《大学教育》2019 年第 9 期。

杨红英、林丽：《论"一带一路"背景下中国高校国际化人才核心素养的培养》，《西南民族大学学报》（人文社科版）2018 年第 2 期。

杨既福：《新时代中外合作办学公益性与营利性衡平进路》，《人民论坛·学术前沿》2019 年第 24 期。

杨凯：《疫情下中外合作办学如何转"危"为"机"》，《神州学人》2020 年第 8 期。

杨明全：《基础教育国际化：背景、概念与实践策略》，《全球教育展望》2019 年第 2 期。

杨媛、吴亚生、顾艺等：《专业认证与中外合作办学人才培养》，《中国大学教学》2019 年第 Z1 期。

杨媛、吴亚生、顾艺、樊荣：《专业认证与中外合作办学人才培养》，《中国大学教学》2019 年第 7—8 期。

易芙蓉、张锐、马玉文等：《中外合作办学项目学生党建工作研究》，《文教资料》2021 年第 13 期。

易凌：《中外合作办学中面临的法律问题及解决途径》，《教育研究》2012 年第 6 期。

殷江、胡娟：《中外合作办学文化冲突与跨文化管理》，《课程教育研究》2013 年第 5 期。

殷金楠：《浅谈高校中外合作办学难点与策略》，《长江丛刊》2020 年第 32 期。

银春、熊聪聪、赵丛：《中外合作办学中的思想政治教育问题浅析》，《国际公关》2019 年第 3 期。

于佳宾、王宇航：《中外合作办学国际通用型人才培养模式的探索》，《黑龙江高教研究》2014 年第 10 期。

袁源：《加强大学生党员教育管理工作的思考与实践》，《思想政治教育研究》2019 年第 6 期。

圆易凌：《中外合作办学的新模式及相关法律问题—以宁波诺丁汉大

学为例》,《世界教育信息》2012 年第 8 期。

昝琦、左丰亮:《高校中外合作办学项目提质增效路径研究》,《大学教育》2021 年第 5 期。

曾健坤:《中外合作办学大学本科课程研究》,《湖南师范大学》2016 年。

曾婧婧、张阿城:《中国参与国际科技合作 30 年（1987—2016）：论文合著与项目合作分析视角》,《科技进步与对策》2018 年第 11 期。

张大良:《课程思政:新时期立德树人的根本遵循》,《中国高教研究》2021 年第 1 期。

张帆:《我国高校中外合作办学现状分析及质量保障对策研究》,《扬州大学》2013 年。

张海生、蔡宗模:《重庆市高等教育中外合作办学的现状、问题与对策》,《教师教育学报》2018 年第 2 期。

张华清:《"2+2"模式中外合作办学项目大学生党建现状研究》,《科学创业》2015 年第 19 期。

张静:《态度形成理论视阈下大学生党员理想信念教育实效性研究》,《学校党建与思想教育》2015 年第 22 期。

张璐、刘振娟:《构建中外合作办学语境下大学生"双阶段"党建工作模式的探索及思考》,《教育教学论坛》2018 年第 15 期。

张庆晓、贺静霞:《中外合作办学政策的历史演进与现实反思》,《黑龙江高教研究》2019 年第 3 期。

张舒、郭强:《高水平大学中外合作办学的发展现状分析》,《教育探索》2020 年第 5 期。

张舒、郭强:《高水平大学中外合作办学的发展现状分析——基于 37 所世界一流大学建设高校的实证研究》,《教育探索》2020 年第 5 期。

张雪卉:《高校学生跨文化能力培训模式构建》,《当代教研论丛》2017 年第 1 期。

张雪卉：《高校中外合作办学项目学生跨文化适应能力现状及影响因素研究》，《经贸实践》2016年第19期。

张雪芹等：《国外师德建设经验及其对我国高校师德建设的启示》，《化工高等教育》2021年第4期。

张应强、王平祥：《"双一流"建设背景下我国本科教育人才培养目标的思考》，《湖南科技大学学报》（社会科学版）2019年第6期。

张志新、罗志雄、庄佩芬：《高校中外合作办学项目学生跨文化适应研究》，《开封教育学院学报》2018年第11期。

赵芳：《大学生跨文化能力现状研究》，《现代交际》2019年第12期。

赵芳：《"渗透式"跨文化交际能力培养模式研究》，博士学位论文，上海外国语大学，2014年。

赵丽：《澳大利亚发展海外分校的实践与经验》，《全球教育展望》2014年第8期。

赵璐：《中外合作大学的人才培养模式研究——以X大学为例》，硕士学位论文，华东师范大学，2016年。

赵曙东、吴文英、阮平南：《组织视域下的中外合作办学构建——以北京工业大学北京都柏林国际学院为例》，《教育理论与实践》2018年第36期。

赵涛：《中外合作办学中引进国外优质教育资源研究》，《中国成人教育》2014年第7期。

赵天慈：《中外合作办学模式下高校学生党建工作探讨》，《智库时代》2017年第16期。

赵永华、刘娟：《文化认同视角下"一带一路"跨文化传播路径选择》，《国际新闻界》2018年第12期。

赵允鹏、姜华：《新时代中外合作办学背景下的党建工作研究——以红河国际学院创新基层党建工作"党建+"工程为例》，《沈阳工程学院学报》（社会科学版）2020年第3期。

郑未怡：《思想政治教育学科"四个服务"目的的理论逻辑》，《思想政治教育研究》2018年第6期。

罗志雄、梁慧、张志新：《大学生跨文化适应能力培养探析》，《教育评论》2019年第6期。

钟凯：《风险及规避：中外合作办学中的文化冲突问题研究》，《江苏高教》2018年第11期。

周光礼：《人类命运共同体与高等教育全球治理》，《探索与争鸣》2019年第9期。

周浩波：《基于竞争力导向的区域高等教育国际化战略研究》，《中国高教研究》2013年第10期。

周虹、陈时见：《高等教育中外合作办学的现实困境与发展策略——基于利益相关者的视角》，《清华大学教育研究》2017年第1期。

周慧、罗剑平：《美国高等教育国际本土化的特点及对我国的启示》，《吉首大学学报》（社会科学版）2014年第6期。

周婕峥：《构建我国新型国际科技合作机制研究》，《科学管理研究》2015年第3期。

周文革、刘良平：《湖南中外合作办学特点、问题分析及对策》，《当代教育理论与实践》2014年第8期。

周一夫：《非独立法人中外合作办学机构管理模式中的权责划分——以浙江大学国际校区为例》，《管理创新》2016年第22期。

周作宇、马佳妮：《人类命运共同体：高等教育国际合作的价值坐标》，《教育研究》2017年第12期。

朱晨慧、万金芳：《中外合作办学模式下国外优质教育资源的引进与本土化研究》，《现代商贸工业》2021年第11期。

朱飞、黄英杰：《"双一流"建设背景下地方本科大学国际化发展路径探索——以云南大学为例》，《教育理论与实践》2021年第18期。

朱文、张浒：《我国高等教育国际化政策变迁述评》，《高校教育管理》2017年第2期。

朱晓芳:《浅析合作办学高校出国留学生思想政治教育的必要性》,《当代教育论坛》2011年第9期。

朱兴德:《中外合作办学新阶段更应注重内涵建设》,《中国高等教育》2017年第8期。

后 记

高校中外合作办学是我国高等教育的重要组成部分。随着时代的发展，高校中外合作办学越来越受到社会和广大学生及家长的关注，成为促进教育对外开放，为实现教育强国提供有力支撑的重要办学形式。自2012年以来，笔者一直从事高校中外合作办学相关工作，先后成功获批了一个中外合作办学二级机构和5个办学项目。二级机构为河北科技大学澳联大信息工程学院，包含计算机科学与技术、电子信息工程、软件工程、信息管理与信息系统等4个本科专业；5个项目分别是与韩国祥明大学合作举办的工业设计工程专业硕士研究生项目和产品设计专业本科项目；与韩国诚信女子大学合作举办的服装与服饰设计专业本科项目；与澳大利亚联邦大学合作举办的环境科学专业本科项目；与新西兰怀卡托大学合作举办的金属材料工程专业本科项目，目前在校生达2540人。从2013年第一个项目与韩国诚信女子大学合作服装与服饰设计专业本科项目招生以来，至今已经走过了十二年办学历程。随着工作的不断推进，笔者也经常思考一些问题，遇到一些困惑，如中外合作办学的初心使命是什么，如何才能保障中外合作办学培养高质量的人才，如何发挥中外合作办学对我国高等教育教学改革的促进作用，如何有效发挥中外合作办学多方面的辐射赋能作用，如何才能使高校中外合作办学这一事业健康发展助力教育强国，等等。这些问题有的非常宏观，涉及服务国家教育对外开放，助力实现教育强国；有的非常微观，涉及学生和家长的不同诉求，甚至具体到某一考核方式的设计、某一课程的开设，等等。围绕这些问题，笔者边学习边思考，边实践边总结，逐渐形成了对高校中外合作办学的一些粗浅认识，在领导的鼓励和同仁的支持下，将这些粗浅的认识编著成册，以求能够进一步提高认识，在实践中进一步发挥作用！

  全书分两部分。第一部分为理论篇，主要是对高校中外合作办学的历史发展、融合创新、质量保障、师资建设、辐射赋能、学生工作、文化育人、党的建设、管理制度等的思考。第二部分为实践篇，主要是以河北科技大学目前实际运行的中外合作办学二级机构和项目进行的实证分析和发展报告，包含项目管理、教学运行、师资建设、特色成效、党建引领、学生感言、改进方向等方面的内容，多以案例分析和田野调查方式呈现，以便各位领导、专家和同仁指导交流。本书内容第一部分理论篇的第三、四、五章，第二部分实践篇的内容由李石君撰写，其他部分由徐永赞撰写。本书的内容也是河北省高等教育教学改革研究与实践项目"高校中外合作办学'融通式'人才培养目标设定与课程体系建设改革创新研究"、河北省教育厅委托项目"河北省中外合作办学高质量发展研究"、河北省科技厅项目"河北—新西兰工程创新论坛"的阶段性成果。本书写作过程中进行的大量调研及问卷工作得到了河北科技大学相关学院及部门负责人的大力支持，书中参考引用了诸多专家学者的真知灼见，在此一并表示诚挚的感谢！由于作者水平有限，书中肯定有不少认识偏差和不足，在此恳请读者朋友们不吝赐教，批评指正！

本书作者

2024 年 2 月 18 日